比较

总第97辑

2018年第4辑

COMPARATIVE STUDIES

吴敬琏 主编

中信出版集团 · 北京

比较

COMPARATIVE STUDIES

主管 中信集团

主办 中信出版股份有限公司

出版 中信出版股份有限公司

主编 吴敬琏

副主编 肖梦 吴素萍

编辑部主任 孟凡玲

编辑 包敏丹 马媛媛

封面设计 李晓军 / **美编** 杨爱华

经营部

总经理 张翔

执行副总经理 张立晖

副总经理 傅继红

发行总监 周广宇

品牌传播部高级总监 马玲

独家代理：财新传媒有限公司

电话：（8610）85905000 **传真：**（8610）85905288

广告热线：（8610）85905088 85905099 **传真：**（8610）85905101

电邮：ad@ caixin. com

订阅及客服热线：400-696-0110（8610）58103380 **传真：**（8610）85905190

香港地区订阅热线：（00852）21726522

订阅电邮：circ@ caixin. com **客服电邮：**service@ caixin. com

地址：北京市朝阳区工体北路 8 号院三里屯 SOHO 6 号楼 5 层（**邮编：**100027）

卷首语

近日来，中国经济面临严峻的内外挑战。美国发起的贸易战是外来的压力和挑战，而如何面对国内的稳增长与去杠杆两难，应对债务违约和系统性金融风险的隐患，以及预期严重不确定下的信心问题，都不容小觑。能否认清国际形势之变化，是否选对了贸易战之对策，更要立足中共十八届三中全会《决定》提出的“使市场在资源配置中起决定性作用和更好发挥政府作用”原则，落实现代化国家治理。本辑《比较》围绕新国际形势下的中国改革这一主题，将国内外学者的见解提供给读者。

西方国家民粹主义的兴起看似毫无征兆，但其反冲已出现了十年甚至更长的时期。罗德里克的文章试图剖析民粹主义兴起的经济根源。他指出，斯托尔珀—萨缪尔森定理表明，贸易开放会对收入分配带来剧烈影响，总会造成受损者，经济学家对此心知肚明，却没有对公众强调。对北美自由贸易协定和中国加入世贸组织的实证研究也证实，它们对美国特定社区的劳动力市场确实有极大的影响，会严重抵消贸易收益。金融全球化对各国的经济稳定和收入分配的不利影响尤其突出。对受害群体实施补偿则会遇到经济成本与政治可信度问题，难以有效实施。劳动力市场动荡还来自需求冲击、技术进步以及正常竞争等影响因素，然而国际贸易在政治上尤其敏感，除了外国人容易当替罪羊外，还因为它有时涉及“禁忌交易”，会触发公众的不公平感，引起普遍反对。全球化加深了各国内部相互交织的多重社会裂痕，给民粹主义提供了沃土。如果冲击主要是移民和难民问题，煽动族群和文化裂痕的右翼民粹主义将占主导。如果冲击主要是贸易、金融与外国投资，则更多表现为强调收入或阶层差异的左翼民粹主义。美国在两种类型的冲击下，同时兴起了以桑德斯与特朗普为代表的两种类型的民粹主义。新的形势要求我们重新审视现实，对“二战”后确立的全球经济制度安排进行调整，特别是实现三个方面的再平衡：从资本和企业到劳工和社会，从全球治理到国家治理，从总体经济增益小的领域到总体经济增益大的领域。罗德里克还强调，世界经济的大多数失败根源于国内治理的失败，因此，“全球治理能做出的最好贡献就是让民族国家更好地运行，而不是削弱或限制它”。

“改革论坛”栏目的三篇文章，分别讨论财政、国企以及土地改革。楼继伟的文章讨论政府间的事权与支出责任划分改革。在他看来，事权和支出责任不仅是财政问题，更是国家治理的基本要素。清晰高效的事权和支出责任划分，是形成合理的行政秩序、市场秩序和社会秩序的基本前提，是推进国家治理体系和治理能力现代化的必然要求。当前，事权改革问题的症结在于：受传统计划体制影响，各级政府职能配置天然缺乏清晰分工的理念，“机关化”特征显著。上级政府惯于通过行政命令方式管控下级政府，约束下级政府按上级偏好履行事权，而非由各级政府根据事权属性，通过建立本级的机构队伍，采用“实体化”的方式直接承担相关事权，从而导致政府间权责边界模糊，共同事务泛滥，行政效率偏低。文章从外部性、信息处理的复杂性和激励相容三大原则出发，结合国际经验，论述事权划分改革的方向，那就是以“实体化”“法治化”“高阶化”为重点，推动事权划分改革。

张春霖的文章探讨新形势下的国有企业改革。他指出，随着中国经济在全球市场上的影响力提高，如何实现国家所有制与全球市场经济秩序的兼容，是一个紧迫而艰巨的挑战。面对这一新挑战，国有企业改革必须在新的起点上再出发。从改革的方向来看，应当继续坚持市场化方向，适应市场机制的要求而不是扭曲市场机制。从改革的重点来看，应该围绕合理定位、公平竞争、政企分开、惠及全民展开，其要旨就是政府进一步退出企业层面的微观经济决策，将之留给相互竞争的市场参与者，包括非国有企业和管理国有资本的专业投资机构、经营国有企业的企业家；政府则以更超脱的定位，专注于保障公平竞争的市场环境，同时用国有资本的收益来改善民生、调控收入差距，为国有资本的原始所有者带来更实际的利益。如此，则既有助于市场机制在资源配置中发挥决定性作用，也有助于更好发挥政府职能。

陶然和王瑞民的文章考察了近年来传统农区推动的农地“三权分置”、农地与宅基地确权与抵押、城乡建设用地增减挂钩等政策，指出既有政策措施由于缺乏良好的顶层设计而存在很大的局限性。他们认为，目前的农村土地确权，其直接和间接成本高昂且收益很低，应该建立多类型土地发展权指标交易市场，建立跨区交易体系，然后以此为基础推动农区土地整理，从而在“做大蛋糕”的基础上实现永久、连片确权。这不仅可以全面完善原有低效率的土地计划指标配置方式，也有助于区域间公平发展。从更长远来看，要最终实现农区土地的高效率配置，应当以地方试点的方式逐步推动农村土地的国有制，结合土地确权登记，赋予农民可交易、可抵押的永久农地使用权与宅基地使用权。农区土地制度的这一改革与城中村、城郊村的土地改革措施相结合，不仅可以为中国建立一个一体化的城乡土地市场，也将为中国实现经济可持续增长提供基础性的制度保障。

近年来，经济学家非常关注社会结构与社会网络对经济造成的影响。“前沿”栏目是20世纪70年代以来全球最知名的社会学家之一马克·格兰诺维特关于社会结构和社会网络的文章。他概述了社会学家就社会结构和社会网络提出的四个核心原理：规范有助于提高网络密集度；在社会网络不联通的领域，弱关系比强关系能更有效地传播信息；善于利用网络结构的人可以获得策略优势；经济行为与非经济行为相互渗透，也即经济活动具有社会嵌入性。运用这四大原理，格兰诺维特分别探讨了社会结构和社会网络如何影响就业、价格、生产率和创新。在他看来，研究社会结构与社会网络，就是为了打开经济行为与非经济行为相互作用的黑匣子，揭示社会现象的动力学，而实现这一目标的有效策略就是开展跨学科合作，就像贸易理论鼓励国家间的合作一样。

在“比较之窗”栏目中，马里兰大学经济学教授约翰·沃利斯回顾了从1790年至1990年美国各级政府财政的长期演变过程，从收入的筹集成本和支出的政治收益角度，将这一历史时期划分为三个阶段，试图回答三个主要问题：政府规模的扩大是否因为筹集收入成本的降低，或者是因为开支的收益明显提高；什么力量推动收入和支出在各级政府间的分配；为什么各级政府的债务积累从一个时期到另一个时期有增有减。其基本结论是，政府规模的大小遵从政府承担的职能和义务，而不是收入来源的选择；推动收入和支出在各级政府间分配的重要因素是筹集收入的成本，能够以最小成本筹集收入的那级政府就是最为积极的一级政府。

韩国是为数不多成功实现从低收入向高收入转型的国家。马来亚大学的王振源和韩国首尔大学的李根尝试解读韩国如何在追求快速工业化的过程中，融入其包容性策略，创建了一种激励包容性增长的机制，成功实现这一转型。他们将韩国分为三个阶段，分别考察这三个阶段的包容性增长，他们发现，早在工业化的预备阶段，韩国就已经实行了一系列包容性措施，如农村贫困政策与新村运动，在推行重化工业化政策的同时，减轻工业和经济权力的集中；在追赶阶段和后追赶阶段，国家、企业与民间团体为争取社会福利和更优质工作环境进行密集谈判，推动韩国谨慎而又系统性地推行教育预算、“人民的股份”、社会保险与安全计划、扶持中小企业等包容性措施，使韩国在发展经济的过程中确立起维护平等社会的原则，从而使经济增长能衍生出劳动者技能提高和收入分配改善的机制。

“改革记忆”栏目是已故著名经济学家、前中国经济体制改革研究会副会长杨启先对1989年3月在香港召开的“大陆和台湾经济学家座谈会”的纪要。此次座谈会为期四天，台湾方面参加的经济学家有蒋硕杰、于宗先、邹至庄、费景汉、顾应吕、刘遵义等人。这篇纪要着重记述了两岸经济学家对中国大陆当时存在的主要问题：通货膨胀、财政和金融赤字、价格及汇率双轨制、企业制度，以及在改革开放中如何对待公平和分配问题进行了讨论。蒋硕杰等学者是台湾经济起飞的主要设计者，他们对这些问题的基本看法非常值得我们重温，以期获得新的启发。

近年来，以BAT（百度、阿里巴巴和腾讯）为代表的互联网平台经济在中国兴起并快速发展，它不仅改变了经济增长和商业竞争的法则，也改变我们每一个人的生活，更对传统经济学理论和公共政策提出了挑战。本辑《比较》特别选取了四篇有关平台经济的文章，为读者理解这种新的商业模式和组织形态提供参考。国务院反垄断委员会专家咨询组召集人张穹的文章从平台竞争的角度展开分析。他为平台竞争归纳出八个重要的方面：规模、相关市场界定、动态竞争、跨界竞争、生态竞争、差异化竞争、数据竞争和全球竞争。然后，结合这八个方面，从实施竞争政策的角度，讨论在判定平台企业垄断时可能存在的理论难点，由此也提出了需要进一步研究的问题和方向。

国务院反垄断委员会专家咨询组成员于立等人的文章以“陆勇案”与“数字音乐案”为例，剖析平台模式中的跳单问题。文章运用经济学中的争用性和限用性物品的概念，构建了一个四象限的物品分类框架。根据这一分类框架，平台模式中的知识产权产品就是位于第三象限的共享品，具有零边际成本的特征。这类产品存在两类悲剧：一类是反公地悲剧，一类是准公地悲剧。所谓反公地悲剧，就是对这类产品的专利或产权保护过度，导致无法有效利用这类产品为社会带来福利；所谓准公地悲剧，就是对这类产品的专利或产权保护不利，导致研发和生产投入不足。为了避免这两类“新公地悲剧”的发生，对于知识产权产品应该采取“保反兼顾”的政策，具体来说，就是根据创新程度，分别采用“重保轻反”“保反适度”和“重反轻保”的政策组合。

陈永伟的文章提出了理解平台性质的“二重性”分析框架，认为平台除了作为企业外，同时还具有市场组织者和管理者的属性。借助这一分析框架，他对平台的竞争问题和治理问题进行了一系列分析，认为，在思考以上问题时，我们应该首先认清平台的二重属性，而不能简单地套用传统思维。此外，应该从成本和收益分析的角度出发，在平台治理和政府管制之间画出边界。

目　录
Contents

第九十七辑

平台经济专栏 On Platform Economy

民粹主义与全球化经济学

丹尼·罗德里克

引 言

民粹主义是一个包含各种运动的宽泛标签。该术语起源于19世纪后期，当时美国的农民、工人和矿主组成联盟，反抗金本位制以及东北部的银行和金融集团。拉丁美洲悠久的民粹主义传统可追溯到20世纪30年代，以贝隆主义（Peronism）为代表。今天的民粹主义囊括了广泛的政治运动，从欧洲的反欧元、反移民党派，到希腊的极左翼联盟党（Syriza）和西班牙的左翼社会民主力量党（Podemos），美国特朗普的反贸易本土主义，拉丁美洲的查韦斯经济民粹主义，以及立场夹杂其间的其他许多派别。他们的共同点是以

---

* Dani Rodrik，哈佛大学肯尼迪政府学院国际政治经济福特基金会讲席教授，国际经济学会（International Economic Association）候任会长。他的新书 *Straight Talk on Trade: Ideas for a Sane World Economy*（Princeton，2017，中文版将由《比较》编辑室编辑出版）。原文见 *Journal of International Business Policy*，June 2018，Volume 1，Issue 1 – 2，pp. 12 – 33。因篇幅所限，本文省略了附录，有需要者可向《比较》编辑室索取：bijiao@citicpub. com。

** 作者感谢 Michael-David Mangini 和 Christine Gosioco 提供的研究协助，感谢 Weatherhead Center for International Affairs 提供的研究支持，以及如下人士的评论和对话：Pol Antràs、Bart Bonikowski、Jeff Frankel、Jeffry Frieden、Peter Hall 和 Roberto Mangabeira Unger。Sarianna Lundan 和一位匿名评审人给予的编辑建议帮助改进了本文。

反建制（antiestablishment）作为出发点，自称替民众发声反对精英，反对自由主义经济学和全球化，并经常（但并不总是）带有威权主义统治的倾向。①

本文将论述两个问题：第一，民粹主义的经济根源是什么；第二，什么因素影响了左翼和右翼民粹主义的兴起。

民粹主义的兴起看似毫无征兆，但其反冲已出现了至少十年甚至更长的时期（参见图1）。更重要的是，这种反冲是完全可以预见的。本文将着重探讨民粹主义的经济根源，尤其是经济全球化的影响。我并不认为全球化是唯一的作用因素，甚至未必是最重要的因素。技术变革，赢家通吃的市场模式兴起，劳动力市场保障弱化以及制约收入差距扩大的制度被削弱，都发挥了影响。这些变化与全球化有相互促进作用，不完全独立于全球化，也不能简单归结为全球化。然而经济史和经济理论都给我们提供了充分的理由，表明全球化的高级阶段很容易受到民粹主义的反冲，后文将对此详加解释。

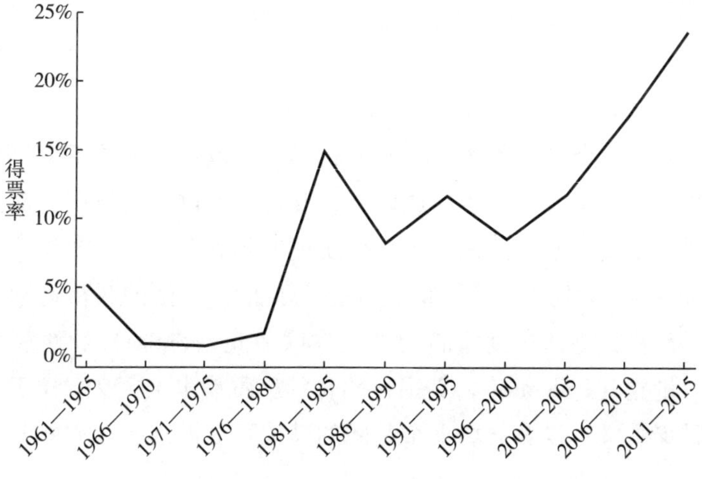

图1　民粹主义在全球的兴起（至少有一个民粹主义政党的国家，其民粹主义政党的支持率）

民粹主义的反冲是可以预见的，但其具体形式更难判断。民粹主义有不同的版本，本文将它区分为左翼和右翼，区分的依据是民粹主义政客强调并设法

① 对民粹主义不同定义的描述，可参见 Kazin（1998）、Judis（2016）、Müller（2016）、Mudde and Kaltwasser（2017）。

引起大众瞩目的不同社会裂痕（另参见 Judis，2016）。美国的进步主义运动和拉丁美洲大多数民粹主义表现为左翼，而特朗普和当今欧洲的民粹主义（少数例外）表现为右翼。下文将探讨的第二个问题是，反全球化的右翼和左翼民粹主义具体是因何种缘由兴起的。

我认为，对全球化的不同反应与社会感受全球化冲击的形式有关。如果全球化冲击主要表现在移民和难民问题上，民粹主义政客就更容易通过族群和文化裂痕动员民众。欧洲发达国家的情况大体如此。反之，如果全球化冲击主要表现在贸易、金融与外国投资等方面，则更容易利用收入或社会阶层差异动员民众。这正是南欧和拉丁美洲国家的情形。在美国，以上两种类型的冲击在近期都表现得较为突出，因此同时催生了两种类型的民粹主义：伯尼·桑德斯与唐纳德·特朗普。

我认为，还有必要区分民粹主义兴起的供给和需求。全球化加剧了经济焦虑感和收入分配的争夺，培育了民粹主义的需求基础，但并不必然决定其政治倾向。现有社会裂痕的相对特征以及民粹主义领袖的论述，才给人们的不满提供了方向和理由。如果忽略其中的差异，将难以分辨驱动民粹主义政治运动的多种经济和文化因素各自的作用。

本文的框架如下：首先讨论经济学理论和实证研究对贸易自由化的分配效应所做的分析（贸易和再分配）；据此，对损失补偿问题展开经济学和政治学讨论（补偿与安全网）；接下来探讨公平与收入分配正当性的问题，经济学家普遍回避此类问题，但它们是理解民粹主义反冲现象的关键（贸易、再分配和公平）；金融全球化的危险这一节回顾了金融全球化的后果；民粹主义反冲的政治经济学分析这一节从供给侧探讨民粹主义，并讨论有关各类右翼和左翼民粹主义兴起的不同条件；最后一节为总结评论。

贸易和再分配

为什么全球化的各种形式会带来政治冲突？冲突的激烈程度如何随全球化的不同阶段、商业周期的状态及其他因素而变化？从颇具争议的第一次全球化时代的历史看，“二战”后的繁荣是如何实现的？当前的民粹主义反冲与之前有哪些相似点或不同点？

对任何熟悉贸易和金融一体化基本经济原理的人来说，全球化的政治纷争特质应该并不意外。国际经济学家采用的主要模型往往带有强烈的再分配含义。事实上，世界经济在最近几十年能实现如此高的开放度并维持如此长的时间，反倒是真正待解的谜题，后文还将对此加以探讨。

首先来看贸易理论。有关贸易和分配的理论模型本质上在追踪价格变化如何影响各经济利益群体的物质福利。作为经济学理论中最杰出的定理之一，斯托尔珀—萨缪尔森定理（Stolper-Samuelson theorem，1941）表明，贸易开放会对收入分配带来剧烈影响。具体而言，在两产品两要素模型中，如果要素具有完全的跨部门流动性，则其中一种要素的所有者必然会因为贸易开放而受损。被密集用于生产可进口产品的要素，其实际收入必然下降。请注意，该定理指的是绝对损失，而非相对损失。还有，此结论与消费偏好无关，即使某个群体把大部分乃至全部收入用于可进口产品（其相对价格下降），他们的利益依然会受损，只是损失幅度有所减少。将此原理大致应用于今天的美国经济，意味着低技能工人毫无疑问会因为贸易全球化而受损。

原始的斯托尔珀—萨缪尔森定理是在极特殊的条件下推导出来的，有时人们认为，更复杂、更现实的模型会弱化上述惊人的结论。某种程度上的确如此，但依然存在一个普遍适用的类似斯托尔珀—萨缪尔森定理的结论，可以表述如下：在竞争条件下，只要可进口产品继续在国内生产，也即排除完全专业化分工的情形，则总是至少有一种生产要素会因贸易自由化受损。换句话说，贸易总会造成受损者。

该结论的证明非常简单，可以简要描述如下。假设在实行自由化的可进口部门中，单位生产成本为：$c=\varphi(w_1, w_2, \cdots, w_n)$，其中 w_i 代表该部门中使用的第 i 种要素的回报。由于所有要素的回报之和等于生产成本，则单位成本的变化等于各要素的回报变化的加权平均值。在完全竞争条件下，权重是各要素在成本中所占的份额，[①] 可以表述为：$\hat{c} = \Sigma \theta_i \hat{w}_i$，其中 ^ 代表比例的变化，$\theta_i$ 是要素 i 在成本中所占的份额，$\Sigma\theta_i = 1$。

下面分析贸易自由化的影响。贸易自由化使可出口产品相对于可进口产品的国内价格提高，以上述可进口产品为基准产品，每单位的价格固定。我们要关注的是可进口产品使用的各要素的回报将有何变化。由于以该产品作为基准，则均衡条件为：$c=\varphi(w_1, w_2, \cdots, w_n) = 1$，意味着产品价格等于单位成本（满足零利润的条件）。只要该产品的生产持续下去，上述均衡条件在贸易自由

① 这一理论模型可以通过引入生产要素摩擦，把所有剩余消除，使技术转为不变回报，以满足收益递减特征。收益递增的情形会更复杂，与完全竞争并不兼容。

化前后都应该得到满足，由此得到：$\sum\theta_i\hat{w}_i = 0$。既然要素价格变化的加权总和为零，则必然有至少一种生产要素（设定为第 k 种要素），满足：$\hat{w}_k \leqslant 0$。当不同产品的要素使用密集度不同时，该要素的回报变化将严格小于零。与此同时，可出口产品的价格将因为自由化而提高（$\hat{p} > 0$）。由于 $\hat{w}_k \leqslant 0 < \hat{p}$，要素 k 的回报在可进口产品和可出口产品中都会下降，导致其实际回报毫无疑问地降低，而与两种产品在支出预算中所占的份额无关。

这就是贸易理论中的所谓放大效应（magnification effect），它来自如下事实：在新古典均衡中，要素价格的变化必然包含在产品价格的变化之中。因此，放大效应具有普遍性。贸易开放会造成利益受损者，这不是特殊案例，而是一大类理论模型的结论，包括劳动力不容易实现跨产业和跨地区流动的模型。

利益得失的具体分布则取决于模型细节。在斯托尔珀—萨缪尔森定理的两部门两产品情形中，$\hat{w}_l < 0 < p < \hat{w}_h$，其中，$w_l$和 w_h分别代表低技能工人和高技能工人的回报。贸易理论的另一个基准模型是专用要素模型（specific-factors model），在该模型中，每种产品对应一种只用于该产品的要素，此时受损的将是可进口部门的专用要素。

更近期的贸易理论研究强调企业和员工之间的异质性。这类模型加入了企业和员工之间的再分配。例如，有的研究（Grossman et al.，2017）通过不同类型员工的异质性，丰富了斯托尔珀—萨缪尔森模型。“经理”和“员工”必须组成团队，其生产率取决于他们之间的匹配状况。贸易自由化除了对生产要素和行业带来广泛影响外，还将导致团队的重新匹配，对不同职业和产业的分配状况造成影响。

因此在所有这些模型中，再分配成为贸易收益的对立面。没有痛苦就没有收获。这是标准的经济代价，所有贸易经济学家都心知肚明，只是没有对公众过于强调而已。

经济学理论还有另一个没有得到重视但与本文讨论密切相关的含义。相对来说，贸易壁垒越小，贸易自由化的再分配效应就越大，甚至可能吞噬全部净收益。换句话说，随着自由化逐渐降低贸易壁垒，再分配效应与净贸易收益的比例会提高。①

---

① 在之前的研究中，我称之为自由化的政治成本收益比（political cost-benefit ratio，PCBR），并进行了一些有意思的测算（Rodrik，1994）。

其中的逻辑很简单。先看该比例的分母部分，在公共财政中，有一个标准的结论，即税收的效率成本与税率的平方成正比。由于进口关税是对进口产品征税，关税也适用上述原理。低关税产生的扭曲效应较小，而高关税有极大的负面效应。相应地，随着贸易壁垒降低，贸易自由化的效率收益将逐渐减小。

另一方面，再分配效应基本上同价格变化保持线性关系，而与贸易壁垒的边际水平无关。用一阶近似来说，进口价格下降10%的效应相当于要素价格下降5%的效应的两倍。把上述两个事实结合起来，我们就能得出结论：随着贸易壁垒降低，每单位效率收益对应的受害人群的损失会提高。

表1给出了利用简单的两要素两产品贸易模型的量化模拟结果：当关税为40%时，损失与净收益的比例约为5；当关税为3%时，该比例迅速提升到70以上！

表1　贸易自由化的分配和效率结果

削减的初始关税水平（%）	低技能工资的变化（A,%）	经济体实际收入的增长（B,%）	A与B绝对值之比（A/B）
40	-19.44	4.00	4.9
30	-15.22	2.55	6.8
20	-10.61	1.00	10.6
10	-5.56	0.25	22.2
5	-2.85	0.06	45.5
3	-1.72	0.02	76.6

当然，每单位效率收益所对应的受益者的收益也会相应提高。但关键之处在于，随着全球化的推进，政策制定者面对的是残余的低贸易壁垒，此时的贸易协定将更多涉及再分配问题，而非扩大经济总量。这或许是全球化在高级阶段变得更具政治争议的一个重要原因。①

① 如果全球化除了产生传统贸易理论强调的静态效应外，还会有动态效应，那么贸易的净效率收益就有可能被放大。由此带来的增长效应通常会使再分配结果不那么显著。但是，这并不那么正确，因为内生增长模型对贸易自由化的增长效应并没有得出明确的结论。例如，当一国在动态变化的行业中拥有（静态）比较优势时，增长效应最终可能是负面的。换言之，动态效应并不会放大贸易收益。它们只是产生了绝对意义上的放大效应，既可能是负面的，也可能是正面的。

以上是理论概要，那么现实证据是否支持对收入分配的这一预测呢？我们目前已看到某些优秀的实证研究，详细分析了《北美自由贸易协定》和中国加入世贸组织对美国劳动力市场的影响，结果发现对特定社区的本地劳动力市场确实有极大的影响。

目前对《北美自由贸易协定》最慎重的分析来自哈科巴扬和麦克拉伦（Hakobyan and McLaren，2016）。他们利用美国的居民调查数据，并以1990—2000年为主要分析时段，构造了一个反映不同产业和不同地域易受《北美自由贸易协定》影响的变量，以测算“贸易冲击”的程度。该指标是对来自墨西哥的进口产品征收的初始关税率的加权平均值，权重包含每个产业的本地就业水平和墨西哥在这些产业的比较优势水平。为确保这些数字能恰当地反应《北美自由贸易协定》的影响，研究者还控制了可能与《北美自由贸易协定》冲击有关的其他趋势影响，如贸易的普遍扩张等。

上述研究发现，《北美自由贸易协定》给大多数美国员工带来的影响较温和，但一些“关键少数群体”遭受了显著的收入损失。相关研究从地理和产业角度区分了不同影响。与起初对来自墨西哥的进口产品不实施关税保护的地区相比，在受关税下调影响最大的地区，其工资增长明显更慢。① 显然，蓝领员工受到的影响最大，在《北美自由贸易协定》影响严重的地区，高中就辍学的员工在1990—2000年的工资增幅比不受影响的类似员工低8个百分点。产业影响更为显著，与之前没有保护的产业相比，之前最受保护的产业在丧失保护后，其工资增幅下降了17个百分点。

这些影响是非常大的，尤其是相对于《北美自由贸易协定》带来的相当小的效率收益而言。经济学家要证明它给美国经济带来了显著的净收益很不容易，主要是因为美国与墨西哥之间的关税原本就很低，并且墨西哥的经济规模比美国小很多，不及后者的十分之一。多项研究得出的共识是，有较大的贸易效应，但对总收入的影响极小。有学者（Romalis，2007）认为对美国的总体效应接近于零。近期的一项研究（Caliendo and Parro，2015）利用各种花哨的现代贸易理论，估算出对美国的总福利收益为0.08%，对贸易总量的影响则

---

① 对工资的影响在不同地区和不同产业有差异，这显然不符合斯托尔珀—萨缪尔森定理的假设：劳动力是完全可流动的。这说明存在该定理忽略的附加再分配效应。有研究（Hakobyan and McLaren，2016）发现，受影响最大的社区存在一定的人口外迁，但其规模明显不足以消除工资的压低效应。

要大得多，美国从墨西哥的进口量翻了一番。①

中国的规模要大得多，其加入世贸组织对美国的影响也更显著。虽然美国并未改变对来自中国的进口产品征收的关税，但对最惠国待遇进行年度审核的不确定性消失后，双边贸易量大幅增长。在一篇著名论文中，奥托等人分析了“中国贸易冲击”带来的劳动力市场震荡，不但规模巨大，而且相当持久。②

奥托等人聚焦于1990—2007年，跨越中国加入世贸组织前后的年份。通过八个其他发达国家从中国的同期进口变化，他们发现从中国的进口出现了供给驱动的外生增长。他们采用的分析单位是通勤区（commuting zone），此类区域有多种经济活动的组合，其中某些区域拥有比其他区域更多的易受中国竞争威胁的产业。由此可以比较来自中国的进口对不同区域劳动力市场的影响。

他们的基本结论是，在第75百分位上的通勤区，来自中国的进口增长对其制造业就业人数的影响相比第25百分位的通勤区下降了4.5%，周薪的均值对数多下跌0.8个百分点。他们还发现了对总就业人数和劳动参与率的显著影响，表明这是对贸易冲击的附加调整效应。他们强调，这意味着工资降幅被低估，一方面因为劳动非参与率提高，另一方面因为失业者的能力和收入通常更低。除再分配成本外，奥托等人（2013）还指出了上述研究发现的负面效率影响。非自愿就业和福利制度带来的转移支付都会产生不可忽略的效率损失，抵消贸易带来的标准收益。

此外，对地方劳动力市场的影响看起来是相对持久的。在中国贸易冲击发生整整十年后，工资、劳动参与率和失业受到的影响依然没有消除（Autor et al.，2016）。而传统贸易模型预计的出口导向部门的反向就业增长效应却没有出现。

以上总结的各项研究多是分析特定贸易冲击对地方劳动力市场的影响，尤其关注了不同地理区域的差异。另外一个问题则涉及贸易对收入和就业总水平的影响。从20世纪80年代开始，有大量关于贸易和工资的研究文献把发达经济体（虽非大部分）工资差距的部分扩大归因于贸易。早期研究往往弱化贸

① 还有，在美国获得的0.08%的微小收益中有一半并非效率收益，而是贸易条件改善的收益。有研究（Caliendo and Parro，2015）估计，美国进口产品的世界市场价格相对于其出口产品下跌，这不是效率收益，而是来自其他国家的收入转移（主要是墨西哥和加拿大），是以其他国家为代价获得的收益。

② 参见Autor、Dorn and Hanson，2013；也可参见Autor、Dorn and Hanson，2016a；Autor、Dorn、Hanson and Majlesi，2016b。

易的重要性，主要强调技能偏向的技术变革才是技能溢价上升的决定性力量。更近期的研究则通常更重视贸易的作用，部分由于全球化的推进，部分由于贸易和技术之间的明确区分已变得更加困难（Ebenstein et al.，2014，以及其中的参考文献）。近期的证据表明，自20世纪80年代后期以来，美国具体产业层面的劳动收入份额下滑，最重要的因素是来自进口产品的竞争（Elsby、Hopjin and Sahin，2013）。①

补偿与安全网

理论上，来自贸易的收益可以通过再分配补偿受损者，确保没有任何社会群体被发展抛弃。对贸易理论模型背后的分配含义有充分认识的贸易经济学家，也一直在呼吁进行这类补偿。假如美国的历届政府在贸易收益的再分配方面能做得更好，我们是否可以避免今天的保护主义反冲？

欧洲的经验对此颇具启示。民粹主义当然没有放过欧洲，但对全球化的抵制染上了另一种政治色彩，瞄准欧盟总部及其对各国国内政策和监管的干预，而非针对贸易协定。欧洲民粹主义并不反对贸易，也不针对中国和墨西哥等特定出口国。贸易协定中的某些方面在欧洲也极具争议，例如投资者与国家争端解决机制（investor-state dispute settlement，ISDS）和监管协同等。然而，无论左翼还是右翼民粹主义者都不主张贸易壁垒。事实上，英国的退欧支持者把自由贸易作为其明确的奋斗目标。他们声称，退出欧盟的一大好处是英国能够采取更接近自由贸易的政策！

欧洲与美国存在差异的一个可能原因是，欧洲在优厚的社会保障和福利国家制度方面已有很长历史。比美国规模小得多的大多数欧洲国家在贸易开放度上要高得多，但贸易开放一直伴随着更大规模的再分配和社会保障。若干实证研究显示，贸易开放度与公共转移支付扩张之间存在直接联系（Cameron，1978；Rodrik，1998）。要说欧洲的福利国家制度是开放经济的另一面，这并不夸张。有趣的是，欧洲对移民和难民的强烈反对，部分正是因为人们担心福利国家制度提供的社会保障会被削弱或取消。

美国则是在较后期才成为真正的开放经济体。其进口占GDP的份额在20

① 劳动力市场制度在贸易冲击影响工资方面发挥着重要的中介作用。运用法国企业层面的数据，Carluccio、Fougere and Gautier（2015）发现，在那些没有集体谈判协议的企业，离岸外包对蓝领工人的工资有负面影响。在经常有集体谈判的企业，离岸外包对低技能工人的工资没有负面影响。

世纪70年代中期到21世纪头10年中期增长了一倍以上，从1975年的7%提高至2008年金融危机前的17%。进口渗透率的提高（特别是在20世纪90年代）很多来自低收入国家（尤其是中国），这导致了特殊的调整问题。原则上，美国政府本可以借鉴欧洲模式，可以在完善贸易协定——《北美自由贸易协定》、世贸组织及中国入世等的同时，大力强化社会保险机制，实施积极的劳动力市场计划和保障措施。尽管在克林顿政府时期对采纳这类支持措施有很多讨论，但现实中除了胡乱修补现有的贸易调整扶持机制（Trade Adjustment Assistance，TAA）外，并没有多少作为。

实施补偿在现实中遇到两个关键的难题。经济上的问题在于补偿可能是非常花钱的。一次性的税收和转移支付很不现实，极少采用。提供扶持的机制及其所需的税收都会扭曲行为，造成无谓损失，其规模可能非常大。有学者采用40%的边际税收负担，测算出中国贸易冲击导致的转移支付增加会造成每人每年33美元的无谓损失（Autor et al.，2013）。如果像欧洲国家那样采用更广泛的福利体系，其损失很可能更大。

近期的另一项研究（Antràs、de Gortari and Itskhoki，2017）针对税收和转移支付必然具有扭曲效应的经济体，测算了补偿的全部成本。在研究者构建的模型中，贸易开放对经济中效率最高的参与者带来了比他人更大的好处，从而加剧了收入不平等。为抵消此效应，需要增加收入所得税的累进幅度，而这会通过劳动力供给渠道带来负面的效率影响。研究者利用美国国税局的报税表数据测算模型参数，再求出贸易开放措施的潜在贸易摩擦水平。他们计算了福利主义标准（而非分配中性标准）下的调整后的贸易收益以及扭曲型再分配导致的损失。在基准参数条件下，“贸易导致可支配收入方面的不平等扩大，使美国的贸易收益下降了约20%；如果再分配采用非扭曲的方式，贸易收益可能增加约15%”。

需要注意的是，该研究没有明确为贸易政策建模，其贸易摩擦变量采取了“冰山成本”的形式，并且不同于进口关税或数量限制，这不会带来政府收入或租金。如果存在此类收入，贸易开放通常会带来更低的效率收益和更大的再分配，补偿性扭曲税收的无谓成本也会相应变得更大。

但是，补偿面临的更严重的困难或许是政治上的，并关系到可信度与时间一致性。只要撤销贸易协定是有成本的，政府就总是有动力对补偿做出承诺，却很少会执行。受益者需要受损者的同意才能通过贸易协定，可一旦协定通过，受益者就没有理由再执行承诺。这正是美国贸易调整援助的真实情况。其实，美国签署的每项贸易协定都带有某种形式的附加补偿安排。但人们普遍认为，贸易调整援助和类似的措施收效甚微。① 将其原因归结为缺乏事后的政治激励并非不合情理。

还有，贸易协定本身也会影响企业和员工之间的谈判能力调整，这体现为有组织劳工的政治影响力下降，通过进一步改变竞争规则和规范又会加剧这种影响力的下降。从这个视角看，补偿没有成为主流并不令人意外。能真正获得补偿的足够强大的劳工组织，也足以抵制带有强烈再分配效应的贸易协定，或者至少能让谈判议程向着更有利于劳工的方向转变。

考虑到上述经济和政治困难，真正的补偿很少出现。补偿往往表现为贸易协定的附加内容或者事后考虑。只有在某个国家的一般社会政策中包含有关内容，而非针对特定的贸易影响时，补偿才会真正发挥作用。在补偿机制能真正发挥作用的欧洲国家，它是资本与劳工之间综合谈判的组成部分，通过完善的社会安全网支持开放经济体。这些国家不太需要直接针对贸易冲击的补偿政策，被取代的、失去工作或者需要再培训的个人完全可以求助于更广泛的社保机制。欧洲的雇主传统上也接受了社会安全网的高成本，并以福利国家制度的形式把这一共同意愿制度化了。

这一安排使欧洲国家能够实现比美国高得多的经济和国际竞争的开放度，在“二战”之后的几十年里，它们从全球化中获益匪浅。不过，在资本流动与金融全球化的影响下，这一制度安排最终也会受损，下文将会详述这方面内容。

贸易、再分配和公平

经济学家明白贸易会给某些群体带来失业和收入损失，但他们花了更大的功夫才弄清楚为什么左翼和右翼的民粹主义者常常抨击贸易。因为进口毕竟不是劳动力市场出现动荡的唯一原因，通常也不是最重要的原因，其他原因包括需求冲击、技术进步以及与其他企业的正常竞争等。与进口渗透率提高的影响相比，国内企业带来的劳动力替代要多得多。尽管区分自动化和全球化的影响

① 2012 年的一份研究发现，加入贸易调整援助对受影响员工的净效应其实为负，同不加入相比，失业救济和其他福利不足以补偿整体的收入下降（D’Amico and Schochet，2012）。

十分困难，但现有的大多数研究认为美国制造业就业人数的下降主要应归结为前者。① 不过，我们并没看到反对技术进步或者自动化的民粹主义运动。② 那么，是什么原因导致贸易在政治上如此敏感？

通常的回答是，贸易是比较容易找的替罪羊，因为政客可以明确指出哪些外国人——中国人、墨西哥人或者德国人——是问题的根源。从某种程度上说，的确如此，不过还有另一个更深层的原因，使得贸易导致的再分配问题比其他竞争形式或技术进步导致的问题更容易引发争执。在某些时候，国际贸易会带来（因违背普遍的社会习俗或社会共识而）在本国被禁止的某些竞争形式。当此类所谓“禁忌交易”（blocked exchange）通过贸易实现时，会引发有关分配公平的难题。③ 引起公众普遍反对的并非不平等的结果，而是对不公平的感受。

三位心理学家的近期研究给这一观点提供了有意思的证据（Starmans、Sheskin and Bloom，2017）。他们发现，人们对小群体中的平等往往会表现出支持，但被问及所在国家（或较大群体）的理想分配状况时，他们会支持不平等的资源分配。研究者认为，没有证据表明“人们真正关心经济上的不平等”，他们关心的是“经常与不平等混淆的东西：经济上的不公平”。对公平的重视可能植根于我们的进化历史，是对付机会主义行为的一种策略，如对舞弊者进行处罚。同时，人们明白能力、努力或者道德品性上的不同会使公平的社会分配产生不平等的结果。只要对社会流动性有信心，人们就可以容忍较高水平的不平等。④

把上述研究应用于国际贸易领域，我们可以做如下的假想实验。假设哈利和约翰分别拥有一家企业，相互竞争，对于如下各个场景，你会有怎样的感

① 有研究估计，在制造业2000—2010年的工作岗位流失中有13%是由于进口和进口替代，其余归因为国内的生产率增长（Hicks and Devaraj，2015，2017）。另有研究认为，2000—2007年的工作岗位流失中有10%源于中国对美出口的冲击（Acemoglu et al.，2016）。

② 利用机器取代劳工在早期阶段也同样充满争议，例如19世纪早期，勒德运动（Luddite movement）曾攻击和破坏纺织机械。自那之后，新技术的引进已成为工业社会的常态，不太会引起后文讨论的那类涉及公平问题的争议。

③ “禁忌交易”一词来自Walzer（1983），指由于道德羞耻感或法律制裁而不能买卖的物品。它在国际贸易中的应用和讨论参见Rodrik（1997，第35—36页）。

④ 有关收入不平等的态度（包括对公平的感受）的文献综述，参见Clark and D’Ambrosio（2015）。

受？在每个场景中，哈利都会获胜，使约翰和他的雇员失去工作。你应该阻止某些场景的发生，还是任其自然？

（1）哈利工作很努力，大量储蓄并用于投资，然后推出新的技术和产品。约翰比不上他。

（2）哈利在德国找到了一家价格更低或者质量更好的供应商。

（3）哈利把生产外包给了孟加拉国的一家供应商，那里的员工在有害的生产环境中每天工作 12 个小时。

（4）哈利通过临时合同把孟加拉国的员工带到美国，让他们在违反美国劳动、环境和安全法规的环境中工作。

从两位竞争对手的立场或者纯经济视角看，上述场景是同构的：每个场景都在国民经济总量扩大的过程中产生了输家和赢家，而且赢家的所得超出了输家的损失。

然而大多数读者对各个场景的反应很不相同，赢家和输家产生的方式至关重要。对于场景 1 和场景 2，很少人感觉不妥，虽然有人受损，但人们认为是可以接受的市场竞争结果。对于场景 3 和场景 4，人们难以接受，因为哈利利用了在本国竞争中被禁止的规则。此外，场景 4 是违法的，尽管其实际效果同场景 3 完全一样。许多能够接受场景 3 的经济学家会认为场景 4 是不合理的。但如果能接受场景 3，为什么不能接受场景 4 呢？或者说，如果不能接受场景 4，为何能接受场景 3 呢？

上述假想实验解释了为什么公众会认为（场景 3 所代表的）某些类型的国际竞争与有关可接受的再分配结果的国内习俗存在冲突。我认为这是所谓的“公平贸易”论点的核心。在相同的竞争规则下被别人夺走工作岗位是一回事，但如果有人利用其他国家宽松的劳动、环境、税收或安全标准而夺走你的工作岗位，则完全是另外一回事。[①] 这种公平感受并不限于直接受冲击的个人，更广大的社区成员如果相信那些失去工作或收入受损的人是因为遭受不公平的竞争，也更容易产生同情。用某些研究者的话来说，“当人们认为规则对

① 之前的假想实验明确区分了受此问题困扰的贸易（第 3 种场景）与不受困扰的贸易（第 2 种场景）。类似的是，由贸易伙伴的低生产率导致的低工资不同于因侵犯员工权利（缺乏集体谈判权或自由结社等）导致的低工资。两种情形都可能对本国的分配带来影响，但只有第二种情形才涉及不公平贸易的问题。

不同的人并非一视同仁的时候，他们对不平等的感受最为强烈”（Rosanvallon，2016）。[①]

经济学家嘲笑公平贸易的概念，但这一概念早已通过反倾销税和反补贴税的形式被铭刻在贸易法规之中。这类所谓“贸易救济”（trade remedies）通过阻止特定交易削弱了贸易收益，同时也促成了对开放贸易体系的政治认可。增强对程序正义重要性的认识，或许能让经济学家更好地应对正在酝酿的对另一种类似的倾销形式（可以称之为社会倾销）的反对。

金融全球化的危险

经济学家虽然清楚某些时候存在负面的分配效应，但总体上仍赞成自由贸易。贸易能产生收益的理论——消除跨国贸易壁垒带来的总体效率收益——依然很有说服力。理论上，金融全球化同样能带来重要的经济利益：使储蓄资金流向回报更高的国家，使各国能通过国际借贷实现跨期消费，促成全球投资组合的多样化等。然而经济学家关于资本流动的观点则含糊不清，而且会周期性地发生变化。

“二战”的直接影响使主流经济学几乎一致地支持控制资本跨境流动，以防止两次大战间歇期那样的货币波动，并给各国的国内宏观经济调控留下空间。到20世纪90年代，这一共识被打破。国际货币基金组织、经合组织和欧盟开始推动现有成员及潜在成员的资本项目完全可兑换。自2008—2009年的全球金融危机以来，观点再度摇摆。金融全球化的好处被贬低，资本控制被重新接受。

当前，经济学专业人士对金融全球化的观点最确切地说是矛盾的。主要的怀疑集中在短期资金流动上，这与金融危机和其他过剩现象有关。长期资金流动和外国直接投资仍普遍受到赞许。外国直接投资通常更加稳定，更有利于促进增长。但下文会提到，有证据表明外国直接投资造成了对劳工不利的税负和谈判权的转移。

近期的一篇论文（Broner and Ventura，2016）很好地反映了对金融全球化带来的异常后果的主流看法。其出发点是，各国政府的机会主义行为和低水平

① 调查结果显示，激发民众不满的公平问题不同于经济学家担心的自利“保护主义”目标。人们普遍支持在贸易中加入保护环境和劳动标准的内容，公平贸易的支持者同反对损失工作岗位的人群存在重叠，但并不等同（Ehrlich，2010）。

的国内制度会使外国资本遭受周期性债务危机。在这一模型中，对于国内的举债，债务合同可以强制执行，违约很少出现。外国贷款人的进入会增强政府违约的激励。当政府不能很好地区别对待外国贷款人和本国贷款人时，外债和内债危机将同时爆发。这激励国内居民把储蓄存放到国外。因此，金融全球化可能导致一个明显的悖论：正常情况下应该输入资本的国家成为资本输出国（资本外逃）。政府不愿意违约、金融市场深化的国家则成为外国人的储蓄避风港，有过多的资金流入。这一切的后果是，金融全球化对投资、增长和金融稳定的影响并不明确，不能简单假定为有益。

这篇文章的核心含义是，金融全球化凸显了国内制度和债务执行机制的弱点。资本流动与国内市场缺陷相互作用产生的消极影响可能抵消其直接收益。[①] 此类次优选择的理由可以解释为什么巴格瓦蒂（Jagdish Bhagwati）和斯蒂格利茨（Joe Stiglitz）等许多知名经济学家并不赞成资本自由流动，尽管他们是自由贸易的坚定支持者。

上述理由还可以解释困扰金融全球化支持者的两类实证研究的难题。第一类是，资本账户可兑换与经济增长之间最多存在着较弱的相关关系（Rodrik，1998a，b；Schularick and Steger，2010；Kose et al.，2011；Ostry、Prati and Spilimbergo，2009）。通常来说，资本账户可兑换对增长的积极作用要么只存在于特定时期（如 19 世纪后期资本流向新大陆的时候）或特定国家（如有着较好制度环境和宏观调控的国家），要么只限于特定的资本类型（外国直接投资）。第二类是，金融全球化与金融危机在时间上存在较强的实证关联。这方面的典型图表来自莱因哈特与罗高夫（Reinhart and Rogoff，2009）的研究，显示了金融全球化的时间同银行危机的爆发时间几近完美地重合（参见图 2）。银行危机与金融全球化相伴涨落。

经济周期与资本流入相关对发展中国家来说早已屡见不鲜。在本轮全球金融危机前，有理论认为此类问题主要是较贫困国家的事。制度和监管较完善的发达国家不会遭遇金融全球化带来的金融危机，但事实并非如此。在美国，危机前数年承担过度风险且杠杆过大的房地产泡沫，被来自世界其他地方的资本流入放大。欧洲的银行是美国资产支持证券的重要买家，新兴市场贷款人对

---

① 关于金融全球化与国内市场缺陷产生不利的相互作用，还有其他许多解释。例如在之前的一份研究中，我们认为资本输入导致实际汇率升值，并降低了可贸易部门投资的盈利，从而加剧了可贸易部门的独占性（appropriability），使经济增长表现乏力（Rodrik and Subramanian，2009）。

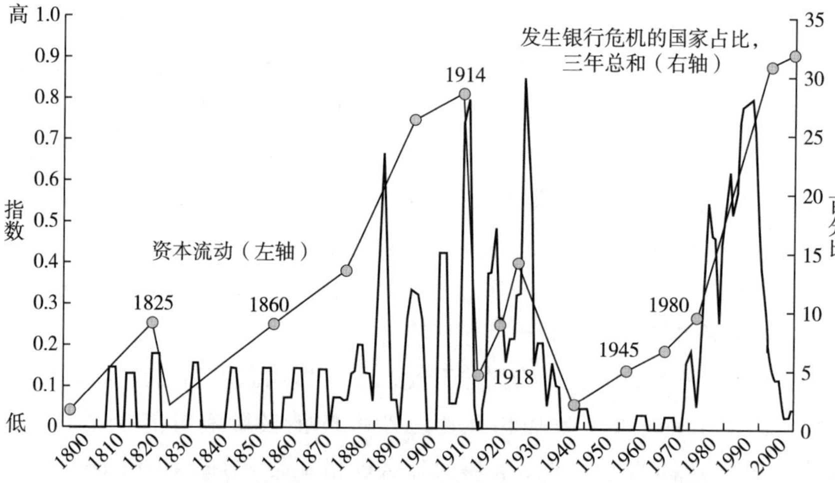

图 2　资本流动与银行危机发生率间的关系：1800—2007 年

“低风险”投资的需求也给美国的信贷繁荣火上浇油。有学者指出：“金融全球化扩大了封闭体系中可能受制于资本数额的金融活动的规模，放大了信贷市场和银行监管缺陷等基本扭曲的影响”（Lane，2012，第 9 页）。

在欧元区，金融一体化在区域规模上发挥了更大的作用。1999 年的货币联盟和欧元引入，使希腊、西班牙和葡萄牙等国的风险溢价水平下降，与其他成员国的借款成本趋同，导致借款国出现了巨大的经常账户赤字和不良外债的积累。资金流入国的建筑业和其他非贸易部门出现繁荣，可贸易部门则遭受损失。这种信贷繁荣最终难以为继。在美国危机爆发引起资金迅速枯竭后，希腊、西班牙、葡萄牙和爱尔兰等国的经济相继滑坡。

金融全球化对各国内部的收入分配似乎也产生了不利效应，部分原因在于全球化对金融危机的频率和严重性的影响。国际货币基金组织的研究人员在出色的系列论文中整理了金融全球化对收入不平等问题的此类消极影响（如 Jaumotte、Lall and Papageorgiou，2013；Furceri and Loungani，2015）。其中最值得注意的是近期的一篇文章分析了 224 个资本账户自由化案例，大多数是在过去 20 年左右发生（Furceri、Loungani and Ostry，2017）。这些自由化案例是根据金融开放度的标准指标（Chinn-Ito 指数）发生重大变化以及后续的大量资本流动来确定的。结果发现，资本账户自由化造成了劳动收入占比长期持续的显著下降，收入分配的基尼系数相应提升，以及收入排名前 1%、5% 和 10% 人群所占份额的提高（该研究的关键结论参见图3）。① 此外，若法律条文定义的自由化伴随着实际的大量资本流动，对不平等的负面作用会更大。② 看起来，金融全球化与贸易一起对劳动收入占比施加了下行压力。

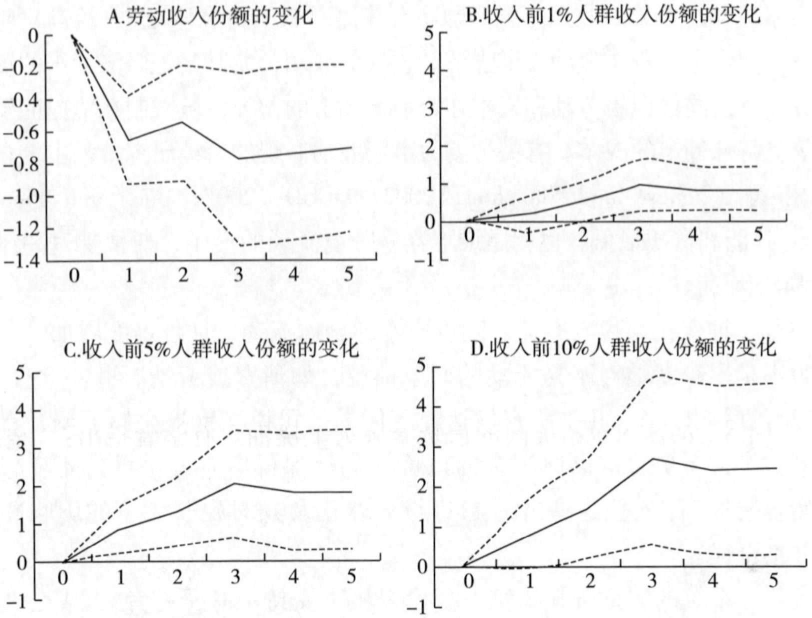

图3　资本账户自由化对劳动收入占比和顶层收入占比的影响（%）

为什么金融全球化会加剧不平等，尤其是提高资本的收入占比呢？在国际宏观经济学中还没有与斯托尔珀—萨缪尔森定理类似的理论。因此，在某种程度上，金融全球化的这类收入分配影响实在令人意外。但或许存在一种与谈判权有关的显而易见的解释（如 Rodrik，1997，第2章）。只要工资水平的决定部分受雇主与雇员谈判能力的影响，双方的外部选项就会发挥关键作用。资本流动让雇主拥有可信的威胁：如果雇员不接受低工资，企业就迁移到海外。某些研究提供了一些证据（Furceri et al.，2017），表明劳动收入占比下降确实与生产外迁的威胁有关。作为潜在威胁的替代变量，研究者采用了不同产业的裁

① 之前的两篇论文分析了资本账户自由化与劳动收入占比之间的负相关关系，参见 Harrison（2005）和 Jadayev（2007）。

② 利用“多变量”回归（kitchen-sink regression），有学者借助大量潜在影响因素，发现金融开放对不平等产生的影响与贸易开放和技术产生的影响相当（Furceri et al.，2017）。

员倾向，发现资本账户自由化对劳动收入占比的影响在自然解雇率较高的产业中特别大。谈判能力的说法还得到了另一项研究的印证，该研究发现外国直接投资与不平等扩大的关系尤其密切（Jaumotte et al.，2013）。[①]

要素流动的差异对收入分配问题还有其他影响。我（Rodrik，1997）曾提出的另一个观点是，资本流动会增强劳动收入的波动，尤其是把经济冲击的负担转移给劳方。这同样源于劳动和资本在跨境流动上的差异，被限制在境内的要素不得不承受特殊冲击的成本。有关劳动力市场波动表现的后续研究，基本上与我的假说相符（Scheve and Slaughter，2002；OECD，2007；Buch and Pierdzioc，2014）。技能和资质最低，也就是最不容易跨境流动的员工，通常受这一风险转移的影响最大。

还有一种变化与税收有关。随着资本的全球流动，征税难度增加。各国政府不得不越来越多地对不易流动的对象征税，如消费或劳动。事实上自20世纪80年代后期以来，几乎所有发达经济体的公司税率都被大幅下调，有时降幅达到一半甚至更多。同时工资的税负（如社保税等）几乎维持不变，增值税率则普遍提高。[②] 把这些普遍趋势与全球化及其对税收竞争的影响联系起来，并不奇怪。

有某些系统的实证资料给这一理论提供了支持。有研究者对14个经合组织国家在1967—1996年的数据做了面板分析（Bretschger and Hettich，2002），发现资本和贸易账户开放度的替代变量与有效公司税率呈负相关，与劳动税率呈正相关。更近期的一份研究根据2007年以前的数据得出了类似结论（Onaran and Boesch，2014）。还有一份针对1981—2001年的研究发现（Garretsen and Peeters，2007），外国直接投资水平（用一个资本账户限制指数做工具变量）给资本的有效税率施加了下调压力，当然根据各国的特色（如规模、相邻位置和密度等）存在很大的异质性。另一份研究在模型中基于博弈理论分析政府对公司税率和税基的选择（Devereux、Lockwood and Redooano，2008），

① 正如Carluccio、Fougere and Cautier（2016）论证的，工资谈判制度本身也可能是全球化冲击内生的。将企业层面的行政管理数据应用于法国企业，他们发现正的外生出口冲击提高了集体谈判协议的发生率，而离岸外包冲击并没有显著的影响。他们认为，后一发现可能源于两个相互冲突的效应：离岸外包提高了企业层面的生产率和利润，为企业和工会分享租金提供了更大的激励，与此同时，也削弱了工人的谈判力。

② 有关税率的资料来自经合组织税收数据库：http：//www. oecd. org/tax/tax – policy/tax – database. htm#taxBurden。

发现只有在实行资本账户开放的国家才有策略性的下行压力，结论是“均衡税率的下降几乎完全可以用资本管制放松带来的竞争加剧予以解释”。①

鉴于金融全球化对效率和公平的影响并不明确，温和点说，经济学家没有更激烈地反对持续减少资本流动的限制，这令人不解。许多大牌经济学家赞成金融全球化，相信其未来收益最终会超出风险。② 这强化了推动金融开放的美国、欧洲、新兴市场国家以及国际货币基金组织和经合组织等多边机构的政策制定者对金融全球化的支持。③ 路易吉·津加莱斯（Zingales，2015）在2015年的美国金融学会主席演讲中因此抱怨说，经济学家在全球金融危机前的数年中没有挺身而出，“我们应该承认自己的金融有益论夸大其词了”。经济学家对金融全球化的态度进一步放大了他说的金融有益论。

民粹主义反冲的政治经济学分析

全球化有着巨大的积极效应。它极大地扩展了出口商、跨国企业、投资者和国际银行的商机，也让经营和专业人才能够在更大的市场上施展能力。它帮助某些发展中国家（尤其是中国）迅速把农民转变为面向出口市场的制造业工人，大幅促进了经济增长和减贫。然而，全球不平等程度的缩小却伴随着各国内部不平等和分裂的加剧。全球化加深了部分交织的多重社会裂痕：劳资之间、高技能员工与低技能员工之间、雇主与雇员之间、可全球流动的职业与本地生产者之间、拥有与缺乏国际比较优势的产业和地区之间、城市与乡村之

① 其他若干研究得出的结果并不显著，或者与这些观点相反。有研究回顾了20年的实证分析，认为“与全球化指标有关的不同特征，对全球化与资本税率的关系得出了完全不同的结论。利用国际贸易额与GDP比例或者全球化指数（Quinn，1997）的研究，更容易得出国际市场一体化对资本税率产生负影响的结论。利用KOF全球化指数（Dreher，2006）的研究，更容易得出正影响的结论”（Adam et al.，2013）。

② 斯坦利·费希尔在20世纪90年代后期主张推进金融全球化，并提议修订国际货币基金组织的条款，使“基金组织能促进有序的资本流动自由化”（Fischer，1997）。尽管他列举了开放资本流动的风险，但他依然认为潜在收益足以抵消风险。对缺乏有关收益效应的证据，他解释说有利于资本项目开放的证据将逐渐积累起来，就像贸易自由化的积极证据一样（Fischer，2003，第14页）。鲁迪格·多恩布什则宣称资本管制是过去时代的观念（Dornbusch，1998），而他在不久之前还主张征收金融交易税（Dornbusch，1996）。弗雷德里克·米什金（Frederic Mishkin）在2006年的《下一轮伟大的全球化》（*The Next Great Globalization*，中文版见中信出版社2007年版）中积极主张金融全球化，认为只要各国采取必要的配套改革，其收益就会兑现。

③ 有关20世纪90年代资本项目放松管制的政治角力的有趣论述，参见Abdelal（2007）。

间、世界主义者与社群主义者之间、精英阶层与普通人群之间，等等。它让许多国家饱受金融危机及后续紧缩之苦。

全球化远非现有社会契约遭受的唯一冲击。综合各种研究，自动化和新型数据技术对去工业化以及区域和收入不平等的影响更大。可是，全球化被打上不公平的污名，而这是新技术所没有的。人们认为自身利益受损不是由于市场竞争中的运气欠佳，而是因为竞争规则不公平，并被金融家、大公司和外国人代表的其他势力所利用。

由此导致的许多后果是可以预料的，也并不令人意外。政治上遭遇的反冲同样如此。已有若干实证研究把民粹主义浪潮的兴起——美国的特朗普和共和党右翼、英国的脱欧势力、欧洲的极右派别——联系到与全球化相关的因素上，如中国贸易冲击、进口渗透水平提高、去工业化和移民等。

通过分析美国国会各选区的选举结果，有研究发现中国贸易冲击加剧了政治两极化（Autor et al.，2016）：受到冲击的选区在之前已有的政治倾向上进一步向右翼或左翼倾斜。当选的共和党人变得更加保守，民主党人则更趋自由化。对英国的研究则发现（Becker et al.，2016），除人口变量和产业构成外，紧缩和移民冲击都对退欧投票产生了推波助澜的影响。另有针对英国退欧问题的研究发现，全球化有着更直接得多的影响（Colantone and Stanig，2016）。借用奥托等人（Autor et al.，2013）的中国贸易冲击模型中的类似变量，研究者发现来自中国的进口渗透率越大，支持退欧的投票比率就越高。他们还利用英国选举普查（British Election Survey）中的个人层面数据进行验证，发现在排除教育和其他特征后，受进口冲击影响更大的地区，个人确实更多投票支持退欧。

这些研究者的第二篇论文对15个欧洲国家在1988—2007年的情况做了类似分析（Colantone and Stanig，2017），发现中国贸易冲击在不同区域和个人层面产生了统计（和数量）上显著的影响。进口冲击增大会引起民族主义政党的支持率提高，以及转向右翼激进政党。还有学者（Guiso et al.，2017）分析了欧洲个人投票的调查数据，发现缺乏经济安全——包括受到进口和移民的竞争冲击——在民粹主义政党兴起中发挥了重要作用。这些变量同样影响选民参与率：相对缺乏经济安全的个人参与投票的可能性较低。该研究指出，这一结果表明，只关注得票比率的研究可能会低估有关经济因素（包括全球化冲击）的重要性。

目前还少人问津的一个问题是，为什么这些反冲在不同国家会表现出特定的形式。当前风起云涌的大多数（但非全部）民粹主义运动属于右翼，强调文化裂痕，强调民众的国别、种族、宗教或文化身份，反对外来群体的所谓威胁。如美国的特朗普多次对墨西哥人、中国人和穆斯林做妖魔化攻击。而欧洲的右翼民粹主义者则把穆斯林移民、少数族裔（吉卜赛人或犹太人）以及布鲁塞尔的不知名官僚视为“外人”。

另外一类民粹主义运动主要源于经济裂痕，即掌控经济大权、制定游戏规则的富裕群体与丧失权力的低收入群体之间的对立。19 世纪后期最早的美国民粹主义就属于此类，其主要斗争对象是铁路大亨与东北部的金融精英阶层。伯尼·桑德斯在 2016 年的总统竞选中采取了类似路线。欧洲也有少数左翼民粹主义运动，其中最知名的包括希腊的联盟党和西班牙的社会民主力量党。相比之下，拉丁美洲的民粹主义很久以来一直以左翼类型为主。

图 4 提供了部分系统性证据，显示自 20 世纪 60 年代以来世界各国民粹主义政党获得的支持率的变化，指标是：在至少拥有一个民粹主义政党的国家中，各民粹主义党派获得的选票份额之和。图中区分了欧洲和拉美的左翼及右翼民粹主义，但不包括 2016 年的美国总统选举（附录中介绍了有关的数据来源和涉及的各国家及各党派）。

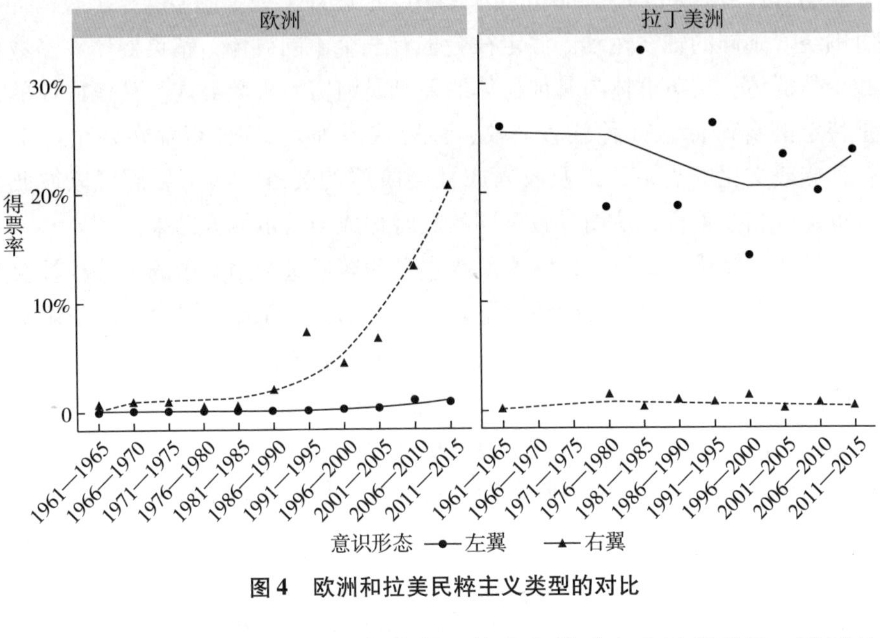

图 4　欧洲和拉美民粹主义类型的对比

从图 4 一眼就能看出欧洲和拉美的民粹主义模式存在显著差异。欧洲的民粹主义兴起是非常近期和迅速的事件，从 20 世纪 80 年代后期不足 5% 的得票率到2011—2015年的20%以上。另外，这一增长完全是右翼党派带来的，左翼民粹主义党派的总得票率在相关各国仍然远低于5%。相反，拉美的左翼民粹主义一直很强势，总得票率为15%~30%，而且近期还出现了上升，虽然并不明显。而右翼民粹主义的支持率在拉美依然处于很低的水平。

何以解释今天右翼民粹主义在欧洲的盛行与左翼民粹主义在拉美的支配地位呢？对于这一难题，从需求和供给两侧的影响因素来分析民粹主义的崛起会有所启发。①

在需求侧，全球化导致或加剧了收入分配差距和其他经济裂痕，使独立于主流政治、反对现行游戏规则的政治运动获得了潜在的民众支持。可是作为全球化副产品的经济焦虑、不满、合法性及公平感的丧失，很少有现成的解决方案或政策措施。这些症状往往处于初发状态，需要给受影响的群体提供相关理论和解释，以特殊渠道纾解。这就出现了供给侧的政治活动。民粹主义运动为面向普遍焦虑的政治动员提供了理论上的说法。他们要讲的故事就是为了与其政治基础——需求侧——产生共鸣：发生了什么事情，由于什么原因，是什么人给你造成了伤害。

我与合作者（Mukand and Rodrik，2017）设计了一个模型，显示政治冲突可以围绕着不同的轴线运动。假定社会上有三个不同群体：精英群体、多数群体和少数群体。精英群体与其他群体的差别是财富，少数群体与其他群体的差别是特定的身份标志（种族、宗教、移民状态等）。这样就存在两个社会裂痕：种族或文化的裂痕，以及收入或社会阶层的裂痕。两个裂痕可以彼此独立，也可以相互重合，从而导致不同的联盟构成与政治博弈结果。

通过适度简化，我们可以认为民粹主义政客通过利用其中的某一种社会裂痕动员支持力量。在每种不同情形下，“人民公敌”有着不同含义。强调身份裂痕的民粹主义者瞄准外国人或少数族裔，形成右翼民粹主义。强调收入裂痕的民粹主义者针对富人和大企业，形成左翼民粹主义。

有理由认为，哪种社会裂痕更容易被利用，与选民在日常生活中的突出感受有关。具体来说，当社会面临着拥有不同文化与宗教背景的大量移民和难民涌入时，更容易利用种族或文化裂痕做政治动员。经济焦虑感可以归咎于那些

① Aytaç and Önis（2014）提出了同样的问题，他们比较了阿根廷基什内尔总统的左翼民粹主义和土耳其埃尔多安的右翼民粹主义。两位作者将不同形式的民粹主义政治与此前导致经济危机的各种可见原因、对资本流动的不同依赖程度以及有组织劳工的力量联系在一起。

族群，把移民和难民描述为前来争夺工作岗位、寻求公共服务、削弱本国人的公共资源。事实上，欧洲极右翼党派的一个主要支持源头正是担忧移民会削弱社会福利，这在处于紧缩和衰退期的国家尤为明显（Hatton，2016）。有研究发现（Cavaille and Ferwerda，2017），极右翼民粹主义政党获得的支持率，同人们对移民争夺实物福利（以公共住房为例）的感受程度密切相关。

这一逻辑的一个重要含义是，即使主要冲击基本来自经济方面，政治上也可能表现为文化主义和本土主义。看似种族主义或排外主义的反冲，其根源可能是经济上的焦虑和错位。① 政治的供给侧——政客给出的说法——关系重大。而这在目前的分析中经常被忽略。例如，对特朗普的选举胜利，如果不区分需求侧和供给侧，其中需求侧是社会的不满，供给侧是特朗普的解释，我们就难以判断这到底是经济现象还是文化现象。②

再看拉美的情况，民粹主义在拉美有了不同的轨迹，其原因或许在于全球化带来的主要冲击有不同形式。他们遭受的全球化负面冲击并不是源于移民，或者布鲁塞尔及法兰克福制定的规则，而是快速的贸易开放、金融危机、国际货币基金组织的行动，以及外国公司进入采矿或公用事业等敏感的国内产业部门。民粹主义动员的力量旨在反对上述势力以及支持他们的国内群体，因此采取了左翼（经济类型）民粹主义的形式，而非右翼（文化类型）民粹主义。③

欧洲国家中不同于右翼民粹主义的特殊案例进一步提供了佐证。左翼民粹主义较为强势的两个欧洲国家——希腊和西班牙——与拉美有一定程度的相似。它们在欧洲模式的金融全球化（欧元区）中是主要的资本流入国，一旦资本停止流入，其经济就迅速下滑，失业率飙升。由于欧洲统一货币的存在，以及外界施加的紧缩政策（由国际货币基金组织、欧洲中央银行和欧洲委员会三方共同作用），冲击被进一步强化。所以，尽管欧洲所有国家都受到了欧元危机的影响，希腊和西班牙却位居最严重的行列。希腊经济至今尚未复苏，

---

① 关于民粹主义的文化决定因素的实证分析，参见 Norris and Inglehart（2016）。另有研究 Gidron and Hall（2017）关注社会地位感受及其变化对右翼民粹主义的影响。

② Karakas and Mitra（2017）在其理论文章中给出了一个例子，其中政治的供给侧凌驾于需求侧之上。在这篇文章中，民粹主义候选人的外部人地位使他们比左翼或右翼的建制派候选人有更大优势，因为前者被视为更有可能打破现状。如此一来，有左翼偏好的选民（如传统的民主党选民）可能会投票支持右翼民粹主义候选人（如特朗普）。

③ 有关拉美经济民粹主义的经典著作，参见 Dornbusch and Edwards（1991）。Sachs（1990）也类似地论述了拉美的民粹主义经济政策周期。

两个国家的失业率都依然居高不下。所有这些都让人联想起拉美国家至少从20世纪70年代开始的景气和萧条周期。出于同样的原因，毫不奇怪，金融危机及后续影响为希腊和西班牙的左翼民粹主义提供了沃土。

文化或宗教裂痕相对更难以利用，或许也是民粹主义运动倾向于左翼而非右翼的一个原因。在拉丁美洲，主要移民来自其他拉美国家或者文化背景类似的欧洲国家。在欧洲内部，希腊和西班牙也是有趣的反例。比如，从表2可以看到西班牙和法国移民情况的对比。尽管西班牙的移民人口相对于总人口的比重更大，但主要来自拉美国家或欧洲发达国家。① 相反在法国，占比最大的移民（超过40%）来自伊斯兰国家（阿尔及利亚、摩洛哥、突尼斯和土耳其），另有10%来自撒哈拉以南非洲国家。因此，法国的右翼民粹主义政党（如国民阵线）比西班牙的右翼民粹主义政党有着更适宜生长的土壤。

表2　移民来源国的差异：法国和西班牙

来源国（只限最多的25个国家）	移民接收国			
	法国		西班牙	
	占移民人数之比（%）	占全国人口之比（%）	占移民人数之比（%）	占全国人口之比（%）
穆斯林为主的国家	41	5	13	2
撒哈拉以南非洲国家	8	1	0	0
其他发展中国家	4	0	3	0
东欧国家（含俄罗斯）	3	0	18	3
拉丁美洲国家	2	0	33	5
欧洲发达国家	24	3	17	2
以上国家合计	82	9	83	12

资料来源：World Bank Bilateral Migration Matrix，2013。

美国是个混合型的案例，结合了上述两种路线的特征。欧洲从很早以前就开放了贸易，实现了支持开放的政治安排，即用广泛的社会安全网作为补偿。而美国则是在较晚近时期才面临进口压力的增强，也没有采取系统性的补偿措

① 进入西班牙的移民的主要拉美输出国包括厄瓜多尔、哥伦比亚、秘鲁、玻利维亚和委内瑞拉。

施。因此进口冲击（尤其是来自中国）和贸易协定（与墨西哥、亚洲国家等）成为政治上的焦点议题，能够动员很大数量的选民。金融危机以及大银行和低收入房主的不同命运——只有前者得到救助——则加剧了民众对金融精英阶层的愤怒。同时，来自墨西哥的移民、来自激进伊斯兰恐怖主义的威胁，以及持续的种族差距，都易受到政治操控。可以说，美国给两种类型的社会裂痕都提供了充足的空间。所以，左翼和右翼两种类型的民粹主义运动都成为2016 年总统大选中的热点，分别以桑德斯和特朗普为旗手。

结　论

上述讨论推导出的一个结论是，有关全球化的简单经济学分析难以在政治可持续性方面看到乐观的前景。在全球化的高级阶段——之前我曾称之为“超级全球化”（hyperglobalization，Rodrik，2011）——尤为如此，此时全球化的政治或分配成本相对于经济净收益而言极为不利。历史上，国内市场的统一要求强势的中央执行机构采取坚定的政治行动。而这在全球范围内并不存在，欧洲的经验充分表明，即便在区域范围内也很难做到。因此在政治分裂的世界中，市场总是面临强大的离心力。

“二战”后短期内的全球经济制度安排是基于凯恩斯的洞见，他认为要维持有利于国际贸易和投资的世界经济环境，就要给国内宏观调控留下空间。凯恩斯尤其看重资本管制，在他眼中这并非权宜之计，而是国际经济秩序的一个持久特征。同样的原理也适用于其他领域，例如《关贸总协定》（GATT）采取了狭义的贸易一体化模式，只涉及直接贸易壁垒、发达经济体的制造品进口等内容，给各国留下了充分的空间设计自己的规制和产业政策，事实上给农业、服装等较为敏感的产业提供了保护。

由此建立的体系，即所谓“布雷顿森林体系”或者“内嵌式自由主义”（embedded liberalism），取得了巨大成功。[①] 它促进了全球贸易和投资的大幅提升，发达国家和发展中国家共同实现了快速经济增长。然而，这些成就反而不利于该体系本身。到 20 世纪 80 年代后期，政策制定者和经济学家认为，进一步促进经济一体化可以使该体系更好地继续运行。于是达成了更雄心勃勃的贸

① 术语“内嵌式自由主义”一词来自 Ruggie（1982），John Ruggie 依然是该术语描述的体制的最佳倡导者。

易协定，并跨越国境，干预各国内部的监管。取消资本流动的限制已成为惯例，而非特例。在此过程中，让之前的体系成功运行的“内嵌”或“妥协”的特征被忽略了。

民粹主义的兴起迫使我们重新审视现实。政策制定者如今面临的主要挑战是全球化的再平衡，在维护合理开放的世界经济的同时，限制其走向极端。我们尤其需要三个方面的再平衡：从资本和企业到劳工和社会的其余部分，从全球治理到国家治理，从总体经济增益少的领域到总体经济增益大的领域。

全球化的益处并没有得到平等的分配，因为现行的全球化模式建立在巨大而又根本的不对称之上。我们的贸易协定和全球规则基本上是为了因应资本的需要而设计的，贸易协定完全由企业主导的议程推动。其中隐含的经济学模型就是涓滴效应：让投资者高兴，由此得到的好处最终会流向社会的其余部分。劳工的利益，包括良好的报酬、高劳工标准、就业保障、在工作场所的发言权、谈判权利等，很少被提及。为了推动全球化，在设定全球化规则的过程中，必须让劳工阶层有平等的发言权。从实践的角度看，这就要求我们反思哪些多边机构能设定全球对话的议程；在贸易协定谈判中，谁能参与谈判。

在治理的再平衡方面，我们应当了解世界经济并不真的需要全球治理才能得到恰当的管理。世界经济的大多数失败根源于国内治理的失败。尤其是，限制性贸易政策要么归因于各种复杂的情况，这些情况推翻了支持贸易带来收益的标准李嘉图理论；要么归因于国内政策紊乱（例如，忽视贸易收益的合理再分配）。

社会看重的也许是舒适的环境和再分配结果，而自由贸易会破坏它们，运用其他政策工具也许不可能达成社会看重的这些目标。发展中国家在发展出某些技术能力之前，也许可以从保护幼稚产业免于外国竞争中受益。在这样的情况下，无论是从国内还是国际的角度看，不接受自由贸易政策并不是一个问题。国际组织没有权力要求这些国家开放。

国内政策过程失灵才是真正的问题。但这个问题的根源在于国内政治，如某些寻租团体的影响力过大，而不是缺乏合适的全球规则。在这种情况下，即使强化全球治理也不见得就能奏效。有些时候，全球规则可以抵制主张贸易保护主义的利益集团。然而，更有可能的是，制定和管理全球规则的恰好是主导国内政策制定的特殊利益集团。想一想大银行在制定全球资本标准中发挥的作用，以及制药公司在制定全球专利规则中发挥的作用。

这并不是说全球治理就毫无作用。但是，在全球化和国内治理的再平衡过程中，我们必须认识到，全球治理能做出的最好贡献就是让民族国家更好地运行，而不是削弱或限制它。相应地，国际组织的恰当角色就是促进关键的民主规范（democratic norms），如代表、参与、协商、法治和透明度等，而不是预先评判政策结果或要求协调一致。

最后，我们的全球化理论必须关注净收益更大的领域。如今的世界经济空前开放，它面临的最大挑战不是不够开放，而是不够合理。缔结贸易协定的传统方法关注对等的市场准入，这种方法已不再合适。贸易规则需要改变成强调公平、解决社会倾销问题，拓展发达国家和发展中国家的政策空间。①

（余江　译）

参考文献

Abdelal，R. 2007. *Capital rules：The construction of global finance.* Cambridge，MA：Harvard University Press.

Acemoglu，D.，Autor，D.，Dorn，D.，Hanson，G. H.，& Price，B. 2016. Import competition and the great US employment sag of the 2000s. *Journal of Labor Economics*，34（S1，Part 2）：S141－S198.

Adam，A.，Kammas，P.，& Lagou，A. 2013. The effect of globalization on capital taxation：What have we learned after 20 years of empirical studies? *Journal of Macroeconomics*，35：199－209.

Antràs，P.，de Gortari，A.，& Itskhoki，O. 2017. *Globalization，inequality and welfare.* Unpublished paper，Harvard University.

Autor，D.，Dorn，D.，& Hanson，G. 2013. The China syndrome：Local labor market effects of import competition in the United States. *American Economic Review*，103（6）：2121－2168.

Autor，D.，Dorn，D.，& Hanson，G. H. 2016a. The China shock：Learning from labor market adjustment to large changes intrade. *Annual Review of Economics*，8：205－240.

Autor，D.，Dorn，D.，Hanson，G.，& Majlesi，K. 2016b. *Importing political polarization? The electoral consequences of rising trade exposure.* Unpublished paper，MIT.

Aytaç S. E.，&Öniş Z. 2014. Varieties of populism in a changing global context. *Comparative Politics*，47：41－59.

Becker，S. O.，Fetzer，T.，& Novy，D. 2016. *Who voted for Brexit? A comprehensive district－level analysis.* Unpublished paper，University of Warwick.

① Rodrik（2017）更全面地讨论了这一理论的政策含义。

Bretschger, L., & Hettich, F. 2002. Globalisation, capital mobility and tax competition: Theory and evidence for OECD countries. *European Journal of Political Economy*, 18: 695 – 716.

Broner, F., & Ventura, J. 2016. Rethinking the effects of financial globalization. *Quarterly Journal of Economics*, 131: 1497 – 1542.

Buch, C. M., & Pierdzioc, C. 2014. Labor market volatility, skills, and financial globalization. *Macroeconomic Dynamics*, 18: 1018 – 1047.

Caliendo, L., & Parro, F. 2015. Estimates of the trade and welfare effects of NAFTA. *Review of Economic Studies*, 82: 1 – 44.

Cameron, D. R. 1978. The expansion of the public economy. *American Political Science Review*, 72: 1243 – 1261.

Carluccio, J., Fougère, D., & Gautier, E. 2015. Trade, wages and collective bargaining: Evidence from France. *Economic Journal*, 125: 803 – 837.

Carluccio, J., Fougère, D., & Gautier, E. 2016. The impact of trade shocks on collective wage bargaining agreements. CEPR Discussion Paper 11289.

Cavaille, C., & Ferwerda, J. 2017. *How distributional conflict over public spending drives support for anti – immigrant parties.* Unpublished paper, Georgetown University.

Clark, A. E., & D'mbrosio, C. 2015. Attitudes to income inequality: Experimental and survey evidence. In *Handbook of income distribution*, Vol. 2A. New York: Elsevier.

Colantone, I., & Stanig, P. 2016. *Global competition and Brexit.* Unpublished paper, Bocconi University.

Colantone, I., & Stanig, P. 2017. The *trade origins of economic nationalism: Import competition and voting behavior in Western Europe.* BAFFI CAREFIN Centre Research Paper Series No. 2017 – 49.

D'mico, R., & Schochet, P. Z. 2012. *The evaluation of the trade adjustment assistance program: A synthesis of major findings*, December.

Devereux, M. P., Lockwood, B., & Redoano, M. 2008. Do countries compete over corporate tax rates? *Journal of Public Economics*, 92: 1210 – 1235.

Dornbusch, R. 1996. It's time for a financial transactions tax. *International Economy*, 20 (August/September): 95 – 96.

Dornbusch, R. 1998. Capital controls: An idea whose time is past. In S. Fischer (Ed.), *Should the IMF pursue capital-account convertibility? Essays in international finance*, No. 207. Princeton University, Princeton, New Jersey, pp. 20 – 28.

Dornbusch, R., & Edwards, S. 1991. *The macroeconomics of Latin American populism.* Chicago: University of Chicago Press for the NBER.

Dreher, A. 2006. The influence of globalization on taxes and social policy: An empirical analysis for OECD countries. *European Journal of Political Economy*, 22: 179 – 201.

Ebenstein, A., Harrison, A., McMillan, M., & Phillips, S. 2014. Estimating the impact of trade and offshoring on American workers using the current population surveys. *The Review of Economics and Statistics*, 96 (4): 581 – 595.

Ehrlich, S. D. 2010. The fair trade challenge to embedded liberalism. *International Studies Quarterly*, 54: 1013 – 1033.

Elsby, M. W. L. , Hobijn, B. , & Şahin, A. 2013. The decline of the U. S. labor share. *Brookings Papers on Economic Activity*, Fall, 163.

Feenstra, R. C. 2016. *Advanced international trade: Theory and evidence*, 2nd Ed. Princeton, NJ: Princeton University Press. Fernádez – Villaverde, J. , & Santos, T. 2017. *Institutions and political party systems: The Euro case.* CEPR Discussion Paper 12131.

Fischer, S. 1997. Capital account liberalization and the role of the IMF. In *Speech at the annual meetings of the International Monetary Fund*, September 19. www. imf. org/external/np/speeches/1997/091997. htm.

Fischer, S. 2003. Globalization and its challenges. *American Economic Review*, 93 (2): 1 – 30.

Furceri, D. , & Loungani, P. 2015. *Capital account liberalization and inequality.* IMF Working Papers No. 243.

Furceri, D. , Loungani, P. , & Ostry, J. D. 2017. *The aggregate and distributional effects of financial globalization.* Unpublished paper, IMF.

Garretsen, H. , & Peeters, J. 2007. Capital mobility, agglomeration and corporate tax rates: Is the race to the bottom for real? *CESifo Economic Studies*, 53: 263 – 293.

Gidron, N. , & Hall, P. A. 2017. *The politics of social status: Economic and cultural roots of the populist right.* Center for European Studies, Harvard University, British Journal of Sociology (forthcoming).

Grossman, G. , Helpman, E. , & Kircher, P. 2017. Matching, sorting, and the distributional effects of international trade. *Journal of Political Economy*, 125 (1): 224 – 264.

Guiso, L. , Herrera, H. , Morelli, M. , & Sonno, T. 2017. *Demand and supply of populism.* CEPR Discussion Paper DP11871.

Hakobyan, S. , & McLaren, J. 2016. Looking for local labor market effects of NAFTA. *Review of Economics and Statistics*, 98 (4): 728 – 741.

Harrison, A. E. 2005. *Has globalization eroded labor's share? Some cross-country evidence.* Unpublished paper, University of California at Berkeley.

Hatton, T. 2016. Immigration, public opinion, and the recession in Europe. *Economic Policy*, 31: 205 – 246.

Hicks, M. J. , & Devaraj, S. 2015 and 2017. *Myth and reality of manufacturing in America.* Ball State University Center for Business and Economic Research.

Inglehart, R. F. , & Norris, P. 2016. *Trump, Brexit, and the rise of populism: Economic have-nots and cultural backlash.* Harvard Kennedy School Faculty Research Working Paper SeriesR-WP16 – 026.

Jaumotte, F., Lall, S., & Papageorgiou, C. 2013. Rising income inequality: Technology, or trade and financial globalization? *IMF Economic Review*, 61 (2): 271 – 309.

Jayadev, A. 2007. Capital account openness and the labour share of income. *Cambridge Journal of Economics*, 31 (3): 423 – 443.

Judis, J. B. 2016. The populist explosion: How the great recession transformed American and European politics. In *Columbia global reports*. New York.

Karakas, L. D., & Mitra, D. 2017. *Inequality, redistribution, and the rise of outsider candidates*. Maxwell School of Citizenship and Public Affairs, Syracuse University.

Kazin, M. 1998. *The populist persuasion: An American history*. New York: Basic Books.

Kose, M. A., Prasad, E. S., Taylor, A. D. 2011. Thresholds in the process of international financial integration. *Journal of International Money and Finance*, 30: 147 – 179.

Lane, P. R. 2012. Financial globalization and the crisis. In *Paper prepared for the 11th BIS annual conference on the future of financial globalization*, Lucerne, June 21 – 22.

Mishkin, F. S. 2006. The next great globalization: How disadvantaged nations can harness their financial systems to get rich. Princeton, NJ: Princeton University Press.

Mudde, C., & Kaltwasser, C. R. 2017. Populism: A very short introduction. New York: Oxford University Press.

Mukand, S., & Rodrik, D. 2017. *The political economy of liberal democracy*, revised. Harvard Kennedy School.

Müller, J. – W. 2016. What is populism? Philadelphia, PA: University of Pennsylvania Press.

OECD. 2007. *Globalisation, jobs and wages*. OECD Policy Brief.

Onaran, Ö., & Boesch, V. 2014. The effect of globalization on the distribution of taxes and social expenditures in Europe: Do welfare state regimes matter? *Environment and Planning A*, 46: 373 – 397.

Ostry, J. D., Prati, A., & Spilimbergo, A. 2009. *Structural reforms and economic performance in advanced and developing countries*. IMF Occasional Paper 268, Washington, DC.

Quinn, D. 1997. The correlates of change in international financial regulation. *American Political Science Review*, 91: 531 – 551.

Reinhart, C., & Rogoff, K. 2009. *This time is different: Eight centuries of financial folly*. Princeton, NJ: Princeton University Press.

Rodrik, D. 1994. The rush to free trade in the developing world: Why so late? Why now? Will it last? In S. Haggard, and S. Webb (Eds), *Voting for reform: Democracy, political liberalization, and economic adjustment*. New York: Oxford UniversityPress.

Rodrik, D. 1997. *Has globalization gone too far?* Washington, DC: Institute for International Economics.

Rodrik, D. 1998. Why do more open economies have bigger governments? *Journal of Political*

Economy, 106 (5): 997 – 1032.

Rodrik, D. 1998. Who needs capital-account convertibility? In S. Fischer and others (Eds), *Should the IMF pursue capital-account convertibility?* Essays in International Finance No. 207. International Finance Section, Department of Economics, Princeton University.

Rodrik, D. 2011. *The globalization paradox: Democracy and the future of the world economy.* New York: W. W. Norton.

Rodrik, D. 2017. *Straight talk on trade: Ideas for a Sane world economy.* Princeton, NJ: Princeton University Press.

Rodrik, D., & Subramanian, A. 2009. Why did financial globalization disappoint? *IMF Staff Papers*, 56 (1): 112 – 138.

Romalis, J. 2007. NAFTA'S and CUSFTA'S impact on international trade. *Review of Economics and Statistics*, 89 (3): 416 – 435.

Rosanvallon, P. 2016. How to create a society of equals. *Foreign Affairs*, *January/February.*

Ruggie, J. G. 1982. International regimes, transactions, and change: Embedded liberalism in the postwar economic order. *International Organization*, 36 (2): 379 – 415.

Sachs, J. 1990. *Social conflict and populist policies in Latin America.* San Francisco: International Center for Economic Growth, ICS Press.

Scheve, K., & Slaughter, M. J. 2002. *Economic insecurity and the globalization of production.* NBER Working Paper No. 9339.

Schularick, M., & Steger, T. M. 2010. Financial integration, investment, and economic growth. *Review of Economics and Statistics*, 92 (4): 756 – 768.

Starmans, C., Sheskin, M., & Bloom, P. 2017. Why people prefer unequal societies. *Nature: Human Behaviour*, 1: 82.

Stolper, W., & Samuelson, P. A. 1941. Protection and real wages. *Review of Economic Studies*, 9: 58 – 73.

Walzer, M. 1983. *Spheres of justice: A defence of pluralism and equality.* Oxford: Martin Robertson.

Zingales, L. 2015. Presidential address: Does finance benefit society? *The Journal of Finance*, LXX (4): 1327 – 1363.

改革论坛

Reform Forum

Comparative

事权与支出责任划分改革的有关问题

楼继伟

本文讨论我在事权改革方面的研究体会，主要讨论五方面的内容：一是事权划分的问题表象，二是改革的症结，三是基本原理，四是相关国际经验，五是改革建议。

一、问题表象

事权和支出责任不仅是财政问题，更是国家治理的基本要素。清晰高效的事权和支出责任划分，是形成合理的行政秩序、市场秩序和社会秩序的基本前提，是推进国家治理体系和治理能力现代化的必然要求。受多方面因素影响，我国政府间事权划分缺乏明确统一的规范，分工不清晰、不合理的问题较为突出，形成了碎片化、冲突性的体制机制，不利于发挥市场在资源配置中的决定性作用和更好发挥政府作用，也诱发了收入分配不公，可持续性堪忧。下面，我简要举几个例子。

比如，对外贸易体现国家主权，应当作为中央专属事权，但在我国混乱不清。加入 WTO（世界贸易组织）时，为履行入世承诺，规范贸易体制，中央政府层面对 3000 多部法律、法规和部门规章做了清理，而地方政府清理了 9

---

* 本文根据作者 2018 年 4 月 19 日在清华大学中国经济 50 人论坛“长安讲坛”上的报告修改而成。

万多部，是中央政府的30倍左右，反映出地方政府成为实际意义上的外贸管理主体。这种扭曲的外贸管理体制，引发了市场割据、恶性竞争、国际贸易政策不统一等一系列问题，损害了资源配置效率，在可比的大国中是难以想象的。

社保制度方面，社会保险特别是养老保险事关劳动力自由流动和国家长治久安，通常由中央政府直接管理。我国的情况是，社会保险制度名义上由中央统一制定，但具体的管理和执行交由地方，导致各地的缴费率、养老金替代率、待遇增长率等差异极大，社保制度呈现高度碎片化，既不公平，也不利于全国劳动力市场的统一，成为影响经济社会可持续发展的重大隐患。

知识产权保护方面，统一有序的知识产权保护是市场经济发展的重要基础。近年来，我们不断加大知识产权保护，在北京、上海、广州设立了三家知识产权法院，最近的国务院机构改革又将与保护知识产权的相关职能整合在一起，重新组建了国家知识产权局。但与此相关的事权划分问题并没有得到有效解决，中央与地方知识产权保护的职责划分仍不够合理。在美国、德国、日本等国家，知识产权案件由于有跨区域性合同，属于统一市场的事务，都是由联邦或中央管辖，在中国是双管。最高人民法院管规则，具体执行的知识产权法院作为中级人民法院，却属于地方管理，难免会有资源不足、专业性不强和地方保护倾向等问题。

此外，跨区域食品药品安全、跨区域环境保护、海域管理等具有中央事权属性的事务，在我国也由各级政府分级管理，导致监管一致性缺失，行政效率偏低。更为严重的是，各地出于地方利益的考虑，缺乏严格执法的内在动力，引发了毒奶粉、松花江水污染、非法疫苗和假药大案等一系列社会事件，最终造成了跨区域甚至国家层面的利益损失，形成“公地悲剧”。

事权和支出责任划分领域存在的问题，困扰我们多年。令人欣喜的是，自党的十八大特别是十八届三中全会明确提出建立事权与支出责任相适应的制度以来，我们按照适度加强中央事权的要求，积极推进改革，取得了一些进展。十八大以来，党中央、国务院出台的重要文件中，涉及政府间事权和支出责任划分的共50件，涵盖经济体制、生态环保、市场监管、民生保障、政法、国防、外交等多个领域。其中，15件明确界定了相关领域中央和地方的事权和支出责任范围，包括人民防空、金融监管、环保监察、司法管辖、内贸流通、优抚安置、外交、外援、海域海岛管理等方面。特别是在职能配置的实体化方面进展明显。比如，设立最高法院巡回法庭，实施环保监察省以下垂直管理、环境监测全覆盖和环境督察制度，整合海警队伍，建立国家公园体制，推行省以下法院和检察院垂直管理等。改革后事权履行效率明显提升，中央事权有所加强，成为全面深化改革中的亮点。但在上述领域之外，事权改革要么尚未触及，要么刚刚破题，相关文件多以“按照中央和地方的事权划分，明确各级政府支出责任”的原则性表述笼统规定。事权划分不够清晰合理的问题尚未得到根本解决，与国家治理体系和治理能力现代化的要求不相适应。

党的十九大报告明确提出到21世纪中叶建成社会主义现代化强国的第二个百年奋斗目标，为此做出分两个阶段安排的战略部署，相应提出了实现国家治理体系和治理能力现代化的阶段性目标。习近平总书记关于深化党和国家机构改革的说明也明确要求，“要理顺中央和地方职责关系，中央加强宏观事务管理，地方在保证党中央令行禁止前提下管理好本地区事务，合理配置各层级间职能，构建简约高效的基层管理体制，保证有效贯彻落实党中央方针政策和国家法律法规”。总之，事权与支出责任划分改革已经成为我们实现两个百年宏伟目标征程中不可回避的重点问题。道理很简单，十八届三中全会明确财政是国家治理的基础和重要支柱，十九大提出的宏伟目标包含实现国家治理体系和治理能力现代化，而事权和支出责任划分是财政改革最难啃的硬骨头，必须下大力气攻坚克难。

二、改革症结

事权问题多年悬而未决，有着深刻的历史原因和体制机制背景。新中国成立后，我们实行“一边倒”政策，国家治理模式打上了明显的“苏联烙印”。“五四宪法”作为我国现行宪法的基础，实体部分很大程度上借鉴了苏联1936年宪法（即“斯大林宪法”）。比如，苏联宪法规定，苏联部长会议作为国家管理机关，其职权按照行政隶属关系，并根据计划管理需要设置；各加盟共和国和各行政区域自身没有经济决策自主权，都需要接受苏联部长会议的统一指导和管理。这种以中央计划管理经济、统一分配资源的行政机构设置模式，被照搬移入“五四宪法”。1982年宪法的第二条进一步加以明确：“中央和地方的国家机构职权的划分，遵循在中央的统一领导下，充分发挥地方的主动性、积极性的原则”。实际执行中，按照计划体制要求，国家通过计划指标控制经济运行，中央制订计划后，按照行政隶属关系层层分解，从中央、地方到企业的职能高度一致，都是生产和公共职能的统一体，都是计划分解落实的载体，形成了典型的行政性分权模式。长此以往，加上传统官僚文化的作用，政府间事权划分的体制模式逐渐定型：中央国家机构的主责是立政策、定标准，然后政府间逐级发号施令、层层转发文件，千针万线走到基层，主要由基层政府负责事权的具体执行。这样一种机关化的政府间关系体现出强烈的行政命令色彩，同一项事务多级政府均不同程度参与其中，责任主体不明确，执行效率不高，形成的体制惯性影响延续至今。

改革开放后，计划体制开始松动，我们也逐步认识到明确政府间事权划分的重要性。1993 年党的十四届三中全会通过的《中共中央关于建立社会主义市场经济体制若干问题的决定》，首次明确提出要“合理划分中央与地方经济管理权限，调动中央和地方两个积极性”，“把现行财政包干制改为在合理划分中央与地方事权基础上的分税制”。此后，在事权划分方面做了一些有益的探索。比如，1994 年分税制改革时，实行国税、地税分设，由新组建的国税系统负责中央税种和必要的共享税种的征管，这是中央事权实体化的起点，多年来成效明显；1998 年改革人民银行管理体制，撤销人民银行省级分行，设立跨区域分行，避免地方利益对国家金融宏观调控的干扰；1999 年调整煤矿安全监管体制，实行全国垂直管理，人财物统一由中央负责，增强了监管有效性和一致性。这一时期的改革也有反复。比如，1998 年机构改革时，将食品药品监管、工商行政管理由分级管理改为省以下垂直管理，后因强化地方主体责任的需要，又分别于 2008 年、2011 年恢复为分级管理，反映出事权调整缺乏明确统一的标准，多是因危机事件或矛盾积重难返而触发。

需要强调的是，上述这些改革包括十八大以来事权划分领域取得的积极进展，大多没有宪法层面，甚至法律层面的支撑。1982 年和以后多次修订的宪法，以“五四宪法”为基础做了与时俱进的修改，但中央地方事权划分方面仍是沿用计划经济的做法，与社会主义市场经济已高度不契合。归纳起来，事权改革问题的症结在于：受传统计划体制影响，各级政府职能配置天然缺乏清晰分工的理念，“机关化”特征显著。上级政府惯于通过行政命令方式管控下级政府，约束下级政府按上级偏好履行事权，而非由各级政府根据事权属性，通过建立本级的机构队伍，采用“实体化”的方式直接承担相关事权，从而导致政府间权责边界模糊，共同事务泛滥，行政效率偏低。特别是中央事权履行的实体化不到位，与单一制大国的基本要求不尽吻合。从中央政府公务员占全国总量的比例看，OECD（经济合作与发展组织）成员国平均为41%，联邦制的美国约19%，实施分权化改革后的日本也有14%，均远高于我国6%的中央公务员占比水平。①

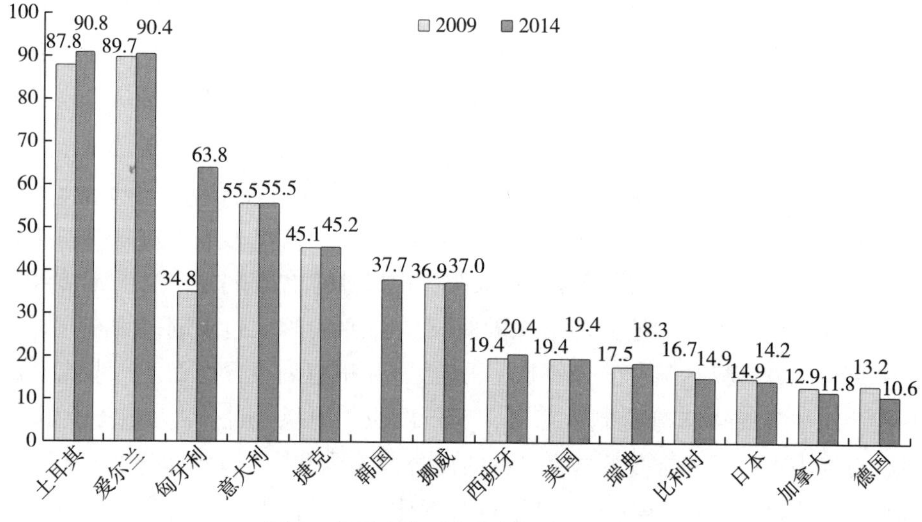

图1　各国中央政府公务员占比（%）

资料来源：*Government at a Glance 2017*，OECD。英、法两国数据缺失。

从中央支出占全国支出比重看，2016年我国一般公共预算中央本级支出只占全国支出的15.1%，如果再加上基金预算，中央本级支出占比进一步下降到约11%，主要是政府性基金和社保基金支出都有约4万亿元，其中中央支出的比例更小。而OECD成员国平均约61%，主要国家大体情况是，英国75%、美国51.5%、德国60%。

三、基本原理

在多级政府条件下，如果有可能，将政府职能全部划归中央政府最为简便，可以避免层级之间的利益冲突。但因为信息具有复杂性、不对称性，将政府职能全部划归中央政府会导致效率低下。地方政府接近当地居民，更了解其愿望和需求，因此，也有观点认为应当将政府职能尽可能下放，但这又会产生局部利益和全局利益的冲突。

① 我国公务员只计入按人事制度划分的公务员和参公事业单位人员。如果将义务教育教师和为公务机构服务的事业单位人员计入，将更有国际可比性，则该比例仅有约4%。

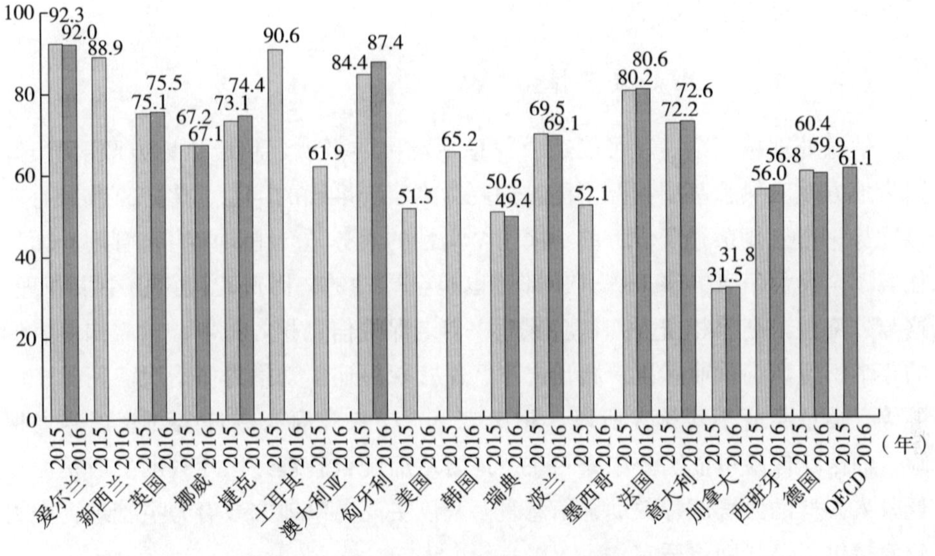

图2　中央政府支出占全国支出比重（%）

注：社会保险支出已根据事权划分，计入中央（联邦）政府支出。OECD 数据库。

如何合理划分各级政府的事权，明确各自的收入和支出责任，既让不同层级的政府各司其职，高效提供相应的公共产品和服务，又能避免相互之间恶性竞争和推诿。从实践看，无论单一制国家还是联邦制国家，在政府间事权划分方面都有大致的框架：中央政府是宏观经济稳定和收入再分配职责的主要承担者；资源配置（提供公共服务）职责虽然主要是省州和地方政府职责，但全国性公共产品以及具有大范围规模经济和空间外溢的活动仍然需要中央政府承担或参与。在大的框架下，针对具体的事权划分，通常遵循以下三个原则。

（一）外部性

假如一项活动只是一个地方得益，或者一个地方受损，这个事情就交给这个地方来管理。一项活动不仅是一个地方受益或受损，还有其他地方受益或受损，就是具有外部性。如果其外部性是跨区域的，则适于更高的区域级别政府管理。换言之，政府间事权划分或者各项公共服务的提供，应该由控制着这一服务提供的效益与成本内部化的最小地理区域的辖区来进行。也就是说，只要不至于产生服务成本与受益在辖区间的不匹配，公共服务的提供责任就应该尽可能下放到最低层级的辖区。

（二）信息处理的复杂性

信息处理越复杂，越可能造成信息不对称的事项，越应让地方政府管理。因为地方政府熟悉基层情况，能掌握更为真实、准确的信息，比中央政府有明显优势。信息复杂程度低一些，属于全局性的事务适合中央政府来管理，而往往属于全局性信息的事务，其外部性也是全局性的，因此也应该由中央管理，这与外部性原则也相符。如社会保险中养老保险信息相对简单，只需知道人们的年龄、生死、就业状况。相比之下，医疗保险还要知道身体情况、药品、医院等，信息高度不对称。所以，相比之下，中央政府有条件全面管理养老保险，而医疗保险可能需要中央为主，地方政府配合管理，医疗救助一般是面对低收入人群的大病医疗救助，信息复杂程度更高，以地方政府为主管理，中央政府提供资源帮助更适宜。

（三）激励相容

要设计一种体制，使得所有的参与人即使按照自己的利益去运作，也能实现整体利益最大化，这种体制就是激励相容的。从政府间事权划分的角度看，如果在某种制度安排下，各级政府都按划定的职能尽力做好自己的事情，就可以使全局利益最大化，那么这种制度安排就是激励相容的。

如果不适当地划分政府间职能，导致政府间激励不相容，局部利益可能损害整体利益，会造成经济社会运行的低效率。我国的食品药品安全监管就是激励相容的反面例子。美国的食品药品管理局（FDA）是联邦机构，约两万人，其中在总部马里兰的人员主要负责政策决策和产品上市前的审评审批；一部分专家在多个国家实验室做标准和测试；还有超过 5000 人负责检查和检测，这部分人员负责覆盖全美的执法。联邦事权负责的案件发生后，FDA 有权追溯来源，可要求地方政府相应机构配合管理。而各州政府相应机构负责本州域内交易的食品药品的安全；但是，由于基本上没有只涉及州内交易的药品，所以药品实质上全部由联邦机构 FDA 管。而我国相应的管理职能在各个地方、各级政府的职能是相似的，各地有放松监管的激励，最终导致了国家层面的效率损失。

四、国际经验

事权和支出责任划分作为现代国家治理的组成部分，不仅有基本的原理可循，典型国家的经验教训也值得借鉴。美国是联邦制国家的典型代表，俄罗斯在破除苏联计划体制的影响下走向现代国家，日本是单一制国家且与我国文化相近。上述三个国家的事权划分特别是改革调整的主要做法，可从不同角度为我们提供借鉴。

（一）美国

美国政府间事权划分的主要依据是美国宪法。《美利坚合众国宪法》第 1 条规定，联邦专属事权包括联邦财政权、州际通商管理权、国防权等 18 项，同时明确了禁止联邦和州政府享有的事权。如联邦对各州之间贸易不得征税，在通商政策上不得给予任何一州特权。禁止州政府从事的事务主要包括州际征税、缔结条约、货币、国防等。在上述规定基础上，联邦宪法第 10 修正案规定："本宪法未授予合众国也未禁止各州行使的权力，分别由各州或由人民保留。"因此，从法理上看，美国宪法通过列举联邦专属事权，将联邦政府权力限定在一个较小的范围，为州政府保留了相对宽泛的事权空间，也革除了联邦政府干预州政府事务的法律依据，保持了地方的独立自主。同时宪法也体现了灵活性，为联邦政府保留了援引"必需及适当"规定的机会，使其可以根据经济社会发展的客观需要扩大权限。联邦权力扩张的宪法基础主要来自"州际贸易条款""财政权力条款"和"基本人权保障条款"。美国进步时代以来的联邦权力扩张，也印证了这一点。此外，法律层面并未明确美国联邦和州政府的共同事务或委托事务，实践中一些需要各级政府合作的事务，如高等级道路建设维护、非英语少数民族义务教育等，多由联邦政府通过专项转移支付的方式对具体承担的州和地方政府予以补助。

从根源上看，美国的政府间事权划分来源于其建国理念与固有的价值遵循。权力分立与制衡，是美国政治结构建构的基本原则。美国作为典型的联邦制国家，联邦政府和州政府的权力来源不同，彼此不存在隶属或领导关系，天然具备清晰划分事权的优势。实践中，属于联邦政府的事务由联邦政府所属的机构和人员直接组织实施，州或地方政府事务由本级机构负责，政府间职能配置完全实体化，并形成了稳定高效的分工合作关系。比如，社会保险等关系市场统一的事务，属于联邦政府直接组织实施的联邦事权。法律规定社保缴费为工资的12.4%，医保缴费为2.9%，合计按15.3%的税率征收工薪税（Payroll Tax）。从联邦政府实际征管效率情况看，实缴额与应缴额的差额为零，远高于我国职工养老保险部分实缴额与应缴额相应约30%的差额比例。

（二）俄罗斯

苏联1936年《宪法》采用“中央列举、地方概括”的方式，明确了苏联联盟应承担的国防、外交、加盟共和国疆界变更、制订国民经济计划、规定教育和保健事业的基本原则、管理有全联盟意义的运输和邮电等24项职责，① 并规定加盟共和国享有24项职责外的所有权力。同时，宪法赋予苏联中央政府最高领导机关的地位，明确“苏联部长会议发布的决议和命令，在苏联境内都必须执行”，苏联部长会议“统一并指导全联盟的各部、联盟兼共和国的各部长和部长会议所属其他各机关的工作；通过各加盟共和国部长会议实现对各经济行政区的国民经济委员会的领导”。另一方面，对各加盟共和国在国家纵向权力配置的从属地位做了规定，比如“加盟共和国部长会议根据并且为了执行苏联和本加盟共和国的现行法律和苏联部长会议的决议和命令，得发布决议和命令，并且检查这些决议和命令的执行情况”。在上述安排下，苏联政府间职能配置呈现明显的机关化特征，大量中央事权交由地方执行，同时中央政府又通过行政命令方式大量介入地方事务，形成“上下一般粗”“你中有

① 苏联1936年《宪法》第十四条：“苏维埃社会主义共和国联盟由它的最高国家权力机关和国家管理机关行使下列职权：（一）在国际关系中代表苏联，缔结、批准和废除苏联同其他国家间的条约，规定各加盟共和国同外国相互关系的一般准则；（二）决定战争与和平的问题；（三）接受新共和国加入苏联；（四）监督对苏联宪法的遵守，并保证各加盟共和国宪法符合苏联宪法；（五）批准各加盟共和国间疆界的变更；（六）批准在各加盟共和国内成立新自治共和国和新自治省；（七）组织苏联国防，领导苏联的一切武装力量，规定各加盟共和国军队编制的指导原则；（八）根据国家垄断原则进行对外贸易；（九）保卫国家安全；（十）制订苏联国民经济计划；（十一）批准苏联统一的国家预算和决算，规定列入全联盟、各共和国和各地方预算的税收和其他各项收入；（十二）管理全联盟所属的银行，工业和农业的机关、企业以及商业企业；对联盟兼共和国所属的工业和建设事业实行总的领导；（十三）管理有全联盟意义的运输和邮电；（十四）领导金融和信用系统；（十五）组织国家保险；（十六）借款和贷款；（十七）规定使用土地和使用矿藏、森林、水流的基本原则；（十八）规定教育和保健事业的基本原则；（十九）组织国民经济统一统计的制度；（二十）制定劳动立法基础；（二十一）制定关于法院组织和诉讼程序的立法基础、民事和刑事的立法基础；（二十二）制定关于苏联国籍的法律、制定关于外国人权利的法律；（二十三）制定婚姻和家庭立法基础；（二十四）颁布全联盟的大赦令。”

我，我中有你”的局面。这也契合了高度集中的计划经济体制的要求。

苏联解体后，1993 年颁布的《俄罗斯联邦宪法》，按照规范化、实体化的原则，重构了政府间事权划分。一是明确规定，“划分俄罗斯联邦国家权力机关和俄罗斯联邦主体国家权力机关的管辖范围和权限，由本宪法和有关划分管辖范围与权限的联邦条约和其他条约予以实现”，奠定了事权划分和调整的法律基础。实践中，宪法和作为联邦法的《俄罗斯联邦与联邦主体职权划分原则与办法》明确了事权划分的原则、大体范围以及调解程序与争议解决办法等。在此基础上，联邦与各联邦主体分别签订条约或补充协议，对各自职责范围进行细化。二是在沿袭“中央列举、地方概括”的事权划分模式基础上，明确列示了“确定统一市场的法律基础”、对外交往、国防安全、边境事务等 18 项联邦政府专属事务，[①] 并规定这些事务须由联邦政府自行管辖，不经法定授权不能委托或转让给联邦主体，从宪法层面推动联邦政府实体化。另外，对于自然生态保护、社会保障、司法公证等部分共同事务，宪法规定：“在俄罗斯联邦管辖和俄罗斯联邦权限范围内，根据俄罗斯联邦和俄罗斯联邦各主体共同管辖的对象，联邦执行权力机关和俄罗斯联邦各主体执行权力机关在俄罗斯联邦组建统一的执行权力体系”，即将这些共同事务的执行交由归属联邦政府的组织机构，进一步加强了联邦职能的实体化。

---

① 1993 年《俄罗斯联邦宪法》第七十一条：“属于俄罗斯联邦管辖的是：1. 通过和修改俄罗斯联邦宪法和联邦法律，对其遵守情况实行监督；2. 俄罗斯联邦的联邦结构和领土；3. 调整和维护人和公民的权利与自由；俄罗斯联邦国籍；调整和维护少数民族的权利；4. 确定联邦立法、执法和司法权力机关系统的组织和活动程序；建立联邦国家权力机关；5. 联邦的国有财产及其管理；6. 确定俄罗斯联邦国家、经济、生态、社会、文化和民族发展领域中的联邦政策和联邦纲要的基础；7. 确定统一市场的法律基础；财政、外汇、信贷、海关调整、货币发行、价格政策基础；联邦经济机构，包括联邦银行；8. 联邦预算；联邦税收和集资；联邦地区发展基金；9. 联邦能源体系、核能、放射性材料；联邦运输交通道路、信息和通信；航天活动；10. 俄罗斯联邦的对外政策和国际关系；俄罗斯联邦的国际条约；战争与和平问题；11. 俄罗斯联邦的对外经济关系；12. 国防与安全；国防生产；决定武器、弹药、军事技术装备和其他军用物资的销售和购买的程序；毒物、麻醉品的生产及其使用程序；13. 规定俄罗斯联邦国界、领海、领空、特别经济区和大陆架的地位并予以保护；14. 法院组织：检察机关；刑事、刑事诉讼和刑事执行立法；大赦和赦免；民事、民事诉讼和仲裁诉讼立法，知识产权的法律调整；15. 联邦冲突法；16. 气象机构、标准、标准器具、公制、时间计算、大地测量和制图、地理目标的命名；正式的统计和会计核算；17. 俄罗斯联邦的国家奖励和荣誉称号；18. 联邦国家机关。”

（三）日本

日本与我国文化相近，也具有浓厚的官僚传统。“二战”后由美国主导制定的《昭和宪法》，赋予地方自治的主体地位，配套出台的《地方自治法》对地方政府权限及中央和地方事权也做了较为明确的划分。但受传统体制影响，战后日本中央和地方政府的职能配置仍具有明显的机关化色彩，主要体现在中央政府通过机关委任事务制度，大量介入地方政府事务。机关委任事务制度起源于明治时期，“二战”后又得到扩展。《地方自治法》列举了中央委托地方的600余项事务。这些事务传统上归于中央事权（实际上大量属于地方事务或中央地方共同事务），通过专门立法等方式，中央政府将事权委托地方执行，但中央保留最终决策权，地方在具体执行时也必须接受中央的指导和监督，地方议会不得干预。据统计，都道府县负责事务的80%、市町村负责事务的40%，属于中央政府委托的机关委任事务。在委托事务的实际执行中，中央政府各部门频频行使监督权，对地方进行广泛具体的行政指导，甚至基层车站的迁建都需要报中央部门审批，导致机关委任事务制度被视为日本中央集权型行政体系的典型。

针对上述体制弊端，20世纪90年代末日本开始推行地方分权改革，修改了《地方自治法》等475部法律，并颁布《地方分权一览法》，为理顺中央地方事权奠定了基础。改革的核心内容是废除机关委任事务制度，按照事权属性将600余项机关委任事务重新配置。其中，约300项划归地方政府，改为地方自治事务，以扩大地方政府自主权；约250项改为法定委托地方事务，并明确中央的干预限于“改善劝告”或“代理执行”；其余约50项改为中央事务，由中央政府机构自行实施。同时，修改后的《地方自治法》明确了中央干预地方的标准方法和程序规则，设定了中央政府与都道府县、市町村三级政府间发生纠纷时的准司法性纠纷处理制度，将各级政府独立平等的实体地位加以法律化。分权改革后，由于中央委托地方事务和中央地方共同事务大幅减少，政府间事权划分进一步明晰，行政效率明显提高。部分中央事权实体化后，也进一步提升了中央支出比重。改革前，日本中央与地方政府的收入划分是“七分集权、三分自治”，支出比例恰好倒过来，中央占三成，地方七成。改革之后，中央政府支出比例反而提高到42%，收入比例大致60%，差额用于对地方的一般性转移支付以及合作事务与委托事务的专项补助。另外，此次改革也节减了行政成本。比如，撤销了 1960 年设立的专司中央和地方事务协调管理的自治省，改由总务省负责少量必要的协调工作。

五、改革方向

革除事权不清的顽疾，必须牢固树立问题导向、目标导向，立足国情并参考相关国际经验，对准症结，有的放矢，以革命的勇气和先立后破、不立不破的魄力，以“实体化”“法治化”“高阶化”为重点，推动改革取得成效。核心要义是对现行宪法“中央和地方的国家机构职权的划分，遵循在中央的统一领导下，充分发挥地方的主动性、积极性的原则”，做出适应于社会主义市场经济的改造。

（一）通过实体化方式加强中央事权

我国作为单一制社会主义大国，必须坚持统一领导，适度加强中央事权。按照事权属性，涉及国家主权、经济总量平衡和区域协调发展、全域要素流动等领域的事务，必须要完整集中到中央，以加强国家的统一管理，确保法制统一、政令统一、市场统一，维护和巩固中央权威。为避免在事权履行过程中因“中央发令、地方执行”导致的权利不清、责任不明、推诿扯皮、效率低下等问题，要通过实体化方式，改组或设立专门的机构和人员队伍，负责具体事务的执行。特别是在国防、外交、外贸、国家安全、职工社会保险等关系全国统一市场、海域和海洋使用管理、食品药品安全、生态环境安全、知识产权保护、跨区域司法管理等领域，在维护中央决策权的同时，要重点强化中央的执法权，合理配置机构，增强执法一致性，提高行政效能。按此调整后，不仅强化了中央事权，还可以明显压缩中央和地方共同事务以及委托事务数量，降低清晰划分中央地方事权的难度。同时，按照党和国家机构改革的要求，对那些由下级管理更为直接高效的事务，应该赋予地方更多自主权，这样既能充分调动地方积极性、因地制宜做好工作，又有利于中央部门集中精力抓大事、谋全局。通过上述努力，推动从“计划经济分权制”向“市场经济分权制”转变，最终形成“原则上谁的事权就由谁的队伍（含派出机构）执行”的实体化职能配置模式，从而建立决策和执行相统一、权利和责任相一致、事权和支出责任相适应的体制机制。

（二）推动事权划分和调整规范化、法律化

习近平总书记指出，“科学立法是处理改革和法治关系的重要环节。要实现立法和改革决策相衔接，做到重大改革于法有据、立法主动适应改革发展需要。在研究改革方案和改革措施时，要同步考虑改革涉及的立法问题，及时提出立法需求和立法建议。实践证明行之有效的，要及时上升为法律。实践条件还不成熟、需要先行先试的，要按照法定程序作出授权”。我国政府间事权划分的法律基础薄弱，宪法仅规定“中央和地方的国家机构职权的划分，遵循在中央的统一领导下，充分发挥地方的主动性、积极性的原则”，并授权国务院规定中央和省级政府的职权划分。实践中多以文件形式加以界定，讨价还价、相互博弈、上收下放频繁，缺乏必要的法律权威和约束力。建国初的《共同纲领》第十六条规定：“中央人民政府与地方人民政府间职权的划分，应按照各项事务的性质，由中央人民政府委员会以法令加以规定，使之既利于国家统一，又利于因地制宜”，第四十条明确要求“划分中央和地方财政范围”。新的历史时期，应当继承和发展上述科学规定。按照十八届四中全会提出的“推进各级政府事权规范化、法律化，完善不同层级政府特别是中央和地方政府事权法律制度”的要求，建议在宪法中明确事权划分原则，对中央事权、地方事权、共同事权和委托事权等形态做出原则规定，并以此为指导，通过立改废等多种形式，在各相关单行法律中具体规定该领域的事权划分，以法律的权威性保证事权划分的稳定性和连续性。另外，以立法形式，规范上级政府对下级政府事务的干预方式，并明确纠纷协调和仲裁救济办法。比如，明确在行政法规与地方性法规不一致时，由全国人大常委会以事权划分为依据确定两者的适用问题。

（三）提升改革的组织和决策层次

事权改革作为推进国家治理体系和治理能力现代化的重要内容，涉及政府与市场、政府与社会、中央与地方关系，涵盖政治、经济、社会、文化和生态文明各个领域，是一项复杂的系统性工程。具体操作又牵扯中央与地方、部门之间的利益调整，以及相关的人财物划转，十分复杂且比较敏感，不仅需要缜密谋划、稳妥推进，也要求各方面凝聚共识，自觉服从大局。更为重要的是，需要提高决策层次，发挥党中央“总揽全局、协调各方”的核心作用，自上

而下推动改革取得决定性进展。十八届三中全会以来事权改革方面的主要成果，如设立最高法院巡回法庭，推行环保监察省以下垂直管理、环境监测全覆盖和环境督察制度，整合建立海警队伍等，都是在党中央的领导下，财政部配合有关部门推动的。因此，事权和支出责任划分，不仅是建设现代财政制度的主要内容，本质上更是属于政治和法律的高阶问题，必须高层推动。仅从这一角度看，组建中央全面依法治国委员会非常必要，正当其时。

总之，推进事权和支出责任划分改革，必须提高认识，将其置于国家治理体系和治理能力现代化的重要组成部分统筹谋划，并把握好以下三方面关系的处理。一是同“姓资姓社”的关系。改革涉及多年传承积淀的行政体制机制调整，特别是宪法和相关法律的修订，但本质上属于现代国家治理的问题，绝大部分与基本的政治制度和意识形态无关，而是反映了计划经济的政府间事权划分与不同形态的市场经济政府间事权划分的本质区别，是“姓计姓市”问题。而新中国成立以来的历史和国际比较经验都表明，国家治理体系的现代化，只能以市场经济制度为基础。二是同“四个意识”的关系。我们建设符合社会主义市场经济要求的现代国家治理体系，必然面对地方、部门和社会各方面的不同利益诉求。调适这些差别化甚至矛盾对立的利益关系，引导各方面讲政治、讲大局，加强“四个意识”是重要基础，但绝不能代替制度建设。要通过制度建设，形成有效的激励约束机制，积聚改革合力，实现总体利益最大化。如同全面从严治党的路径，“不想腐”是思想基础，但也离不开扎紧制度笼子，构建“不敢腐、不能腐”的体制机制。三是同“两个积极性”的关系。我国作为地区间差异巨大的大国，统一领导、因地制宜，调动中央和地方两个积极性一直是我们治国理政的基本理念。但在计划经济时期，始终没有做到，处于“放乱收死”的循环之中。改革开放之后，开始走出这个循环，初期特区的“放”，造成一定程度的“乱”，在“收”的时候收回了不可持续、不可推广的政策，将“可复制、可推广”的经验，“放”到了全国适用。十八届三中全会之后建立的“自贸试验区”，汲取了早期经验，一开始就明确不是“政策洼地”，而是“可复制、可推广经验的改革试验高地”，但在总体上还没有实现事权清晰划分基础上的调动“两个积极性”。在前面国际比较的三个国家当中，美国幅员与我们接近，地区间人口、种族、文化、经济水平等方面也有较大差异，但建国以来国家治理模式保持稳定基础上的逐步演进，各级政府间的分工合作总体上清晰有效，其内在的制度架构具有参考意义。如何立足国情并汲取他国经验，克服传统路径依赖，探索出调动“两个积极性”的合理有效方式，值得我们认真思考。

关于改革目标的实现途径，我认为别无他途，只有牢牢坚持中国共产党的领导，这也是中国特色社会主义的最本质特征。不仅仅是事权改革，我们在实现两个百年目标和国家治理体系和治理能力的现代化的宏伟征程中，面临着艰巨复杂、广泛深刻的利益调整，没有党的坚强领导，改革就不可能成功。美国是在宪法框架下，经过各级争斗、判例强制，直至战争，最终形成了适应现代国家治理要求的事权框架。俄罗斯是在经历苏联解体以及休克疗法的剧痛之后，痛定思痛，革除了原体制的弊端。日本则是抓住了多数党强势且全国有共识的时机，统一行动，理顺了中央地方事权关系。

最后需要强调的是，上述关于事权改革的看法是个人的一些前瞻性考虑，相关建议也不见得立即就能付诸实施。希望本文能给大家带来一些启发，共同推动事权改革取得进展。

国有企业改革再出发

张春霖

1. 引言

40 年改革开放，国有企业改革一直处于极其关键的地位，多年被视为经济体制改革的“中心环节”。这是因为 40 年前改革开放启动的时候，占当时 GDP 60%~65%、总就业 30% 的非农产业（World Bank，1985，第 40—42 页）基本上是国企“一统天下”。

国企改革包括很多内容，但其核心是改革国家所有制，即改革国家投入国有资本直接开办和经营企业的制度安排。毋庸讳言，国企改革必须面对的根本挑战，就是国家所有制与市场经济能不能兼容。这是自 20 世纪 80 年代就困扰着中国改革的一个“历史性难题”。[①] 在国外，90 年代华盛顿共识的理论基础之一就是国企“不可改革”。在国内，市场经济的反对者和华盛顿共识在理论上其实完全一致，也认为国家所有制与市场经济只能二者择一、不可兼得。

1992 年，中国正式选择了一条独特的道路。中共十四大按邓小平南方谈话的指引，把社会主义市场经济体制确立为经济体制改革的目标模式，而

---

* 《比较》编委，供职于世界银行。本文属个人观点。

① 见陈清泰接受经济观察网的采访（王雅洁和欧阳晓红，2018）。

"社会主义市场经济"的一个核心含义，就是在向市场经济转型的同时，改革而不是放弃国家所有制。具体来说，就是通过在国有企业中建立"适应市场经济要求"的现代企业制度，把国企改革成为自主负责经营决策、独立承担风险的真正意义上的企业，使之可以"积极参与市场竞争，在市场竞争中壮大和发展"。与此同时，国家当然"要为各种所有制经济平等参与市场竞争创造条件，对各类企业一视同仁"（中共中央，1993）。

中共十四大的选择为后来形成的经济体制模式确定了方向。在此基础上，1997 年的中共十五大把公有制为主体、多种所有制经济共同发展的所有制结构确立为"基本经济制度"，并正式接纳非公有制经济，赋予其"社会主义市场经济的重要组成部分"地位。2002 年的中共十六大进一步提出了"两个毫不动摇"的原则。此后的中共十七大、十八大和十九大都重申了同样的原则。

相对来说，质疑或否定中国选择这样一条道路的现实可行性，比论证它要容易一些，因为传统的国家所有制模式与市场经济的冲突无论在理论上还是在实践中都是很清楚的，而要把二者有效结合起来，并无先例可循。但今天回头看，应该说，至少到目前为止，中国选择的道路是成功的。根本的理由是，循着这条道路，中国从一个国企在非农产业中占统治地位的经济结构起步，实现了 40 年持续高增长。考虑到国企在中国经济中曾经扮演的重要角色，如果国企改革不成功，过去 40 年的发展奇迹将是不可能的。

尤其值得指出的是，20 世纪 90 年代沿着社会主义市场经济的方向实行大刀阔斧的国企改革和重组，加快了国企与市场经济融合的步伐，提升了其运行质量和效益。1998—2007 年，国企绩效经历了长达 10 年的持续改善，与非国企的差距大幅缩小。[①] 国家财政和金融体系承受住了亚洲金融危机的冲击，处置了巨额不良贷款，同时保持了稳定和健康发展，为 21 世纪第一个 10 年的增长潜力释放起到了重要作用。特别重要的是，国企改革和重组为私营企业的兴起和成长开辟了空间，使整个经济可以在保持经济快速增长的同时实现多种所有制经济成分的共同发展。经济增长和私营企业的兴起创造了就业岗位，降低了国企改革的社会成本，使国家有可能在国企职工队伍缩减一半、约 3000 万

① 根据国家统计局数据计算，国有和国有控股工业企业的净资产回报率从 1998 年的 1.96% 上升到 2007 年的 15.69%；与非国有工业企业的差距则从 1998 年的 5.39 个百分点缩小到 2007 年的 4.43 个百分点。以全要素生产率（TFP）衡量，有关研究（Hsieh and Song，2015）显示，1998 年工业国企全要素生产率的加权平均水平为非国企的 55%，2007 年上升到了 75%。

人下岗分流的情况下保持了社会稳定。在企业层面，国企股权多元化的结果，越来越多的混合所有制企业开始形成，而国企本身的素质也大幅度提高，今天的国企与20世纪90年代已经完全不可同日而语。从全球范围看，还不大容易找到比中国90年代的改革更成功的国企改革案例。

但是，这并不等于说国企改革的历史任务已经完成。必须清楚地看到，20世纪90年代以来的国企改革对经济增长的贡献，是由于不断改革国家所有制释放了经济活力，而不是由于其存在本身。国家所有制与市场经济如何结合的历史性难题并没有完全解决。在国内，随着非国有企业在经济中的比重上升，如何合理界定国企在经济中的角色，保证国企和非国企之间的公平竞争，已经成为日益紧迫的挑战。与此同时，由于国内市场的对外开放和国企海外投资，国企在国际市场的参与度在大幅提高。随着中国经济在全球市场上的影响力提高，国家所有制主导的模式与全球市场经济秩序之间的摩擦和冲突经过多年累积之后，2018年随着中美经贸关系的紧张而集中显现。在新的经济环境中，国企改革面临新的挑战，必须在新的起点上再出发。

另一方面，20世纪90年代以来国企改革的成功加上多年执行的以“放水养鱼”为初衷的不分红政策，使国家在国企当中积累起了一笔数额巨大的国有资本。根据财政部的数据，2016年底，非金融类国有企业（国有及国有控股企业，下同）总户数达到17.4万家，投入其中的国有资产总额或国有股权资本已经由1998年的4.8万亿元增长到41.6万亿元。关于投入金融类国有企业的国有资本总量，没有相应的公开统计数据。根据作者对27家银行和非银行金融机构（包括三家政策性银行和工农中建交）的年报数据所做的分析，2016年末，财政部、中央汇金、全国社保基金和梧桐树（国家外汇管理局）在这些机构持有的股权价值6.7万亿元，其他国有机构法人和地方政府持有1万亿元，合计7.7万亿元。据此估计，国家在非金融和金融类国企中投入的国有资本总量至少50万亿元，其规模超过2012年的GDP和2014年的全社会固定资产投资总额。巨额国有资本投入，使得国企在金融、能源、交通、通信等战略性行业继续占据支配地位。即使在一般工业行业，国企在总资产中的份额也仍占到近40%。国有资本的总规模以及国企在重要行业的地位，意味着国企改革能否进一步成功推进，对中国经济的未来发展意义重大。

国企改革要继续对中国经济发展做出积极贡献，必须根据已经变化了的经济环境确定其目标和思路。过去40年尤其是早期，“搞好搞活”国企本身一直是一个主要目标，这是因为在过去的经济结构中，国企盈利增加很大程度上意味着整个经济的效益改善。但今天国企改革所处的经济环境已经大不相同。国企亏损当然不可取，但国企对经济增长的可能贡献远不止于自身盈利。本文试图提出的意见是，除了继续提高国企自身效益，下一步的国企改革还需要围绕四个任务展开：

1. **合理定位**。从经济发展的总体战略需要出发确定国有资本在整个经济中的角色，采用行业目录、分红比例、增减投资等政策手段优化国有资本布局，并对投入企业的国有资本总规模进行调控。

2. **公平竞争**。采纳国际上普遍接受的“竞争中性”（competitive neutrality，或译竞争中立）原则，并在此基础上结合中国国情制定和实施适用于国内外市场的、统一的中国国有企业公平竞争规范。

3. **政企分开**。按照“管资本”的原则，把主业处于充分竞争行业和领域的商业类国有企业转型为国家参股企业；把一部分国有股权委托给专业机构持有和管理；并按“花钱买服务”的原则建立一套国企非商业职能的管理制度。

4. **惠及全民**。通过若干相互竞争的投资基金性质的机构投资者，把国有资本的一部分收益直接分配到民众个人手中，与财政分红、社保基金划转一起形成三条相互补充的国有资本收益惠及全民的渠道。

2. 合理定位

对国有资本角色进行合理定位的必要性，根源于多种所有制并存的基本经济制度。既然是多种所有制并存的市场经济，要保证最大限度地发挥国有资本对经济发展的积极作用，同时又要保证市场机制在资源配置中发挥决定性作用，就需要对其角色给予恰当定位。国有资本角色定位包括两个具体方面：一是投入企业的国有资本总量；二是该总量在不同行业和企业之间的分布。

严格说来，国有资本角色定位并不完全是一个新的任务。优化国有经济布局、“有所为有所不为”的改革任务，早在20世纪90年代就已经提出。从

1993 年十四届三中全会《决定》开始，一系列政府文件[①]都提出过国有资本布局的优先领域。[②] 2015 年的最新提法是“推动国有资本向关系国家安全、国民经济命脉和国计民生的重要行业和关键领域、重点基础设施集中，向前瞻性战略性产业集中，向具有核心竞争力的优势企业集中”。但必须承认的是，20 多年来这个领域的改革进展是很有限的。

首先，投入企业的国有资本总量尚未提上政府的政策日程。根据财政部的数据（图 1），非金融类国企中国有资本总量的增长速度，1998—2006 年多数年份在 10% 以下。2007 年突破 15% 之后，在股权回报率下降的同时一直保持 15%~20% 的高速增长，直至 2015 年减速到 12.2%，2016 年重回 10%。与此同时，国有企业总户数也在 2008 年止跌回升，2016 年回升到 2001 年的水平。

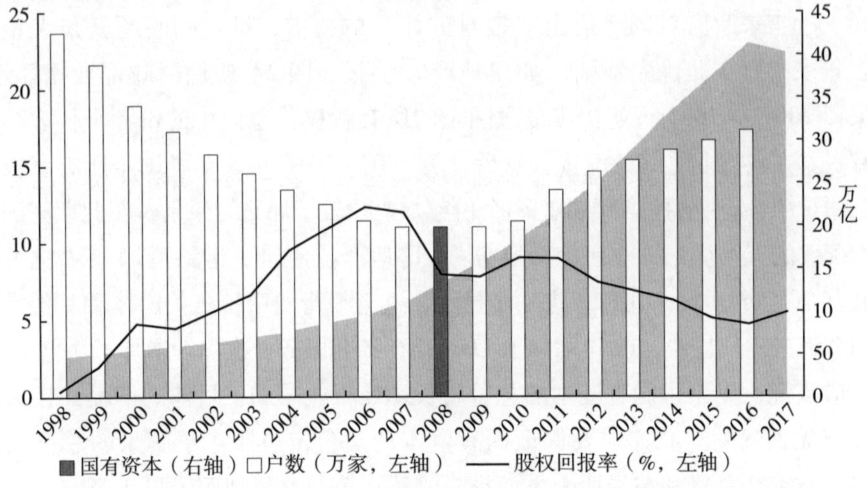

图 1　1998—2017 年非金融类国企总户数、国有资本总量和股权回报率

注：2017 年为财政部公报数字，其中“国有资本总量”为作者按所有者权益数字估算。

资料来源：《中国财政年鉴》（各年）；财政部，2017 年 1—12 月全国国有及国有控股企业经济运行情况（2018）。

---

① 包括 1993 年《中共中央关于建立社会主义市场经济体制若干问题的决定》；1999 年《中共中央关于国有企业改革和发展若干重大问题的决定》；2006 年国资委《关于推进国有资本调整和国有企业重组的指导意见》；2007 年全国人大《企业国有资产法》；2013 年《中共中央关于全面深化改革若干重大问题的决定》；2015 年《中共中央、国务院关于深化国有企业改革的指导意见》。

② 例如，涉及国家安全的领域（所有年份），公共产品与公共服务（1999，2006，2013），自然垄断行业（1999），重要矿产资源（2006），关键基础设施（2006，2015），支柱产业（1999，2006），高新技术行业的重要骨干企业（1999，2006），前瞻性和战略性产业（2013，2015），具有核心竞争力的骨干企业（2015）。

投入企业的国有资本总量高速增长，其资金来自何处？由于公开数据有限很难完全说清楚。可能的因素包括国企利润转增国家所有者权益、“四万亿”刺激计划、地方政府融资平台划归非金融类企业，等等。不过有一点可以肯定：这样的增长速度并非国家从发展战略的需要出发有意调控的结果，没有哪个政府文件曾经确定国家投入企业的国有资本总量应该以什么速度增长。

其次，有关文件确定的布局调整的基本原则没有进一步细化为可操作的行业目录。比如具体哪些行业“关系国家安全”，哪些行业“关系国计民生”，并没有一个可操作的界定，而宽泛的解释可以极其宽泛，直至包罗几乎所有行业。同时也没有什么有效的机制推动国有资本从非优先领域向优先领域集中。一笔国有资本具体投入哪个领域，完全取决于控制这笔资本的国企管理层及其领导。近年来政府对国企提出“瘦身健体”的要求，针对的问题就是大量国企多年来一直在非优先领域（如房地产）扩张。图 2A 使用财政部数据显示，如果以 2007 年 36 个行业在非金融国企的所有者权益总额中的份额来代表当时国有资本在各行业之间的配置，然后计算 2007—2016 年非金融国企所有者权益的总增量中各行业的份额，并把两个份额加以比较，那么结果是，在此期间国有资本配置的五大优先行业是社会服务①、房地产、建筑、道路运输和“机关团体和其他”类国企。② 图 2B 进一步显示，这五个行业中，机关团体和其他类国企的总资产增长最快，10 年增加了 11.6 倍，社会服务业次之，增加了 9 倍。

应该说，无论是国有资本的总量增长还是行业布局，目前的情况都接近于一种“无人驾驶”状态。要保证国有资本的角色定位服务于国家的总体发展战略，必须从总量和布局两个方面推进改革。第一是要把国家投入企业的国有资本总量列入政府政策调控的日程；第二是要把国有资本应当优先配置的领域和行业细化为可操作的行业目录，并把布局优化的任务分解以便落实。

总量调控是确定国有资本角色定位的一个重要方面，需要列入政策日程。在多种所有制并存的经济结构中，国家投入企业的国有资本是国家总财力的一

---

① 《中国财政年鉴》统计资料中“社会服务业”的定义不清楚。国家统计局 1994 年国民经济行业分类与代码（GB/T 4754－94）中的“社会服务业”包括公共设施服务业、居民服务业、旅馆业、租赁服务业、旅游业、娱乐服务业、信息、咨询服务业、计算机应用服务业和其他社会服务业。此后各修订版的国民经济行业分类与代码不再包括“社会服务业”。

② “机关团体和其他”类国企是财政部统计资料中的一个行业类别，其具体定义不清楚，但有可能是机关团体设立的、无法归入其他行业类别的国企。

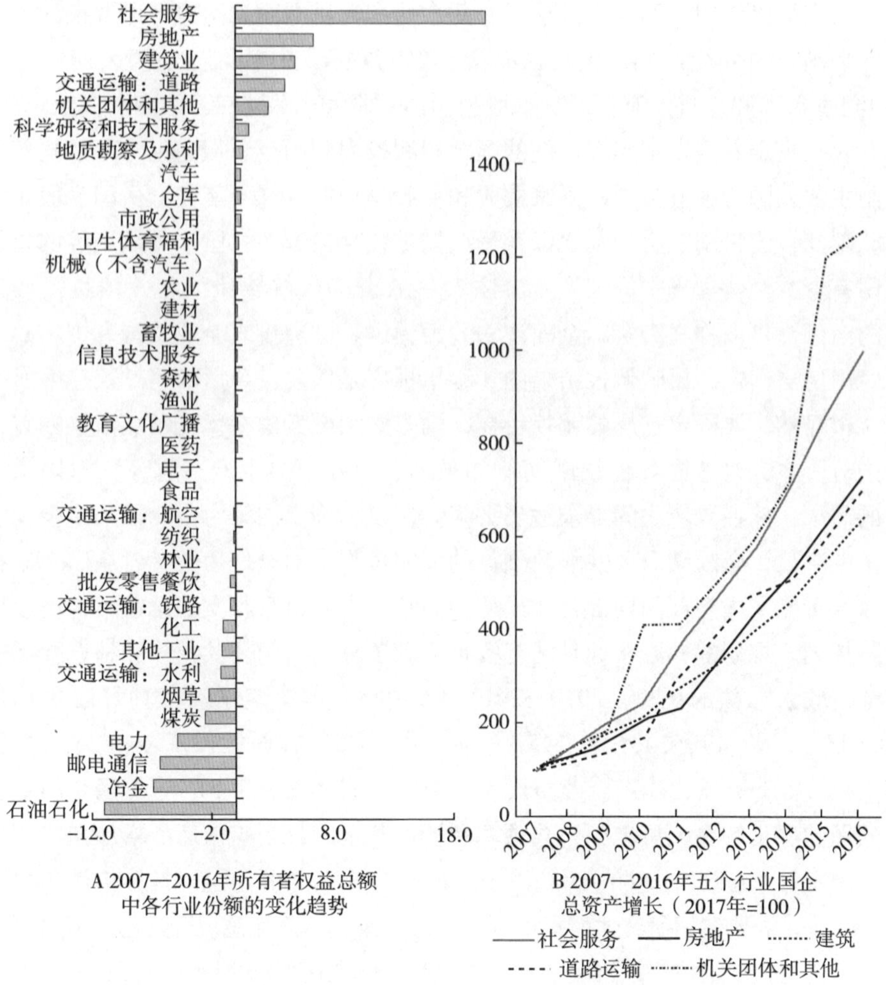

图 2　2007—2016 年国有资本在 36 个非金融行业之间的配置

注：衡量非金融国企所有者权益总额中各行业份额的变化的具体指标是：各行业在 2007—2016 年增量总额中的份额，减去其在 2007 年存量总额中的份额之差额（百分点）。如社会服务业在 2007—2016 年非金融国企所有者权益增量总额中占 29.4%，而在 2007 年存量总额中占 8.8%，二者差额为 20.5%。

资料来源：《中国财政年鉴》（各年）。

部分。从长期角度看，国家既可以使用税收和其他财力对企业投入更多的国有资本，也可以把一部分国有资本从企业抽出来投入其他用途，总的原则应该是服务于国家总体发展战略的需要。因此，对国家投入企业的国有资本进行总量调控，也是多种所有制并存的基本经济制度的题中之义。

国家可以使用的调控手段至少有两个。在流量方面，国家可以调控的主要指标是国企的分红比例，包括国有资本经营预算[①]中从国有独资公司收取的“利润收入”和来自国有控股、参股公司的“股息红利收入”。净利润给定时，分红收入决定着国家把多大比例的国企利润投回到国企。但国家对分红比例的控制主要在国有独资公司，国家控股和参股公司的分红不能完全由国家股东决定。因此，流量调控必须辅之以存量调控。在存量方面，国家可以调控的指标是国有资本经营预算中的“资本金注入”减去“产权转让”和“清算”收入后的净额，可以称之为资本金净注入。因为国家已经投入企业的国有资本总量已经由历史给定，反映调控结果的核心指标应是该总量今后的年增长速度。

很显然，要确定这样的调控目标，国家必须既考虑在优先领域需要配置多少国有资本，也考虑其他领域（例如教育、科技、卫生、国防等）对国家财力的需求，并在二者之间寻求适当平衡。所以，确定国家对企业投入多少国有资本的决策，必须纳入公共财政预算的编制过程。国家作为所有者从国企获得的收入不能在国企部门内部自我循环，而是要进入财政收支的总盘子，由政府统筹规划。规划的核心指标是国有资本经营预算调出到公共预算和补充社保的资金占收入总额的比例。2010—2017 年，中央[②]国有资本经营预算收入总额 9107 亿元，调出到公共预算 1457 亿元，占 16%；补充社保基金约 267 亿元，占 3%。其余 81% 用于国企改革成本、补贴和资本金注入。[③] 随着国企历史遗留问题的逐步解决，调出到公共预算和社保基金的收入应该逐步增加。

国有资本在现阶段的中国经济中应该扮演什么样的角色，具体应该布局在哪些行业，需要专门研究才能提出可操作的方案，本文无意展开讨论。但对国有资本角色的合理定位应该遵循一个基本原则，就是让市场机制在资源配置中发挥决定性作用。具体来说，国家向企业投资应以弥补市场失灵为优先考虑，凡是非国有资本有意愿有能力做好的事情，不应该作为国有资本布局的优先领域。换句话说，国家向企业投入国有资本，要以不“挤出”非国有资本为原则。从有关的研究来看，这大致上也是其他国家的国企定位遵循或契合的原则（专栏 1）。

---

① 关于国有资本经营预算的科目，见财政部，《中央国有资本经营预算管理暂行办法》(2016)。

② 全国国有资本经营预算没有相应数据公开。

③ 2010—2014 年补充社保的金额为作者估算。数据来自财政部各年公布的中央国有资本经营预算收支预决算表。

国有资本投入企业时以不“挤出”非国有资本为原则，是国家所有制与市场经济兼容的一个重要前提。这是因为国家依托其职能，总可以通过财政、国有金融体系和其他多种手段对民间资本施加控制和影响。如果国家投资于企业时不介意甚至有意挤出非国有资本，那么非国有资本将很难有立足之地。其结果，多种所有制并存的基本经济制度、市场配置资源就会成为空话。基于这样的原则，对国有资本应当优先配置的领域和行业界定行业目录，其目的是引导国有资本向这些领域和行业集中，而不是说这些领域和行业由国有资本垄断，不准非国有资本进入。

专栏1　OECD成员国的国有企业

OECD（经济合作与发展组织）对34个成员国（冰岛、卢森堡、斯洛伐克没有参加，但它们属于相对较小的经济体）所做的一项研究显示，2012年底，这些国家中央一级的国有企业有2111家，总价值2.2万亿美元，职工600万人。如下表数据显示，以公司总价值而言，金融、电力和煤气为最大的行业，合计占总额的近一半；以职工人数计算，交通运输和其他公用事业合计占比超过一半。

专栏表1　2012年34个OECD成员国国有企业的行业分布

行业	户数	职工人数	公司价值（亿美元）
总计	2111	5937954	22181
		占总计的%	
金融	8.2	6.3	24.2
电力和煤气	6.8	9.6	23.9
交通运输	15.3	33.4	14.3
第一产业（包括石油天然气）	10.4	4.8	14.3
其他公用事业	9.2	18.7	8.8
其他活动	35.1	20.3	8.3
电信	1.2	1.7	3.0
制造业	8.8	4.9	1.7
房地产	5.0	0.2	1.7

注：“其他活动”指的是8个西班牙国企集团，它们没有提供分行业数据。

OECD 还曾就国企存在的理由对成员国专门做过一次问卷调查，结果发现，这些国家存在国企的三个最常见的理由是：第一，在那些被认为国家所有制比外包更有效率更可靠的领域提供公共品和服务；第二，运作那些被认为市场监管不可行或无效率的自然垄断性质的业务；第三，支持那些符合国家利益的经济和战略目标，例如将某些行业置于国家所有权控制之下，或者重振那些具有全局意义而陷入经营困境的企业。

资料来源：OECD（2014，2015）。

3. 公平竞争

竞争是市场制度的灵魂。要保证市场在资源配置中起决定性作用，就必须给竞争政策以更基础的地位，加强竞争，发挥市场功能（吴敬琏，2016）。把国有企业置于公平竞争的环境中，是一项十分重要的改革任务。这既是在国内促进多种所有制经济共同发展的需要，也是实现中国全球发展战略的需要。

首先，不同所有制的企业之间公平竞争，是基本经济制度的基石。因为传统的国家所有制采取“一个社会、一个工厂”的模式，而且政府作为国有资本的所有者，既亲自开办企业（政企不分），又负责履行监管和社会管理等普通政府职能（政资不分），所以它能容纳的经济结构只能是国企一统天下，而不可能允许其他所有制的企业与之公平竞争。国家所有制要与市场经济兼容，必须通过改革使国有企业成为自主做出经营决策、独立承担风险、可以与其他所有制企业平等竞争的市场参与者，而不再受政府公共权力的庇荫。正是由于这个原因，从1993 年中共十四届三中全会《决定》到 2013 年十八届三中全会《决定》，保证各种所有制企业公平竞争一直是改革的一个基本原则。十八届三中全会《决定》的具体要求是，国家保护各种所有制经济的产权和合法利益，保证各种所有制经济依法平等使用生产要素、公开公平公正地参与市场竞争、同等受到法律保护，依法监管各种所有制经济。为落实该《决定》，政府又于 2015 年进一步提出逐步确立竞争政策的“基础性地位”，加强竞争政策与产业、投资等政策的协调。

在今天的中国经济中，非国有企业不仅占据半壁江山，而且是大众创业的主要载体和经济增长新动能的主要源泉。国企与非国企的公平竞争对经济发展的意义日益重大。尽管国企经营环境的透明度有限，但国企在与非国企的竞争中享有来自其所有制身份的独特优势，是不争的事实。比如国企在获得土地方面比非国企有明显优势，融资成本普遍低于非国企，获得政府补贴的国企数量多于非国企，获得的平均补贴数额也大于非国企。由于相对软化的预算约束，国企对亏损和资不抵债的承受能力远高于非国企。更公平的竞争可以带来非国有经济更大的发展和整个经济更高的效益。

但公平竞争不仅仅是一个国内问题。由于今天的国内市场已经大幅对外开放，国企在国内市场获得的竞争优势不可避免地会影响它们在全球市场上的竞争对手，加上近年来国企在海外的投资并购，[①] 在国际市场上的参与度迅速提高，公平竞争问题近年来已经日益受到主要贸易伙伴的关注，也是中美经贸关系紧张的一个重要原因。

问题的根源在于现有的国际贸易和投资规则与中国以国家所有制和政府产业政策为特征的经济模式之间的矛盾。虽然世界上很多国家都有相当数量的国企，但以中国国企的规模和数量，对国际市场竞争产生的影响远非其他国家的国企所能企及。[②] 而现有的国际经贸规则多数是在中国崛起之前形成的，或者没有充分考虑中国国企进入国际市场后带来的独特问题（Wu，2016），或者假定中国最终会和其他国家趋同，不再保留如此众多的国有企业。所以，中国的模式虽然与全球市场经济秩序一直存在摩擦和冲突，但一方面摩擦和冲突经历了一个逐步积累的过程，另一方面主要贸易伙伴也有一个逐步认识、放弃等待的过程。这个过程给中国国企在国际市场上的发展提供了一个窗口期，但 2018 年中美经贸关系的变化很可能标志着这个窗口期的结束。今后中国国企在国际市场可能面临贸易伙伴越来越多的猜疑、戒备甚至抵制。

值得强调的是，国企按公平竞争的原则参与国际市场，首先是中国自身发展的需要。在多边主义和经济全球化遭遇阻力的今天，中国自身的未来发展比过去任何时候都更需要一个竞争有序而不是封闭割裂的国际市场。因此，作为

---

① 据官方数据（http：//www. ce. cn/cysc/newmain/yc/jsxw/201806/01/t20180601_29304309. shtml），2017 年中央企业境外资产规模已超过 6 万亿元，近年来，每年在境外的投资均保持了 15% 左右的高增速。财政部数据显示（http：//zcgls. mof. gov. cn/zhengwuxinxi/qiyeyunxingdongtai/201701/t20170125_2527815. html），2017 年底中央企业资产总额 69. 48 亿元。也就是说，其资产的 8. 6% 在境外。

② 例如，2015 年福布斯发布的全球最大 2000 家企业的名单中有 326 家国企，其中 128 家来自中国大陆，另外 13 家注册在香港，见 OECD（2016）。

全球第一大贸易体和“一带一路”的倡议者，中国的根本利益在于推动经济全球化朝着更加开放、包容、普惠、平衡、共赢的方向发展。为达此目标，中国就必须让贸易伙伴包括“一带一路“的合作伙伴相信，中国的国企确实是在公平参与国际竞争，或者换句话说，别国的企业是在和中国的企业而不是和中国的政府竞争。否则，中国引领新型全球化、推动“一带一路”建设的努力难免会遇到怀疑和阻力，由此引起的贸易伙伴的反制措施会祸及非国有企业尤其是中小企业。

强调把国企置于公平竞争的环境之中，并非基于对国企的歧视或偏见。当然，即使非国企也不是天生就能保证与其他企业公平竞争，但国企在两个方面有其特殊之处。首先，国企的所有者——国家同时具有监管其他企业和管理社会的合法权力，包括对国企的竞争对手进行监管、审批、征税的权力。只要国企可以利用国家权力强化它们对其他企业的竞争优势，公平竞争当然就无从谈起。其次，即使就国家作为国有资本的所有者而言，如果所有国企和国有金融机构事实上处于同一主体的控制之下，整个国有经济就会变成一家股权资本超过50万亿元的超级公司，别的企业与一家国企的竞争就会变成与这家“中国有限公司”的竞争。当然，这里说的是理论极限，实际情况靠近理论极限的程度，取决于国企和国有金融机构的行为在多大程度上符合同一实际控制人控制之下的企业的行为模式。但由于这样的“中国有限公司”在规模①和实力上几乎达到了“天下无敌”的程度，所以一旦它对公平竞争构成威胁，其后果会十分严重。此外，在国际市场上，还有一个与贸易伙伴沟通的问题。由于中国国企的独特性质和语言文化障碍，即使公平竞争事实上并未受到严重挑战，贸易伙伴也可能没有足够的手段和能力准确判断挑战究竟有多严重，而是按“宁可信其有不可信其无”的原则决定其行动。

所以，就其本质而言，国企进入国际市场所带来的竞争问题，仍然是一个国家所有制和市场经济能不能兼容的问题。所不同的是，以前国企乃至整个中国经济在全球经贸秩序中的地位没有今天这么重要，因此问题不那么突出。另一方面，这也是经济全球化在成功吸纳中国并促进了中国发展之后带来的新挑战。在中国进入全球市场之前，前苏联集团国家也都实行传统国家所有制，但

---

① 2016年，财富500强中最大的10家公司的市值合计3.5万亿美元，约合23万亿元人民币。见 http：//fortune. com/2016/02/04/most - valuable - companies - fortune - 500 - apple/。

它们没有遇到类似的问题，因为它们在“经互会”的框架下形成了自己的小圈子，没有对全球市场的竞争秩序形成多大挑战。

如前所述，关于国家所有制与市场经济兼容的可能性，从现有理论和实践中比较容易为否定的结论找到根据。但20世纪90年代“华盛顿共识”失败之后，全球范围内确实出现了一个重要趋势，就是接受国企存在的事实，承认其存在的价值，而把改革努力更多地集中于改善其公司治理，将其置于公平竞争的环境之中。OECD从21世纪第一个10年开始推动国企公司治理改革，第二个10年开始推广竞争中性原则，就反映了这一趋势。即使美国主导形成的TPP（跨太平洋伙伴关系协议）文本，也没有要求别国把国企一概私有化，而是在承认国企存在的同时，要求国企遵守若干原则以保证不对贸易伙伴形成损害。

如何才能把国企置于公平竞争的环境之中？根本的途径可以概括为两条：一是确保国企不利用国家的权力强化自己的竞争优势；二是确保国企尽管有一个国家股东，但在其他方面和别的企业一样是独立参与市场竞争的商业实体。后者的要害在于政企分开，本文下一部分将集中讨论。关于前者，可供考虑的一个改革思路是接受OECD推崇的竞争中性原则，根据中国实际情况提出并实施一个保障竞争中性的中国方案。

竞争中性原则的要义是，政府采取的所有行动，对国企与其他企业之间的市场竞争的影响都应该是中性的；也就是说，政府的行为不给任何实际的或潜在的市场参与者尤其是国企带来任何“不当的竞争优势”（undue competitive advantage）。竞争中性原则最初是澳大利亚1996年提出的，当时的表述是“政府的商业企业不应仅因其为政府所有而享有对其私营部门竞争对手的净竞争优势”。2011年开始，OECD发表一系列报告推广该原则，并给出了更具体的界定。

那么，要实现竞争中性，政府必须重点做到什么？OECD（Capobianco and Christiansen，2011）提出了竞争中性原则的八个“构件”，其内容大致可概括为四个方面：

> 1. 在国企承担公共服务或公共政策职能的情况下，对其成本要给予公平、透明的补偿。过度补偿相当于补贴，会给国企带来不当竞争优势。当然，补偿不足或者没有规则和透明度，也会影响国企的正常运营，弱化公司治理，并为低效率的企业提供借口。为保证公平和透明，国企的商业活

动与公共服务、公共政策职能应当尽可能分开，至少在会计上要分开核算。

2. 在税收、监管、政府采购等方面平等对待国企和其他企业。

3. 在国企债务融资方面，保证国企不受益于国家的显性或隐性担保。应该特别指出的是，国有金融机构容许那些不能偿还到期债务、本应破产的国企继续存在，相当于一种隐形担保，对它们的债务豁免相当于补贴。

4. 在国企股权融资方面，国家作为股东要求国企提供与市场投资回报率相当的国有资本回报率。如果国家股东无此要求，就相当于降低了国企的股权融资成本，使其对低回报或亏损具有更强的承受能力，从而有更大的能力以压价或抬价与其他企业竞争。而国家因此受到的财务损失，最终需要以税收收入或其他属于全民的收入来弥补。因此，给国企注资而不要求市场水平的回报率，实质上也是一种补贴。

显而易见，竞争中性原则和中国改革一再重申的保证各种所有制企业公平竞争的原则是完全一致的。在国内和国际两个市场上接受这个原则，有利于和贸易伙伴通过谈判寻求共识。但也要看到，竞争中性原则到目前为止仍然只是OECD 提倡的原则，既没有法律约束力，也没有看到哪个国家把它转换成了可操作的细则。由于中国的国企数量多、规模大、体制独特，究竟如何才能实现竞争中性，需要根据中国的实际情况确定。与其被动应对贸易伙伴的抱怨和关切，不如主动提出一个实施竞争中性原则的中国方案，对外作为同贸易伙伴沟通和谈判的基础，对内作为进一步促进国企和非国企公平竞争的指南。

这样一个方案应该包括哪些具体内容，需要进一步的专门研究，但可以考虑以目前正在实施的公平竞争审查制度为基础。同时，为了寻求与主要贸易伙伴的利益契合点，可以参考 TPP 文本第十七章关于国有企业的规定、中国加入 WTO 的相关承诺，以及主要贸易伙伴的其他诉求（专栏 2）。TPP 是迄今为止对国企问题规定最为详细的自由贸易协定，反映了美国当时的基本诉求，其精神与竞争中性原则以及 WTO 的相关规定是一脉相承的。但 TPP 的很多规定留下了很大的解释余地。从这个角度出发，对一些普遍接受的基本原则提出中国自己的解释和实施方案也非常必要。

当然，提出这样一个方案并非目的本身，关键是要将之付诸实施，而实施这方面的改革将会是一项非常艰巨的任务。比如，保证国企在债务融资方面面对和其他企业一样的环境，意味着金融体制需要进一步改革；而实现竞争政策与产业政策的协调，意味着需要清理那些反竞争的产业政策（徐林，2018）。但这样的改革今天已经到了十分必要和紧迫的地步。

专栏 2　TPP 文本第十七章关于国企的规定、中国入世的相关承诺和美欧日的最新诉求

TPP 文本除第十六章要求成员国保证全国性竞争法律适用于所有商业活动包括国企外，专门为国企而设的第十七章规定了各成员国应遵守的三个基本原则：

- 非歧视和商业考虑：国企在采购和销售中不歧视任何企业，仅依据价格和质量等商业考虑做决策。
- 禁止对国企提供非商业资助（non-commercial assistance）。非商业资助具体包括：赠款或债务豁免；贷款、贷款担保或其他形式的融资，其获得条件比其他企业在市场上可以获得的条件更优惠；与私人投资者包括风险资本投资者通常的行为不一致的股权投资；一般基础设施之外，获得基础设施服务的条件比市场上其他企业可以获得的条件更优惠。
- 监管者和法庭平等对待所有企业。

这些规定的适用范围由很多复杂因素界定，其中包括 TPP 对国企的定义，以及非商业资助是否来自国企的所有制身份、是否对别国企业构成了“不利影响或损害”（adverse effect or injury）。

虽然美国推动 TPP 的目的之一是不让中国书写全球贸易规则，但中国的入世承诺事实上已经包括了如下内容：

- 关于补贴的通知义务：中国应通知 WTO 在其领土内给予或维持的、属《补贴与反补贴措施协定》（以下简称《SCM 协定》）规定的各种补贴。而《SCM 协定》对补贴的定义，与 TPP 对非商业资助的定义有密切联系。应该说，TPP 的定义是在 SCM 的基础上进一步发展出来的。

- 限制对国企的补贴：对国有企业提供的补贴将被视为“专向补贴”，此类补贴要接受该协定第二部分“禁止性补贴”或第三部分“可诉补贴”或第五部分“反补贴措施”规定的约束。
- 不干预国企商业决策：中国将保证所有国有和国家投资企业仅依据商业考虑进行购买和销售；确认其他 WTO 成员的企业将拥有与这些企业在销售和购买方面进行竞争的充分机会；中国政府将不直接或间接地影响国有企业或国家投资企业的商业决定，除非与《WTO 协定》相一致。

2018 年 5 月 31 日，美国、欧盟和日本的贸易部长（代表）在巴黎发表显然针对中国的共同声明，重申三方决心采取行动应对“非市场取向的政策和行为”。三方同意确立“激励机制”促使有关国家对补贴履行通知义务，同时提出，如果一项补贴不属完全禁止之列，该国应有责任证明该补贴不对其他成员构成商业损害。

资料来源：TPP text：Chapter 17；中国加入世贸组织议定书；中国加入工作组报告书；Joint Statement on Trilateral Meeting of the Trade Ministers of the United States，Japan，and the European Union。

4. 政企分开

国企改革 40 年，政企分开一直是一个公认的重点、难点。政企分开与公平竞争密切相关。只有真正实现了政企分开，国有企业才可能作为企业而不是政府的代理人与其他企业竞争。另外，实践反复证明，在政企不分的体制下，企业作为政府权力机关的附属物，不可能有效率。

但由于国企的所有者是国家，如果政企完全彻底地“分开”，政府完全不管企业，又会出现内部人控制和所有者缺位。为了保护所有者的利益，又往往不得不强化政府对企业经营决策的干预和控制。国企改革在行政干预和内部人控制的两难选择之间探索多年后形成的一个共识是，政企分开的要害在于国家的所有者职能和其他职能分开。国家作为所有者，在企业中不能缺位，但其角色以《公司法》规定的股东权利为限；国家作为监管者和社会管理者对国有企业和其他企业一视同仁。在此基础上，国有企业就可以和其他企业一样，以股东价值最大化为经营目标，自主做出经营决策，独立承担经营风险。唯一不同的是有一个国家股东，但国家股东也和其他股东一样，对企业债务也只承担有限责任。

2003 年国有资产监督管理委员会的建立，就是按此思路采取的一项重大改革。相对于 20 世纪 90 年代国企的实际情况，国资委模式使国家的所有者职能与其他职能实现了较大程度的分离，各级国资委推行的关注国有资产价值、加强董事会建设、绩效考核、经理人员公开招聘等方面的改革，推动了国企公司治理水平的提升，加快了国企与市场经济的融合。

但是，国资委模式仍面临两个重要挑战：其一，政企不分、政资不分问题依然存在（国务院，2015），政府实际上仍然在介入企业的经营决策，只不过是通过国资委而已。其二，国务院国资委管理的国企超过 4 万家，[①] 为了把它们组织到约 100 个企业集团的框架内而普遍采用层级繁多的母子公司持股结构，[②] 带来了一系列挑战，包括内控松弛造成的国有资产流失和违纪违法问题。[③] 为了从“管企业”转向“管资本”，国务院国资委于 2017 年 4 月制定了职能转变方案，其中包括把若干管理事项下放或授权给企业集团和地方国资委。但要在政企分开的问题上取得根本进展，必须采取进一步的措施管好资本、放开企业，具体可以考虑三个力度更大的措施。

一是全面推行混合所有制改革，把竞争性行业的商业类国企改为国家参股企业。改革的目的是国家以“管资本”为原则，把自己在企业的角色重新定位为财务投资者，仅追求财务回报，把企业经营决策的控制权留给非国有投资者。这当然也并不是全新的改革措施。20 世纪 90 年代以来，随着国企吸收非国有投资和对非国企投资，实际上已经形成了相当数量的国家参股企业，只不过因为相关统计只关注“国有及国有控股”企业和私营企业，国家参股企业究竟有多少，不得而知。

值得强调的是，混合所有制改革要取得实效，关键是实现政企分开，改善

---

① 根据《国有资产管理年鉴 2015》的数据，2014 年国务院国资委管理的国有企业为 40615 家。

② 2016 年，106 家央企中有 34 家的持股层级超过 5 级，最高多达 9 级。见 http://www.gov.cn/xinwen/2016-05/19/content_5074853.htm。

③ 国务院国资委 2016 年披露，该委外派的监事会过去三年累计实地检查央企及重要子企业 5684 户，揭示企业各类问题和风险 1.22 万项。具体问题和风险包括：通过虚构业务、随意变更会计政策等方式粉饰业绩，企业人员利用职务便利与外部勾结输送利益，盲目投资、大额垫资等导致潜在风险，内部监督机制不健全，董事会运作不够规范、外部董事作用未能有效发挥等。见 http://www.xinhuanet.com/fortune/2016-10/26/c_1119793507.htm。

企业的公司治理。单从股权结构看，国有独资企业在国有企业总量中的比例其实已经很低。2013 年 16499 家国有工业企业的数据显示，全资国有企业在销售收入中的比重已经降低到 38.3%。[①] 但实践表明，仅仅吸收非国有投资而不从根本上改善国企的公司治理，政府继续以各种形式参与企业的经营决策，积极的效果往往很有限，有的甚至会沦为圈钱游戏。

二是把一部分国有股权委托给专业投资运营机构持有和管理。[②] 随着国家参股企业的增多，在这些企业中的国有股权可以委托给专业投资运营机构持有和管理，其他企业中的国有股权也可考虑这种管理方式。这些专业投资运营机构可以是中央汇金公司以及信达、华融、东方等资产管理公司那样的国有机构，也可以是国内外市场上的非国有机构。本文下一部分将要论及的投资基金性质的机构投资者也在此列。由专业机构持有和管理国有股权的一个重要意义是在政府和国家投资的企业之间建立一个隔离带，进一步减少政府权力对微观经济决策的干预，让市场专家管理股权，让企业家经营企业，政府则以更加超脱的身份面对市场竞争。

三是为国企承担的非商业职能建立一套以“花钱买服务”为核心的管理制度。全球范围内，国企承担政府给予的非商业职能是普遍现象。之所以叫作“非商业”，是因为企业行使这些职能的结果，其收益无法覆盖成本并实现合理盈利，因此不同于商业活动。非商业职能中最常见的，是按低于成本的价格向消费者提供产品或服务，比如水电煤气和公共交通服务；另外一类比较常见的活动是不惜亏损执行政府某项指令。

对国企非商业职能的管理有必要改革，是因为目前的管理方式首先为政府超越股东权利干预企业的经营活动提供了借口；其次，因为国企承担非商业职能没有透明的成本核算和补偿机制，导致国企的经营绩效无法准确衡量，政府对国企非商业职能的合理成本补偿与反竞争的补贴也很难准确区分。当然，并非只有国企才可以承担政府给予的非商业职能，非国企同样可以承担这些职能。政府偏好国企，是因为国企是“自己的”企业，只要政府提出要求，企业不敢怠慢，只能不计成本依令而行。但这也正是问题所在。实践中经常发生的情况是，政府分配给企业的非商业职能有的并没有什么合理依据，甚至纯属

① 数据来自张琼的相关研究。

② 对这方面改革的深入论述，见陈清泰接受经济观察网采访时提出的建议（王雅洁和欧阳晓红，2018）。

长官意志；即使合理的非商业职能，也往往没有相应的预算，而是指望企业“买单”；在选择企业的过程中，又往往不愿意引入竞争，而是喜欢钦点自己喜欢的企业；至于成本，有的完全由企业买单，有的则给予其他优惠待遇加以弥补，造成新的扭曲。

改革的基本原则应该是政府对国企和非国企一视同仁。除了应急救灾等特殊情况外，政府要求企业行使非商业职能，不问所有制身份，一概实行统一的以“花钱买服务”为核心的管理制度，其要点可以包括以下五个环节：

1. 提议：非商业职能要实现的政策目标必须由某个政府部门提议，有法律法规依据并完成相关内部审批程序。

2. 预算：在要求企业行使该职能之前，必须已经获得相应的财政预算。

3. 采购：确定行使该职能的具体企业，必须遵循政府采购的相关竞争程序，体现公开公平公正的原则。

4. 评估：对企业行使这些职能的结果以及要实现的政策目标是否实现，必须进行评估和确认。

5. 补偿：如果企业按合同要求完成其任务，对产生的成本，必须给予公平补偿；为此必须建立相应的财务会计和审计制度（包括专门的账户），保证这些成本既无高估也无低估。

建立这样一套制度的目的是要让国企在承担非商业职能的同时也可以像其他企业一样参与市场竞争。当然，这样的制度会使政府失去国企这样一个“抓手”，但有利于进一步解放企业，最终也有助于政府提高自身效率，减少腐败。

与此相关的另一个问题是“公益性国企”的改革方向。公益性国企或者可以定位为不以营利为目的的公共机构，转制为相关政府部门下属的事业单位；或者可以继续作为企业存在并按商业化原则经营，追求股东价值最大化，对承担的非商业职能，则从政府那里得到公平补偿。当然，即使事业单位，也要追求以最小成本提供公共服务，不能不计成本、不讲效率；即使以营利为目的的企业，在营利的同时也同样可以服务于公共利益。

5. 惠及全民

如何能使国企的经营成果惠及全民，是一个被长期忽视的问题。这大概是因为国有资本理论上属于全民，所以只要能“保值增值”，利益自然还是属于全民。但不断积累国有资本本身当然不是全民的最终目的。要保证国企的经营成果确实惠及全民，必须改革国有资本收益的分配和使用。

在这方面已经开展的改革主要是两项：一是国家财政从国企分红，二是划拨一部分国家股权到社保基金。这两项改革都是朝着正确的方向迈出的重要步伐，但也都有其局限性。首先，到目前为止，这两项改革带给全民的福利与庞大的国有经济总盘子相比完全不成比例。2016 年，全国国有资本经营预算收入 2609 亿元，其中有 2.3% 用于补充社保基金支出，21.1% 调入公共预算，合计 23.4%。其余用于解决历史遗留问题及支付改革成本（26.3%）、注入资本金（34%）、政策性补贴（4.7%）和其他开支（15.4%）。[①] 换句话说，相对于 2016 年非金融类企业高达 41.6 万亿元的国有资本规模和 2.6 万亿元的利润总额，[②] 国家财政取之于国企而用之于国企之外的收入只有 611 亿元，相当于国有资本总量的 0.1%，利润总额的 2.3%，当年国家财政收入的 0.4%。

但是，即使有更大比例的国有资本收益进入公共财政预算或补充社保基金，这两个方面的改革仍然不大容易使民众有“获得感”。国有资本收益进入公共财政预算，自然可以用于各项财政开支。但普通民众很难感受到什么实际差别。至于进入社保基金的国有资本收益，确实会最终落到民众个人手中。但中央财政对应的全国社保基金只是国家社会保障储备基金，专门用于人口老龄化高峰时期的养老保险等社会保障支出的“补充、调剂”。[③] 受益人群和他们受益的程度都会非常有限。

当然，国企通过其相对稳定的工作岗位和比较优厚的待遇，给国企职工提供了实际利益。但问题是国企职工只是全国劳动力队伍中很小的一个部分，大约在 5%；占城镇就业的比例也不超过 10%。[④] 对绝大多数劳动者包括农民工，国企职工的身份和待遇都属可望而不可即。2007—2016 年，非金融国企的户数增加了 55%，资产总额增加了 2.5 倍，而就业岗位仅增加了 2.8%（《中国财政年鉴》，各年）。

---

① 数据来自财政部公布的 2016 年全国国有资本经营预算收支预决算表。

② 数据来自《中国财政年鉴》（各年）。

③ http：//www.ssf.gov.cn/jj/qgsbjj/201501/t20150121_6316.html。

④ 对国企职工人数没有全面的统计数字。根据《中国财政年鉴 2017》，2016 年非金融国企职工人数为 3620 万人；国家统计局（http：//data.stats.gov.cn/easyquery.htm？cn = C01）数据则显示金融行业 2016 年就业人数为 665 万人，二者合计 4285 万人。与此相比，2016 年全国就业人数 77603 万人，城镇就业 41428 万人。

要使国企的经营成果能够实实在在地惠及全民，需要进行更大幅度的改革。一个值得考虑的改革方向是把国有资本收益的一部分通过某种“直通车”式的制度安排直接分配到民众个人手中，与财政分红、社保基金划转互相补充，形成三条国有资本收益惠及全民的渠道。

这样的“直通车”，其基本定位应该是投资基金性质的、若干相互竞争的机构投资者。每一个这样的机构投资者为一定数量的受益人开设账户，然后一方面受国家委托在一部分企业持有国有股权并获取收益，另一方面把收益分配给在该机构开设账户的受益人。“受益人”的范围可以有三种选择，或者是全体公民，或者是特定人群，或者二者兼有。如果是惠及全民，其效果类似于有些国家用石油或其他收入设立的“全民基本收入”（universal basic income）。[①] 向特定人群倾斜有利于实现政府的某些政策目标，但需要在操作中瞄准该特定人群。

以“直通车”方式把国有资本收益的一部分直接分配到民众个人手中，有利于抑制收入差距的扩大，更充分地体现国有资本全民所有的属性，使之确实成为保障人民共同利益的重要力量。当前正在快速发展的新一轮技术革命加上经济全球化，其结果很可能有利于高技能劳动者和资本所有者提高收入，而对中低技能劳动者的就业和收入产生不利影响。[②] 如能直接把一部分国有资本收益分配给他们，其效果相当于他们在企业持有股份，可以分享资本收入。从这个角度看，已经积累起来的巨额国有资本是一笔宝贵资源。根据皮凯蒂等人最近的研究，[③] 2015 年中国全部公司股权中近 60% 为公有，公有资产占国家财富的比例为 35%。相比之下，大多数发达国家公有资产在国家财富中的比例在 20 世纪 60—70 年代约为 15%~25%，现在则接近 0%。在美国，资本所有权的 70% 已经集中在 10% 的人群中。中国拥有这样一笔公有资产，在调控收入差距的时候就不必像发达国家那样高度依赖税收手段。

当然，这里提出的只是一个粗线条的思路。要实施这样的改革，还需要更

---

① 除了美国的阿拉斯加州，进行类似试验的国家和地区还有芬兰、加拿大安大略省、荷兰、西班牙巴塞罗那和英国的苏格兰。见 https：//basicincome. org/news/2017/10/overview-of-current-basic-income-related-experiments-october-2017/。

② 见张春霖，《如何防止技术进步引起的社会阶层结构的极化?》，《财经》杂志 2017“预测与战略”，第 142 页。

③ Piketty，T.，Li，Y.，& Zucman，G. （2016），Capital Accumulation，Private Property and Rising Inequality in China，1978 –2015。http：//wid. world/document/t-piketty-l-yang-and-g-zucman-capital-accumulation-private-property-and-inequality-in-china-1978-2015-2016/.

进一步的技术设计、论证和试点。由于中国体制模式的独特性，这方面没有多少国际经验可以借鉴，但马来西亚的国家股权公司（Permodalan Nasional Berhad，PNB）提供了一个值得参考的案例（专栏3）。

专栏3 马来西亚的国家股权公司（PNB）

马来西亚的PNB是一个管理单位信托基金（unit trust funds）的国有公司，成立于1978年。成立PNB的本来目的是为了实施财富再分配。按照当时的“新经济政策”，政府从私人公司购买了一部分股份要分配给马来人，但政府不愿意看到这些股份最后集中于少数富有和有权势的马来人之手，也不愿意看到获得股份的马来人把股份卖给非马来人。为实现这两个目标，政府设计了一个单位信托计划（Amanah Saham Nasional，ASN）。其要点是若干单位信托基金负责持有政府从私人公司购买的股份并获取收益，同时为作为受益人的马来人开设账户，把收益分配给他们。这个单位信托计划的管理结构包括三个部分：（1）马来人投资基金（Yayasan Peraburan Bumiputera，YPB）；（2）国家股权公司（Permodalan Nasional Berhad，PNB）；（3）国家投资信托公司（Amanah Saham Nasional Berhad，ASNB）。YPB是PNB的投资计划和决策机构，由总理领导。而管理单位信托基金的ASNB则是PNB的全资子公司。不过现在ASNB管理的11个单位信托基金的主

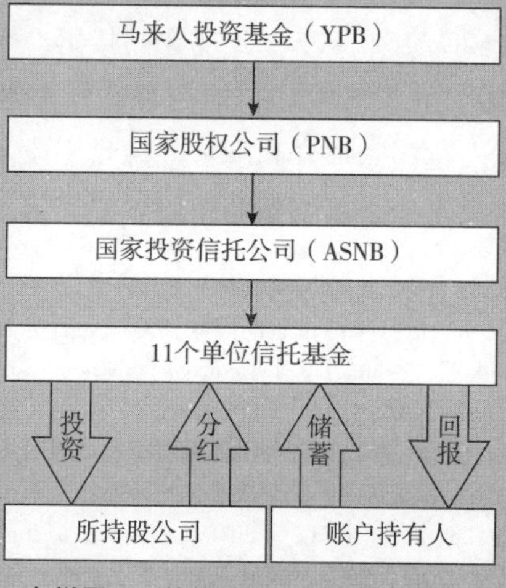

专栏图1 单位信托计划的基本结构

要资金来源早已不再是政府分配给马来人的公司股份，而是他们自己的储蓄。PNB 已经成为帮助马来人尤其是低收入人群增加储蓄的一个重要机构。PNB 的投资既包括少数股权也包括控制性股权。此外，PNB 也在单位信托之外开辟了其他业务。

资料来源：作者根据 PNB 公司简介及以下文献整理：Horii（1991，第 281—313 页）；Salleh and Meyanathan（1994）；PNB（2015）。

6. 结语

过去 40 年的中国国企改革走出了一条独特的道路，就是在不放弃国家所有制的情况下实现向市场经济转型。其核心是把传统国企改革成为适应市场经济要求的商业实体，同时为各种所有制的企业建立一个公平竞争的环境。尽管国企改革与其他方面的改革相比有诸多不尽如人意之处，但考虑到国企曾经扮演的重要角色，中国选择这样一条国企改革道路应该说是成功的。过去 40 年的实践表明，国家所有制和国有企业是可以改革的，对它们的改革是可以释放经济活力的；但前提是改革必须坚持市场化方向，适应市场机制的要求而不是扭曲市场机制。

今天，国企改革面临变化了的经济环境。在国内国际两个市场上实现国家所有制与市场经济的兼容，是一个尚未完成的历史任务。尤其是如何实现中国的经济模式与全球市场经济秩序的兼容，是一个紧迫而艰巨的挑战。今天的全球经济，各国相互关联、相互依存程度之深前所未有，中国过去的发展尤其从经济全球化中受益匪浅。进一步改革国家所有制和国有企业，使之在全球市场上适应市场经济的要求，符合中国的发展利益。与国际市场脱钩或者搞自己的小圈子，不是中国发展战略的选项。此外，20 世纪 90 年代以来国企改革的成功，使国家积累起来了一笔超过 50 万亿元的巨额国有资本。无论从经济发展的角度还是从社会公平的角度，这都是一笔宝贵的资源。放弃对国有资本的所有权也不是中国发展战略的选项。

所以，正确的方向只能是继续坚持 20 世纪 90 年代初确定的改革道路，按照市场经济的要求改革国家所有制和国有企业，在更深层次上落实基本经济制度。改革的要害是政府进一步退出企业层面的微观经济决策，将之留给相互竞争的市场参与者，包括非国有企业和管理国有资本的专业投资机构、经营国有企业的企业家；政府则以更超脱的定位，专注于保障公平竞争的市场环境，同时用国有资本的收益改善民生、调控收入差距，为国有资本的原始所有者带来更实际的利益。如此，则既有助于市场机制在资源配置中发挥决定性作用，也有助于更好地发挥政府职能。

参考文献

Capobianco A., and Christiansen H. (2011), Competitive Neutrality and State-Owned Enterprises: Challenges and Policy Options. OECD Corporate Governance Working.

Horii Kenzo (1991), Disintegration of the Colonial Economic Legacies and Social Restructuring in Malaysia. *The Developing Economies*, 29 (4), 281 – 313.

Hsieh T. C., and Song, Z. (2015), Grasp the Large, Let Go of the Small: The Transformation. *Brookings Papers on Economic Activity*, https://www.brookings.edu/wp-content/uploads/2016/07/2015a_hsieh.pdf.

OECD (2014), *The Size and Sectoral Distribution of SOEs in OECD and Partner Countries*. Paris: OECD Publishing, http://dx.doi.org/10.1787/9789264215610-en.

OECD (2015), *State-Owned Enterprise Governance: A Stocktaking of Government Rationales for Enterprise Ownership*. Paris: OECD Publishing, http://dx.doi.org/10.1787/9789264239944-en.

OECD (2016), *State-Owned Enterprises as Global Competitors: A Challenge or an Opportunity?*. Paris: OECD Publishing. Retrieved from http://dx.doi.org/10.1787/9789264262096-en.

PNB (2015), National Success Story. Presentation on Oct. 29, 2015.

Salleh, Muhd Ismail, & Meyanathan, Saha Dhevan (1994), The Lessons of East Asia-Malaysia: Growth, Equity, and Structural Transformation. World Bank. http://documents.worldbank.org/curated/en/786241468756617972/pdf/multi0page.pdf.

World Bank (1985), *China: Long-Term Development Issues and Options*. Washington, D. C.: The Johns Hopkins University Press.

Wu Mark (2016), The "China, Inc." Challenge to Global Trade Governance. *Harvard International Law Journal*., Vol. 57, Number 2.

中共中央（1993），《关于建立社会主义市场经济体制若干问题的决定》，检索来源：http://cpc.people.com.cn/GB/64162/134902/8092314.html。

中共中央（1999），《关于国有企业改革和发展若干重大问题的决定》，检索来源：http://cpc.people.com.cn/GB/64162/71380/71382/71386/4837883.html。

中共中央（2013），《关于全面深化改革若干重大问题的决定》，检索来源：http://www.gov.cn/jrzg/2013-11/15/content_2528179.html。

中共中央、国务院（2015），《关于深化国有企业改革的指导意见》，检索来源：http：//www. xinhuanet. com/politics/2015－09/13/c_1116547305. html。

中国财政杂志社，《中国财政年鉴》，各年。

全国人大（2007），《企业国有资产法》，检索来源：http：//www. gov. cn/flfg/2008－10/28/content_1134207. html。

吴敬琏（2016），《要用竞争政策保证市场发挥功能》，检索来源：http：//finance. qq. com/original/caijingzhiku/bashanlun1128. html。

国务院（2015），《关于改革和完善国有资产管理体制的若干意见》，检索来源：http：//www. gov. cn/zhengce/content/2015－11/04/content_10266. htm。

国务院国资委（2006），《关于推进国有资本调整和国有企业重组的指导意见》，检索来源：http：//www. gov. cn/gongbao/content/2007/content_503385. htm。

徐林（2018），国际贸易规则下产业政策转型，《比较》第96辑。

王雅洁和欧阳晓红（2018年06月01日），《改革亲历者陈清泰：国企改革呼唤新突破》，检索来源：http：//www. eeo. com. cn/2018/0601/329433. shtml。

财政部（2016），《中央国有资本经营预算管理暂行办法》，检索来源：http：//www. mof. gov. cn/zhengwuxinxi/caizhengwengao/wg2016/wg201603/201607/t20160705_2344735. html。

财政部（2018），《2017年1－12月全国国有及国有控股企业经济运行情况》，检索来源：http：//zcgls. mof. gov. cn/zhengwuxinxi/qiyeyunxingdongtai/201801/t20180122_2798986. html。

农村土地改革的制度创新与路径
以国有制推动土地发展权交易与使用权流转

陶 然 王瑞民

1. 引言

人地矛盾是我国农业与农村最基本的矛盾。农地是农民最基本的生产资料，更是农民目前最重要的生活保障。在传统小农模式下，人口与土地的关系始终紧张。人口快速增长，但工商业部门发展缓慢，无法吸收农村剩余劳动力，大量劳动力保留在农业部门。在土地面积有限的情况下，提高土地使用频率和土地单产成为传统农业发展模式的核心。美国经济学家珀金斯（1984）的研究表明："六个世纪（1368—1968 年）间粮食产量的增长至少有一半要归功于耕地面积的扩大，此外则归功于单产的提高。"① 但人口对土地的相对过剩，也使人均耕地保持在低位，农业劳动生产率提升缓慢。农业劳动报酬更随劳动密集化而递减，相当时期内，中国农业一直是"没有发展的增长"（黄宗

* 陶然，中国人民大学经济学院教授，汉青研究院副院长；王瑞民，中国宏观经济研究院经济所助理研究员。作者感谢国家自然科学基金重点项目（71533007），教育部哲学社会科学研究重大课题攻关项目（16JZD024），以及教育部重点研究基地重大项目（13JJD790006）的资助，作者特别感谢郭强、张清勇、沈子龙、张千帆、刘守英、聂日明、汪晖、张伦、王小映、田莉、何深静、刘明兴、叶剑平的意见与建议，作者文责自负。

① 珀金斯．中国农业的发展：1368—1968 年［M］．上海：上海译文出版社，1984.

智，1992）。①

新中国成立后，工业化进程开启。土地集体所有制曾为计划经济时代利用工农业剪刀差优先发展重工业奠定了基础（林毅夫等，1999），② 也为农村提供了最低水平的公共品。与此同时，大批农民被排斥在工业化与城市化进程之外。这一时期，农村就业人数不断增长，农村劳动力占总劳动力比例在1952年是83.5%，到1979年仍高达72.5%，农村人地比率日趋恶化。虽然集体所有制有效地创造了城市剥夺农村并进行资本积累的转移机制，但从微观激励来看，农民劳动与其报酬之间基本没有关联，农业生产效率低下。

改革开放后，农村全面推行“家庭联产承包责任制”（简称包干到户）。农户家庭代替集体成为农业生产决策的基本单位，有效地解决了集体化时期农业生产劳动激励不足的问题，农业生产效率得到大幅提升。与此同时，全国各地自发的变革中，都选择了“交足国家的，留够集体的，剩下都是自己的”承包合同结构（刘守英，1993）。③ 与土地私有制转为集体所有制不同，中国将集体土地分给农户时，保留了法律意义上的集体土地所有权，农户获得了行为层面的承包经营权。集体土地所有权与农户承包经营权“两权分离”，大大降低了彼时政治环境下“一大二公”意识形态的阻挠。

20世纪90年代以来，在高速工业化、城市化浪潮的冲击下，城乡之间的大门已被悄然拱开，大量农村人口离开故土，进入城市，一段时期内，每年从农业向城镇地区非农就业转移的劳动力超过1500万，中国已经由“乡土中国”较快地转型为“城乡中国”（周其仁，2014）。④ 在“一半是城市、一半是农村”的城乡中国格局下，传统的人地关系也在转变并面临新的重大挑战。

本文回顾与评述了近年来中国农区土地制度改革的主要进展与挑战，讨论集中于除城郊之外的传统农区土地（即区位上不具备成为城市建设用地条件的农村地区的土地）。我们特别考察了近年来在这些地区推动的农地“三权分置”、农地与宅基地确权与抵押、城乡建设用地增减挂钩等政策，指出既有政策措施由于缺乏良好的顶层设计而存在很大的局限性。特别是目前的农村土地确权，其直接、间接成本高昂且收益很低，应该在进行农村土地整理的同时逐

① 黄宗智．长江三角洲小农家庭与乡村发展［M］．北京：中华书局，1992.
② 林毅夫，蔡昉，李周．中国的奇迹［M］．上海：上海人民出版社，1999.
③ 刘守英．中国农地制度的合约结构与产权残缺［J］．中国农村经济，1993（2）：31-36.
④ 周其仁．城乡中国（上下册套装）［M］．北京：中信出版社，2014.

步推动农地与宅基地确权，而农村土地整理资金则应主要来自农地整理折抵指标与宅基地复垦指标新增的两类建设用地指标、耕地占补平衡、基本农田异地代保等多种土地发展权指标跨区交易所获收入。更重要的是，中国要最终实现农区土地的高效率配置，应该配合进行农村土地的所有制改革。我们认为，随着城乡一体化与新型城镇化推进，中央政府应认真考虑逐步推动农村土地的国有制，并在完善土地确权登记的基础上赋予农民可交易、可抵押的永久农地使用权与宅基地使用权。这是未来农村土地全面确权登记，建设城乡一体化土地市场，促进农民入城与资本下乡，最终实现农业和农村现代化，完成乡村振兴的根本所在。

本文剩余部分安排如下。第2部分讨论了近年来中国农区农地、宅基地制度改革方面的进展，特别提出现阶段过快确权会带来不少已有与潜在的矛盾。第3部分首先考察中国耕地保护制度下的“城乡建设用地增减挂钩”实践，然后介绍了多元化生成土地发展权指标的“浙江模式”。第4部分提出中央可以在总结浙江经验的基础上，建立多类型土地发展权指标交易市场，并以此为基础推动农区土地整理，从而在“做大蛋糕”的基础上实现永久、连片确权。第5部分论证了在中国逐步推动农村土地国有制并赋予农民永久使用权的必要性与可行性。最后是结论。

2. 近年来中国农区土地制度改革的进展与局限

2.1 稳定农地地权：从“两权分离”到“三权分置”

在原有“两权分离”制度安排下，土地的集体所有权对土地的分配规则影响深远。集体所有意味着每个集体成员都有资格分享集体土地的使用权，而家庭承包制下按人口均分土地而非家庭均分即是上述规则的体现，集体中的新增人口也应有资格分享原有成员的土地权利。

虽然中央一再强调土地承包15年、30年乃至长久不变，但村庄内部由于人口增减变化调整土地的压力始终存在（陶然等，2009）。[①] 1998年，中央强调和落实“延长承包期30年政策”，有62%的被访农户不赞成30年内不再调地，而

① 陶然，童菊儿，汪晖，等．二轮承包后的中国农村土地行政性调整［J］．中国农村经济．2009（10）：12-20.

且越是在传统农区比例越高；81%的被访农户不接受“新增人口不再配给土地的做法”（刘守英、龚启圣，1998）。[①] 2003年，《农村土地承包法》实施，尽管赞成延长承包期到30年的农户比例上升到62.9%，但是还有20.6%的农户明确主张要缩短承包期。赞成承包期内不再调地的比例上升到51.1%，但是还有36.8%的农户仍然认为在承包期内可以调地（赵阳，2007）。[②] 到2008年，认为“农地承包期内30年完全不调整”“不合理”的被访者高达62.79%。认为“增人不增地”和“减人不减地”“不合理”的被访者比例分别高达61.98%和59.95%（陶然等，2009）。中国人民大学和美国发展研究所的5次17省调查显示，从2001年到2010年，支持“增人不增地、减人不减地”的农户比例从42.0%下降到38.2%，持中立态度的农户则从15.9%上升到33.2%，反对该项政策的农户比例从42%下降到28.6%，比例依然不低（丰雷等，2013）。[③]

“大包干”实施初期，大多数农户都是自耕农，承包者即经营者，承包权与经营权高度统一。当时，农民既是一种身份，也是一种职业。只有集体内农民这一身份才能承包土地，作为职业农民经营耕作土地，获取收入。近年来，随着农村人口与劳动力非农化加快，承包权与经营权发生事实上的分离。根据国家统计局《2017年农民工监测调查报告》的抽样调查结果，2017年全国农民工总数达2.87亿，其中，外出农民工总量达1.72亿。考虑到部分流动人口的兼业问题，流动人口承包权与经营权并未彻底分离，但2016年底农地流转的总面积已占家庭承包经营耕地面积的35.1%。[④] 所有权与承包经营权两权分置框架确实难以适应流动人口承包权与经营权分离的新趋势。

耕作产出的收入占农民收入的比重持续下降，单靠承包土地的耕作产出已经无法养活农民，刘守英（2017）认为农地经济重要性下降以后，“承包农户

① 龚启圣，刘守英．农民对土地产权的意愿及其对新政策的反应［J］．中国农村观察，1998（2）：20-27.

② 赵阳．共有与私用：中国农地产权制度的经济学分析［M］．北京：北京三联书店，2007.

③ 丰雷，蒋妍，叶剑平．诱致性制度变迁还是强制性制度变迁？——中国农村土地调整的制度演进及地区差异研究［J］．经济研究，2013（6）：4-18.

④ 参见 http：//www. jgs. moa. gov. cn/txjsxxh/201801/t20180105_6134216. htm。

持有土地的观念（安全性）越来越强于其收入功能”,[①] 农地承包权的财产属性突显。

在上述背景下，农地“三权分置”成为十八届三中全会以来农村改革的核心议题之一。十八届三中全会《决定》指出，坚持农村土地集体所有权，依法维护农民土地承包经营权。赋予农民对承包地占有、使用、收益、流转及承包经营权抵押、担保权能，允许农民以承包经营权入股发展农业产业化经营。2013 年底召开的中央农村工作会议则明确要顺应农民保留土地承包权、流转土地经营权的意愿，把农民土地承包经营权分为承包权和经营权，实现承包权和经营权分置并行。刘守英（2014）指出，三权分置改革是对我国结构变革背景下人地关系和经营主体变化的回应，急需在理论、政策和法律层面展开研究，不仅如此，还必须深化集体所有制改革，唯有如此，才能解决我国农村发展面临的制度困境。[②]

2016 年 11 月，中央深改组审议通过《关于完善农村土地所有权承包权经营权分置办法的意见》，明确了三权分置改革实施的原则，即牢牢坚持农民集体对农村土地的所有权，严格保护农户承包权，放活土地经营权，使经营主体有稳定的经营预期。一些观点认为，“三权分置”突破了承包经营权流转的身份固化（潘俊，2014）,[③] 使经营权可以在更大范围内实现优化配置，不仅可以提高土地利用效率，还能提升务农人口的劳动生产率，进城农民也可以安心务工经商而不必担心失去土地（张红宇，2016）。[④] 换言之，三权分置改革的核心是稳定地权，通过将经营权从承包经营权中分离出来，既稳定了农户的承包权，又稳定了实际从事农业者的经营权。

但也有学者指出，“三权分置”尚无立法上的有力支持与制度保障（孙宪忠，2016）。[⑤] 而在实际操作中，经营权的担保抵押也困难重重。在保障农户

---

① 刘守英，高圣平．农地三权分置下的土地权利体系重构［J］．北京大学学报（哲学社会科学版），2017（5）．

② 刘守英．中共十八届三中全会后的土地制度改革及其实施［J］．法商研究，2014（2）：3-10．

③ 潘俊，农村土地“三权分置”：权利内容与风险防范［J］．中州学刊，2014，215（11）：67-73．

④ 张红宇．农地改革三题［C］．中国金融四十人论坛，2016 年 4 月．

⑤ 孙宪忠．推进农地三权分置经营模式的立法研究［J］．中国社会科学，2016（7）：145-163．

承包权与放活经营权之间的平衡问题，也值得关注。

2.2 农地确权与抵押困局

要推动“三权分置”，农地确权是一个基础性工作。新中国成立以来，我国已经先后进行了四次农村土地确权工作（于建嵘，石凤友，2012）。[①] 如表1所示，第一次确权时农村土地制度仍为私有制，本质上是对土改结果的确认；20世纪80年代的宅基地确权因为政策不明确半途而废；第三次确权发证率较高，达到90%以上，但确认的土地权能是残缺的，农户无法出租或转让自己占有、使用的宅基地与房产。

表1 新中国成立以来的四次土地确权

	确权对象	确权效果
第一次：1951年土改	所有土地	确权完毕
第二次：20世纪80年代中期	宅基地集体所有权	半途而废
第三次：20世纪90年代	农地集体所有权、宅基地与农村集体建设用地使用权	发证率达90%以上，但确认的土地权能尚不完整
第四次：2010年以来	农地集体所有权、农户承包经营权、宅基地与农村集体建设用地使用权	正在进行

资料来源：于建嵘，石凤友（2012）。

第四次农村土地确权始于2010年中央一号文件。以还权赋能为核心，这次确权的最终目标是实现农民完整的土地财产权。农地集体所有权确权的进展较快，到2012年底发证率就已达到95%。[②] 农户承包经营权的确权则要相对滞后。2014年中央一号文件提出，要“抓紧抓实农村土地承包经营权确权登记颁证工作……可以确权确地，也可以确权确股不确地，确权登记颁证工作经费纳入地方财政预算，中央财政给予补助”。随后，中共11月印发的《关于

---

① 于建嵘，石凤友．关于当前我国农村土地确权的几个重要问题［J］．东南学术，2012（4）：4-11.

② 国土资源部．加快土地确权登记 切实维护农民权益［EB/OL］．（2013－06－27）http：//www.gov.cn/gzdt/2013－06/27/content_2435372.htm.

引导农村土地经营权有序流转发展农业适度规模经营的意见》指出，用5年左右时间基本完成土地承包经营权确权登记颁证工作，妥善解决农户承包地块面积不准、四至不清等问题。

农地确权在法律上确认和落实了农民更为完整的土地权利。确权之后，农民工在家乡的承包权能够固化并得到保护，更有可能通过农地抵押贷款支持农业生产，甚至还可以通过流转为农民带来财产性收入，有助于那些外出农民工在城市立足。这也是传统财产权理论与古典经济学理论对产权明晰问题一直非常重视的根源所在。

然而，农村土地确权工作非常艰巨。它涉及全国2747个县、3.3万个乡镇、54万个行政村，每宗地确权过程都相当复杂，包括土地登记申请、地籍调查、核属审核、登记注册、颁发土地证书等。截至2017年底，完成确权的农地共计11.59亿亩，仍有约占台账面积16%的承包地未确权完毕，且剩下的均为“难啃的硬骨头”。据了解，农地确权的亩均直接成本基本上在40元到上百元。即使中央给一定补贴，地方也还要出大头。

需要指出，台账面积并不等于实际面积。1998年农村土地二轮承包时，由于土质、地力、远近以及降低农业税费缴纳等因素，部分地力较差的土地按一定比例折算，台账面积普遍小于实际面积。按照上述比例倒推，台账面积为13.8亿亩，而全国第二次土地调查公布的耕地数为20.3亿亩，超出台账面积47%。二者在传统农区差异可能更大。以笔者2014年参与调查的云南文山州为例，承包地台账面积为306.12万亩，而第二次全国土地调查耕地面积为1021.42万亩，后者为前者的3倍多，部分村组实测面积较二轮延包面积大10倍以上。由于确权面积关系粮食直补等惠农补贴，农户希望将多出的面积落实到户，但中央层面尚缺乏统一政策，基层往往仍按二轮延包档案面积计算相应惠农补贴。村与村、户与户之间的权属争议在确权过程中显化，往往争执不下导致确权难以推进。如果按照国土部在2009年开展的“第二次全国土地调查”确认的20.3亿亩耕地作为确权基数，则目前确权进度刚过一半，如期完成难度较大。

确权过程中往往出现村民之间、村民与村集体乃至村民与推动确权的地方政府之间的矛盾。确权中遇到的第一个问题是到底按什么规则确权？中国农村土地为集体所有，农村社区内因不同家庭间人口相对变动而带来的土地调整压力一直存在。1998年二轮承包时，中央基本确定了土地承包关系长期稳定不变的原则。如按既有农地分配完成确权，那么就很容易引致二轮承包后家庭有新增人口但未获土地农户的强烈反对；而重新根据现有人口进行土地分配并确权，又一定会带来那些已占有土地农户的反对。如果未能妥善处理上述问题，而一味赶进度，就会在确权过程中引发甚至激化矛盾。

第二个问题是，在城市化推进中大批农村人口已外出打工甚至永久迁移的情况下，到底应该给谁确权？一般而言，城镇化因其可释放农村人口进入城市，有利于那些留在农村的劳动力规模经营并提高其务农收入。中国目前已有约2亿农村流动人口迁移到城市，并以城市为就业、居住和生活的主要地点。如何处理这些迁移人口留在农村的土地问题？一方面，绝大部分农村外出打工者收入要远高于留在农村的务农者，而后者恰恰是因为农地规模小、农业基础设施水平差而收入低下。如果各地确权过程中一视同仁地为外出打工者确权，农村留驻人群就不得不支付更多租金成本才能扩大经营规模，这样其农业收入显著提高就难以实现，但如果不这样做，也会引发各种矛盾。

土地确权后，似乎农民有了土地抵押贷款的融资工具，然而，绝大部分农地，尤其是占主体的小面积农地地块，其转租与抵押价值非常有限。笔者2014年在云南调研中发现，承包土地的经营权抵押，其价值评估的依据主要是经营权的收益，即农业生产经营的直接收益与国家农业补贴之和。专业合作社和农户反映，土地承包经营权评估价值很低，对土地承包经营权的评估主要是作物价值，获得贷款也只有评估价值的50%左右。尤其是对于通过家庭承包获得的原始经营权而言，面积不大、地块分散，不同地块所种作物也不同，收益有限但收益权评估成本较高。如果抵押贷款的经营主体出现风险，政府设立的土地抵押贷款风险补偿专项基金承担80%的本金损失。此外，承包地抵押还存在法律制约。政策虽允许承包地的经营权用于抵押，但经营权实际上是承包权的子权利，在母权利无法抵押时允许子权利抵押，不仅与现有法律法规冲突，而且在发生风险时银行方面将难以把抵押物变现。如是，承包经营权的资产价值无法体现，实际操作中金融机构更多考虑的是土地收益权。①

实际上，当前很多农业大户、农业企业从农民那里转包的农地也缺乏法律

---

① 当然，从积极面来看，抵押政策如果可以推行下去，短期内至少可以让农村大户或者下乡农业企业受益。但如果最后不允许农地完全市场化，或至少实现农地永久使用权的买卖，这种抵押融资可能反而会带来更多的问题，包括农村收入分配问题和小农凋敝问题。因此，如本文后面部分要进一步论述的，逐步允许农地永久使用权的自由买卖，是让金融抵押融资市场有可能为小农服务的一个必要条件。

保障。特别是地方政府单方面推动的大规模转包，一旦未来农民工因失业返乡后，很可能要求收回已经转包的承包地，于是会发生大规模的违约风险。即使法律上这些返乡农民未必占理，但如果不归还土地，仍然可能对农村社会稳定造成不利影响，结果很可能是政府不得不对要地农民让步，之前转包的土地也就没有法律保障。

除上述矛盾外，快速推进土地确权的另一个迄今为止还没有被充分认识到的重要问题，就是它对未来实现农业适度规模经营、农田水利基础建设乃至农业现代化可能带来的巨大潜在成本。

中国农地利用的一个最基本特征是，土地规模小、数量多，也即所谓的“碎渣地”困境。中国家庭农场规模偏小，土地分配时因兼顾土地肥力与地块位置差异不得不好坏搭配、远近搭配，导致农地细碎化严重且互相插花。平均每个中国农民家庭大约有 8 亩地，但每个家庭的土地又经常被分割为至少五块，不仅田埂和一些未利用地闲置，而且也不利于农田水利基础设施建设。

按土地细碎化现状确权，无疑会加大未来农地整理与规模经营的成本，或者说很容易带来经济学中的“反公地悲剧”：就是当某一资源有很多权利人，而这种资源要整体利用才最有效率时，因每个土地权利人都可能以“钉子户”的方式阻止他人整合利用，导致资源最佳利用无法实现。[①]

2.3 宅基地确权与市场化流转困局

中国现有农村宅基地制度是集体化的产物（刘守英，2015）。[②] 集体化时期，由农民私有的宅基地收归集体（生产队）所有，“一律不准出租和买卖”，[③] 但归农户长期使用，其上的房屋仍可租赁和买卖。自此，宅基地与其上房屋相分离。

改革开放后，逐渐富裕起来的农民兴起了建房潮。为规范建房秩序，中央出台了限定宅基地面积的“一户一宅”制度，同时允许宅基地使用权随房屋买卖转移，也允许某些城镇非农业人口可以申请使用宅基地建房。但从 20 世纪 90 年代中期开始，尤其是 1998 年以后，政府为进一步加强耕地保护开始对农村建房和农民宅基地严格管理。依据现有法律，农村宅基地由村级组织分配

① 赫勒．困局经济学：第 1 版［M］．闾佳，译．北京：机械工业出版社，2009.

② 刘守英．农村宅基地制度的特殊性与出路［J］．国家行政学院学报，2015（3）：18-24.

③ 参见《农村人民公社工作条例（修正草案)》，第二十一条。

给村民，属农民集体所有，个人只能在上面建造房屋供自己使用，转让也只能在村集体内部进行。农民住宅不得向城市居民出售，不能为在农村购买房屋的城市居民发放土地证和房产证。

在传统农区，宅基地利用的突出问题是面积普遍超标、一户多宅，土地和房屋利用率低下，甚至出现因大量人口外出带来的“空心村”现象。上述问题大多与宅基地的福利分配性质且缺乏退出机制有关。农民对宅基地的使用权是基于集体成员权无偿取得，法律上只能居住，不能转让、抵押、收益。虽然农村房屋一直为农民私有，但由于农房所占宅基地的赋权不充分，而住房与其下宅基地不可分割，住房的权能也就难以实现。

在当前农村的宅基地确权中，“一户多宅”、超标准占地等不合法用地的比例较高，很容易带来确权过程中的干群矛盾，成为影响确权进度的主要因素。以笔者2014年参与调查的云南省广南县那洒镇为例，应进行宅基地颁证的有10797宗，但符合颁证条件的仅有5055宗，不到一半。不符合颁证条件的5742宗，因违法违规擅自占地建房的有2604宗，占用城市、集镇规划区而无法颁证的有145宗，已接受罚款但未及时补办用地手续的14宗，超出规定面积标准的1783宗，占用基本农田的783宗，少批多占的74宗。由于农村房屋所有权确权是在宅基地确权发证基础上进行，宅基地无法颁证直接影响了农房所有权的确权进度及后续的抵押贷款情况。

即使可以确权颁证，农民宅基地的抵押仍然面临两个困难。首先是价值评估问题。传统农区宅基地的价值较低，但评估成本高、处置难。如云南省广南县那洒镇符合确权颁证的5072户农房，均为1987年以前建成的土木结构房屋，价值极低，难以抵押。其次，各地的宅基地抵押条件中要求除所抵押的农房外，还要有其他稳定住所，而这显然与“一户一宅”政策相互矛盾。设置这一前提的政策初衷，是为避免贷款不能偿还后农民流离失所，但农房及宅基地的确权颁证却是按“一户一宅”原则进行，结果是最后符合抵押贷款条件的只有两类人：一是在城镇购买了商品房的，二是违反“一户一宅”规定并建有多处农房的农户，而老实本分的农户反而很难通过住房财产权抵押获得贷款。在宅基地抵押的实践中，有不少是外出打工农户挣钱后翻建新房，虽然新房子尚未建起来，仍能用农房所有权及宅基地使用权进行抵押，但此时信用社等金融机构更多考虑的是农户的第一还款来源，本质上更接近信用贷款，这就失去了农村住房抵押贷款的意义。

2018 年的中央"一号文件"提出，宅基地也可以推动"三权分置"改革：在保障集体的所有权与农户的资格权基础上，适度放活使用权。虽然理论上"三权分置"有利于实现农民对宅基地的财产权，但实际上买卖范围的限制等因素会使抵押很难操作。宅基地"三权分置"改革的具体制度安排，包括买卖、退出、外来人员与资本如何进入等，至今还没有合理与明确的政策依据与操作细则（刘守英，2018；[①]刘守英、熊雪锋，2018[②]）。

3. 土地发展权转移与交易："增减挂钩"与"浙江模式"

3.1 城乡建设用地增减挂钩政策：进展与问题

本文上一部分讨论了纯农区农地与宅基地"三权分置"改革的进展与面临的挑战，所谓的三权，就是农地的所有权、承包权与经营权，或宅基地的所有权、资格权与使用权，都是在特定管制用途下的土地权利。但除此之外，土地权利束中还可以包括所谓的"土地发展权"（land development rights）并实现相应的空间转移与交易，后者是指将一块土地进行非农开发的权利（实际上是整体土地产权束中多项权利中的一个部分）通过市场机制转移到另一块土地（Johnston and Madison，1997）。[③] 或者说，如果我们把在某个地块上进行如非农业开发之类的权利称为土地发展权，那么这种权利可以从权利发送（或出卖）区的地块上分离出来，并被有偿转移到权利接受（或购买）区的另一地块上，这样，权利接受区（或地块）就可以获得比原来土地利用规划确定强度更高的开发强度，而权利发送区在出售或转让发展权之后常会受到严格的开发限制。

有意思的是，这种土地发展权转移和跨区交易，在中国近 20 年来的耕地保护体系下不仅出现了，而且发展到了相当大的规模。自 20 世纪 90 年代后期以来，中国中央与地方政府推动了"城乡建设用地增减挂钩""耕地占补平衡""农地整理折抵建设用地指标"等一系列有制度创新价值的土地发展权转

① 刘守英．宅基地"三权分置"影响几何［J］．时事报告，2018（3）．

② 刘守英，熊雪锋．结构变革、村庄转型与宅基地制度变迁［J］．中国农村经济，2018（6）：2-20.

③ Robert A. Johnston，Mary E. Madison. From Land Marks to Landscapes：A Review of Current Practices in the Transfer of Development Rights. *Journal of the American Planning Association*，1997，63（3）：365－378.

移与跨区交易的制度改革，突破了我国传统土地计划管理模式对工业化、城市化进程中建设用地供应的约束，为发达地区城市与工业发展腾挪了不小的用地指标空间。由于这些土地发展权转移与跨区交易不仅极大地影响了传统农区农民对其农地、宅基地实际利用与获取收益的权利，而且其自身的完善也是本文要提出的农村土地整理与确权的主要经济基础，所以非常值得进一步考察。

最近十多年来，中国耕地保护政策体系的一个重大举措，就是国土资源部推动的“城乡建设用地增减挂钩”。2004 年国务院下发了《国务院关于深化改革严格土地管理的决定》，提出城镇建设用地增加要与农村建设用地减少相挂钩。2005 年国土资源部出台了《关于规范城镇建设用地增加与农村建设用地减少相挂钩试点工作的意见》，提出将若干拟复垦为耕地的农村建设用地地块（即拆旧地块）和拟用于城镇建设的地块（即建新地块）共同组成建新拆旧项目区，通过建新拆旧和土地复垦，最终实现项目区内建设用地总量不增加、耕地面积不减少、质量不降低、用地布局更合理的土地整理工作。

近年来，为获得计划下达指标之外的建设用地指标，地方政府越来越多地考虑通过对以宅基地为主的农村建设用地复垦来新增耕地。在中央政策许可下，2006 年，山东、天津、江苏、湖北、四川五省市被国土资源部列为城乡建设用地增减挂钩第一批试点。2008 年起有 19 省相继加入增减挂钩试点。除那些具有全国知名度的地方改革试验，比如成都的“拆院并院”、天津的“宅基地换房”、嘉兴的“两分两换”、重庆的“地票交易”等，全国各地以“新农村建设”“新民居建设”“城乡统筹发展”为名推动的撤村并居与农民集中居住，不管是否进入国土部试点名单，都一直在大规模进行。①

应该说，“城乡建设用地增减挂钩”政策确实有其现实社会与经济背景。高

① 比如，除了在城市大搞“一年一变样，三年大变样”的城市大规模拆迁改造外，河北省在 2010 年之前的一段时期内还开始以三年为一个阶段推动农民集中居住。该省计划用三年时间“改造”全省 15% 的村庄。“改造”方式为拆除农民宅基地上的房屋，统一另建“新民居”，实行“农民集中居住”。按此速度，20 年后该省农民将“全部集中居住”。在山东，诸城、淄博、临沂、济宁、德州和聊城等地都部分开展了“撤村改社区”并推动农民集中居住。以诸城为例，从 2007 年开始，在全市农村以两公里为半径，把全市 1249 个村庄按照地域相邻、习俗相近的原则，规划建设为 208 个农村社区，每个社区涵盖 5 个左右村庄、1500 户左右，引导农民向社区中心村集中居住。全国已经有 20 多个省区开始推动形式规模各异的纯农区农民集中居住和宅基地复垦运动。参见汪晖、陶然、史晨，《土地发展权转移与农民集中居住的地方试验：挑战与出路》，北大林肯中心工作论文，2011 年。

速城市化过程中，农村人口大规模外迁，农村开始逐步出现空心化现象。尤其在人口大量外迁的纯农区，问题也非常突出。在原有农村宅基地分散分布情况下，要为留守人群提供公共服务，并逐步提升农村生活基础设施的水平，确实存在成本过高、规模过大的问题。而且一旦土地市场下滑，地方财政很容易捉襟见肘。

2006 年农村税费改革完成后，虽然降低了农民负担，但也导致很多纯农区的村集体与基层政府缺乏提供公共产品的资源与积极性，结果是农村道路修建、村落内的河沟整治、小型水利设施、学前教育、五保供养等农村内部公共产品严重缺乏。在欠发达地区的不少纯农区，还出现了自然村街道狭窄、路面质量不高、排水设施落后、垃圾成堆、污水横流的情况。部分农村地区的水、电等农民生活必需的基础设施不足，电网老旧、破损、存在隐患。因此，从提升农村生活基础设施与公共服务水平角度看，适度进行宅基地复垦并推动农民集中居住确有一定的必要性。

在“增减挂钩”政策下，很多地方推动了“撤村并居”。在那些工作比较好的地区，通过土地发展权指标交易所获的资金有效实现了农村居住点基础设施改善与公共服务提升，有助于实现对农村留守人群如老人、妇女与儿童的集中服务，改善居住条件。但上述政策在执行中也不可避免地带来了不少矛盾，有时候甚至是非常严重的矛盾。在建设用地指标驱动下，不少地方政府倾向于过度推动。从近年来我们及一些其他研究者的实地调查来看，无论是宅基地拆迁补偿水平，还是集中居住标准，基本上都是地方政府主导制定，缺乏公共参与，结果是各种矛盾不时涌现。

第一，一些地区在城镇周边建设大规模的高密度公寓式农民居住小区、镇内几个被拆除村庄的原居民统一被安置到农民居住小区。对农民而言，尽管生活方便了，但农业生产却受到很大影响；一些地方政府宣称，通过宅基地换房，农民获得了市值几十万且基础设施配套齐全的全新住房。但农民却认为这些自住的住房并没有大产权，也缺乏市场价值。相反，安置房居住面积比原来小了，庭院和道场没有了，居住条件反而恶化，加上公寓式住房将来还要交水电费、物业管理费，更提高了生活成本。

第二，由于村庄整治及建设新型农村社区往往需要庞大资金。一般投资数亿元才能建成一个容纳 5000 人口规模的新型农村社区，有些地方就出现了政府指标交易收入只能覆盖集中居住点的基础设施，但无法覆盖建房成本的情况。结果是被集中居住的农民还要自己掏钱买房，甚至可能花掉多年打工的积蓄。据中国社科院农发所（2013）在河南的调查，在新型农村社区建设中，修建新房的费用主要由农户承担，该调查收集的279个农民拆旧建新总支出有效样本数据显示，参与拆旧建新农户拆旧建新平均负担14.03万元/户，其中建新房支出约占79%，新房装修支出约占21%。①

第三，在一些地方推行的大规模、运动式整村拆迁中，被拆农民住房中有相当部分是质量较好的砖瓦结构房屋且常年有人居住，拆迁必然带来资源浪费。尤其在北方平原地区的农村，农民居住本来已相当集中，但地方政府为获得建设用地指标，要求集中上楼，致使百姓很不满意，完全违背了改革的初衷。

第四，还存在宅基地复垦后耕地质量低下的问题。据我们调查地区的部分干部、群众反映，拆旧村带来的耕地肥沃程度不如熟地，而生地变为熟地需要3—5年的时间。如果采取施加有机肥等措施，可以缩短这个过程。但由于拆旧初衷并不是为了土地质量及粮食生产，因此很多地区并没有提高生地质量的措施。

最后，各地出台的宅基地换房政策中，虽一再强调要充分尊重农民意愿，但实际操作中有不少地区并没有做到。在地方政府获取建设用地指标来推动城市和工业发展的强烈激励下，很难相信“搬还是不搬”对拆迁复垦所涉及农民可以成为一个自愿的选择，甚至以断水、断电等方式强迫农民集中居住的例子也屡有出现。

实践中，“增减挂钩”政策也出现了从原来严格试点，到近年来不断松绑的趋势。2011年国土部曾在《关于严格规范城乡建设用地增减挂钩试点工作的通知》中明确规定挂钩指标不能跨县。2016年则出于扶贫考虑允许集中连片特困地区与国定贫困县的指标在省域内调节使用，各地积极响应。其中，河南推出了贫困县宅基地复垦券，将扣除安置用地后的结余指标拍卖交易。复垦券的收益扣除复垦成本后返给原土地权利人。2018年增减挂钩进一步突破了省域限制。②应该说，允许增减挂钩指标的跨省交易是一个进步，但如前文所述，仅通过“增减挂钩”同时实现保护耕地与为城市发展拓展空间的目标，

---

① 中国社会科学院农村发展研究所课题组．土地综合整治促进城乡统筹发展作用调查研究[R]，2013.

② 2018年3月，国务院下发《城乡建设用地增减挂钩节余指标跨省域调剂管理办法》，允许增减挂钩节余指标跨省域调剂。但仍施加了较为严格的限制条件，直辖市基础设施建设可以申请节余指标，而其他补充耕地严重不足的省份，则只有重大项目建设的耕地缺口才可以申请节余指标，而重大项目建设原则上限于“交通、能源、水利、军事、国防等领域”。

经常容易出现过度推动，未必是中国建立土地发展权指标市场并保护耕地资源的最佳政策组合。

3.2 建设用地指标产生的双轨制："浙江模式"

那么有没有一种方式可破解上述为解决建设用地指标而过度推动"增减挂钩"带来的各种问题？除"增减挂钩"外，我们认为农地整理折抵建设用地指标的"浙江模式"① 值得全面总结与推广。

顾名思义，"农地整理"就是通过对农地，包括对田、水、路、林、村综合整治，归并零散地块等措施，在加强农田水利设施建设、提高既有耕地质量的基础上，同时增加有效耕地面积。

在中国农村增加耕地有两种途径，一种是农地整理，一种是农村建设用地复垦，特别是宅基地复垦，两者都可统称为土地整理。目前推动的"城乡建设用地增减挂钩"属于第二种增加耕地面积的方式。由于中央国土管理部门只允许通过第二种方式获取建设用地指标，大部分地方政府只好通过城乡建设用地增减挂钩来操作，但浙江省曾经突破过这个限制，采用第一种方式获得建设用地指标。

为解决建设用地指标不足及地方政府缺乏农地整理激励的问题，20 世纪末以来，浙江省开始推行"土地整理新增耕地折抵建设占用耕地指标"政策。这项政策的要旨，就是土地整理新增有效耕地的72%可以折抵为建设用地指标。为鼓励农地整理资源丰富但建设用地指标需求不大的县市推动农地整理，浙江省还出台了一系列政策，允许通过土地整理新增耕地折抵的建设用地指标跨县市有偿调剂。

由于每亩建设用地的指标费基本可以抵消农地整理的成本，这一政策也就同时解决了农地整理资金筹措和经济发达地区建设用地指标不足两个问题。2000 年以来，浙江省的折抵指标市场运行良好，有利推动了农村土地整理工作。截至 2004 年底，浙江省就通过土地整理建成了 1000 多万亩超过基本农田质量的标准农田，并通过折抵指标为省内发达地区腾挪了 30 万亩建设用地空间。实际上，上述"浙江模式"与前述"城乡建设用地增减挂钩"改革的差

---

① 关于浙江模式的详细考察，参见汪晖，陶然．论土地发展权转移与交易的"浙江模式"——制度起源、操作模式及其重要含义［J］．管理世界，2009 (9)。

别，就是除了宅基地复垦新增耕地同比例置换建设用地指标外，还另外规定农用地整理新增有效耕地的72%可以折抵为建设用地指标。

在我们看来，上述多元化产生建设用地指标的“浙江模式”，不仅对耕地保护本身，而且对中国全面实现农业、农村现代化具有非常重大的价值。这套土地发展权制度创新的优点，就在于它没有另起炉灶推翻现有建设用地计划管理体系的基本框架，而是在接受基本农田保护任务与耕地占补平衡要求的基础上，创造性地引入市场机制跨区配置土地发展权。实际上，较之宅基地复垦折抵建设用地指标的政策，“农地整理新增耕地折抵建设用地指标”政策有以下几个明显的优势。

首先，农地整理成本平均而言大大低于宅基地复垦，避免社会资源浪费；宅基地复垦还需要很高的搬迁成本，但农地整理主要是土地平整和农田水利基础设施建设的成本。

其次，农地整理可有效改善农业基础设施，提高农地质量，真正对农民、农业有利，更有利于实现耕地保质、保量的目标。

最后，农地整理不影响农民生活生产，反而有助于增加耕地数量和质量，不仅不会带来农民之间的矛盾，还因做大蛋糕而有助于缓解农民之间就土地分配可能产生的矛盾。与后面还要谈到的农地确权新思路结合起来，农地整理还有助于解决现有农地确权政策带来的各种主要矛盾。

虽然有上述诸多优势，但“浙江模式”一开始就受到质疑，甚至有部分政府官员认为是钻了中央政策模糊的空子。为什么会出现这些质疑与看法呢？1999年国务院颁布的《土地管理法实施条例》第18条规定：“土地整理新增耕地面积的百分之六十可以用作折抵建设占用耕地的补偿指标。”这里的关键是该条款中的“补偿指标”概念非常含糊。在中国，农地要转为建设用地，不仅需要上级下拨的建设用地指标，还需要满足耕地占补平衡（本质上也是一种土地发展权指标），缺一不可。耕地占补平衡可以通过农地整理（一般可以增加10%左右耕地数量，各地有差异）、土地开发和土地复垦等措施来实现，但地方政府往往选择那些比农地整理成本更低但生态上也往往更不利的措施，比如开荒、开发滩涂乃至填湖、填海造田，以实现“耕地占补平衡”。因为相比于开荒等方法，农地整理的成本较高，地方政府因此缺乏激励。但浙江省的农地整理新增耕地折抵建设用地指标政策，同时解决了地方政府农地整理缺乏激励和建设用地指标需求难以满足这两个问题。

应该说，“浙江模式”的政策基础其实来自中央文件，即国土资源部1999年的《关于土地开发整理工作有关问题的通知》（国土资发［1999］358号）。该文件第三点标题为“执行好‘百分之六十折抵’政策，鼓励投资者整理土地”。但出于控制建设用地总体规模的考虑，国土资源部很快又解释认定该条款中“土地整理新增耕地面积的百分之六十可以用作折抵建设占用耕地的补偿指标”的含义是，土地整理新增耕地的百分之六十可以用来补充建设占用的耕地，也就是说只能用于耕地占补平衡。

仔细分析后表明，国土部的上述解释显然是自相矛盾的。如果这里理解“土地整理新增耕地”可用于建设占用耕地的补充来源（即占补平衡），为何还要有60%的规定？因为按照现行法律法规，垦造、复垦或者土地整理的新增耕地，只要质量达到要求就全部可以用于补充建设占用耕地。因此，浙江省对此理解为折抵建设用地指标，显然是合理的。可惜的是，上述合理的政策理解与操作在浙江试验过一段时间之后，于2007年被叫停，2009年全部终止。与此同时，以“城乡建设用地增减挂钩”为政策支撑的复垦农村宅基地与大规模集中居住却在全国运动式地展开。

如果控制建设用地总规模的最终目标是为了保护有限的耕地资源，如果农地整理能够在提高存量耕地质量的同时还可以新增耕地数量，为什么就不能折抵部分建设用地指标？为什么要叫停这样的好政策？毕竟，与有些地方过度推动宅基地复垦并强制集中居住的做法相比，农地整理无论如何对农村、农业和农民都是有益无害的投资。

我们认为，浙江结合“撤村并居”与农地整理二元机制产生建设用地指标，是对传统建设用地计划管理模式的重要完善和重大创新，不仅能在推动农村适度集中居住的同时，减少过度“撤村并居”带来的各种问题，还可以通过农地整理新增耕地数量并提高耕地质量。因此，以宅基地复垦指标与农地整理折抵指标的两元化方式新增建设用地指标并推动跨区交易，应该是未来中央耕地保护政策调整的主要方向。这可使地方政府结合本地宅基地复垦与农地整理的相对成本—收益测算，在农民集中居住与农地整理之间取得适当平衡，在农村居民点建设的现代化与农业基础设施的现代化之间取得平衡。

3.3　耕保制度与“浙江模式”下的三类土地发展权跨区交易

实际上，“浙江模式”在土地发展权转移与跨区交易上的创新还要超过

“农地整理折抵建设用地指标”。为进一步说明这个问题，必须了解中国现行耕地保护制度包含的三个核心内容，基本农田保护制度、农地转用计划管理和分级审批制度。这三个内容分别对应着三种可转移与跨区交易的土地开发权，即耕地占补平衡指标，基本农田保护率指标（各省保护率不同，但均需超过法定耕地的80%），以及建设用地指标。如前所述，其中的建设用地指标除中央下达的计划指标外，还可以采用国土部门现行“城乡建设用地增减挂钩”方式，以及浙江一段时期内推广的“农地整理折抵指标”两个途径产生。

自1999年起，浙江省就上述三类土地发展权发展出一整套系统的土地发展权转移和交易模式，陆续出台了以“折抵、复垦指标”“待置换用地区”为基本要素的“区域内土地发展权转移”政策体系；同时，通过创造性地引入土地发展权跨区交易的市场机制，浙江省建立了以“折抵指标有偿调剂”“基本农田易地代保”“易地补充耕地”为主要内容的“跨区域土地发展权交易”政策体系，最终形成了一套我们称之为土地发展权转移与交易“浙江模式”的系统化政策体系。①

浙江的这套政策体系不仅通过农地整理新增耕地折抵指标调动了地方政府农地整理的积极性，使得浙江可以在充分尊重农民意愿的前提下稳妥而不是过度推进“城乡建设用地增减挂钩”政策，而且让浙江可以在省域范围内全面满足耕地占补平衡与基本农田保护率指标的前提下，为省内发达地区提供城市扩张所需的各类土地发展权指标。由于指标交易产生的收入本质上来自城市化过程中城郊农地转化为非农用地的土地增值，所以土地发展权的跨区交易就有效地实现了土地涨价在更大范围内的归公，实现了城市化与农业现代化，城市化与农村发展、农业规模经营的同步推进。

---

① 在中国目前的耕地保护制度下，一个地区要真正利用一块建设用地，必须同时满足“土地利用指标”“基本农田保护”和“占补平衡”三个条件，但就某一个行政区域而言，在本区域范围内的特定建设项目可能无法满足其中的一个、两个或者所有条件。如果我们把这三个条件称为土地发展权的“权利束”的三个互补性要素，那么在浙江进行的土地发展权转移和交易的改革实践，就是通过建立“折抵指标（复垦指标）有偿调剂”“基本农田易地有偿代保”和“耕地易地有偿补充”这三个配套制度体系，把这个整体“权利束”的三个要素分立地实现了跨市、县的交易市场化和省内的优化配置，从而在保证跨区土地开发权初始分配平等化的基础上，通过市场化机制降低计划用地管理体制下无法识别土地边际产出区域差异的信息成本。对这个体系的详细介绍与操作，参见汪晖，陶然．论土地发展权转移与交易的“浙江模式”——制度起源、操作模式及其重要含义［J］．管理世界，2009（9）。

在本文后面两部分，我们将提出一个整体改革思路以破解中国农区土地制度改革面临的困局。这个思路的本质是在全面建立各类土地发展权转移与跨区交易市场的同时，以渐进式农村土地国有制为基础，推动农村各类土地永久使用权的市场化，简称为“农村土地国有制下的土地发展权转移与使用权市场化”。

4. 以土地发展权跨区市场体系建设推动农村土地整理与确权

本部分将基于浙江与其他地区的相关改革经验，提出在不触动现有中国耕地保护制度基本框架的前提下，建立四类土地发展权转移与跨区交易市场增加耕地保护制度的弹性，并为农村土地整理提供制度平台。

具体而言，在既有“城乡建设用地增减挂钩”的实践基础上，以浙江经验为基础，允许以农地整理新增耕地“折抵建设用地指标”并实现跨区交易，同时在全国范围内推动浙江曾经行之有效的“基本农田易地代保”与“易地补充耕地实现占补平衡”两个制度。如是，就可以在不改变中国耕地保护体制既有框架的前提下，建立起一个包括“跨区折抵指标调剂”“跨区乡建设用地增减挂钩”“基本农田易地代保”“易地补充耕地实现占补平衡”为基本内容的四类土地发展权转移与跨区交易市场化。地方政府则可以利用这四类指标交易的收益，推动农地、宅基地有效整理，有条件的地方可以把土地确权与土地整理结合起来，实现低成本确权。

4.1 以农村土地全面整理助推土地有效确权

如本文第2部分所述，从当前中国农村的确权实践来看，如果按照实际面积计算，仍有将近半数农地未完成确权。而且确权后由于不能买卖，也缺乏抵押价值。宅基地确权的情况也类似，目前情况下的确权，无论是农地还是宅基地，都存在收益不高而矛盾不小，确权后难以交易与抵押，因此意义非常有限的问题。

基于以上理由，我们认为在农村土地确权工作上也不能急于求成，各级政府必须在做好顶层设计的基础上充分准备，循序渐进开展确权工作，为有效确权创造必要前提，才能在确权后真正实现土地可交易、可抵押，让确权经得起历史的考验。

既然解决农地细碎化的一个关键措施是农地整理，既然农地整理是在科学规划和设计的基础上，通过土地权属调整，能够实现“田成方、路成框、树成行、沟成网”的新型农业生产布局，那么农地整理就是通过建设高标准的农田改变农地细碎化现状，实现农业规模经营和农业基础设施改善，并最终提高农业生产力的最有效手段。因此，在农地整理基础上再进行农地确权，不仅有利于农业生产，更因为可以通过“做大蛋糕”全面缓解农地确权中出现的各种矛盾。

具体而言，如果农地整理可以同时提高耕地数量与质量，那么在确权中就应以“做大蛋糕”的方式大幅度缓解本文第2部分所说的确权过程中的各种矛盾，摆脱在有限存量上进行“零和博弈”带来的困局。实际上，在“十二五”期间，中国的农地整理平均增加耕地数量3%～5%（1000万亩以上），而经整治后的耕地质量平均提高1个等级、亩产平均提高10%～20%，这就实际上相当于增加了15%～20%以上的耕地面积，按“十二五”期间整理5亿亩耕地计算，相当于增加了7500万到1亿亩耕地。[①]而根据“十三五”规划，还将通过整理土地建立4亿～6亿亩高标准农田，光农地整理本身就有望补充耕地900万亩。因此，随着农地整理逐步完成后再跟进推动农地确权，就不仅可以缓解现在确权实践中的大量矛盾，而且有助于在确权时直接推动连片确权，而不是现在的破碎化确权，防止出现“反公地困局”，阻碍农业实现适度规模经营与农业竞争力提高。

宅基地确权的问题也有类似的道理。即使不少地方政府过去曾经因过快推进“城乡建设用地增减挂钩”带来了很多矛盾，也不说目前很多“一户多宅”情况下进行确权缺乏法律依据，考虑到中长期推动农村居民点集中并更有效地提供公共服务还是一个大趋势，那么现在过快进行宅基地确权反而可能给未来农村社区公共服务逐步向城市看齐制造障碍。事实上，如果未来要进一步完善与健全“城乡建设用地增减挂钩”制度而不是废除它，那么一些地区不如等集中居住基本完成后再推动没有集中的剩余宅基地确权，或者一些地区农民集中居住后，宅基地概念也将不再适用，这时只需在明确相应土地性质的前提下对住房予以确权。从这个意义上说，农区宅基地确权也不应该急就章。

4.2 以四类土地发展权转移与跨区交易推动农村土地整理

如前所述，在“浙江模式”基础上，用农地整理新增耕地折抵部分建设

---

① 以上数据来自作者根据国土资源部与国家发展和改革委员会2017年1月发布的“全国土地整治规划（2016—2020年）”进行的测算。

用地指标，将迅速且有效地调动地方政府和农民自身进行农地整理的积极性。而这些折抵建设用地指标通过跨区交易获得的收入，完全可以用于农地整理并覆盖整理后的农地确权经费，此时因整理后的农地质量、数量都会提升且连片，将大幅降低农地确权成本。

我们认为，在不触动既有耕地保护制度基本框架的前提下，即使不考虑中央计划下达的建设用地指标，中国也还可以建立四个相互关联但又可分立的土地发展权转移与跨区交易市场，带来非常可观的多种土地指标交易收入。中央政府完全可以在总结“浙江模式”经验的基础上，培育“农地整理折抵指标跨区交易”“增减挂钩指标跨区交易”“基本农田易地代保”“易地补充耕地实现占补平衡”四个土地发展权市场并推动跨区交易，而由此产生的各类指标收入可以整合在一个大的资金盘子中，用于农地整理、农地确权、农民集中居住。结合中央政府的三农支出，未来还可以用于村集体按照一定评估规则购买那些到城市打工、定居的外出人口在农村遗留的农地，再无偿分给那些留在农村的人口。上述措施相结合，就可以在农地整理与宅基地复垦之间取得平衡，在发达地区经济发展与欠发达地区获得发展权收益之间取得平衡，最终全面、持续地提升农民务农收入，提升农村生活设施与公共服务水平，并缓解城镇化过程中的城乡矛盾，实现耕地保护与城市建设并举、农业现代化与农村建设现代化协调发展的目标。

这里一个自然要追问的问题是，基于中国耕地保护制度以及包括浙江在内的各地土地发展权指标交易实践，建立本文提出的多个跨区指标交易市场并以指标收入推动农村土地整理到底有多大潜力？这个问题的答案，显然不仅取决于这些指标跨区交易数额能达到什么规模，也取决于全面推动这些政策前，各级政府现有各类土地整理投入乃至各类支农投入有多大，改革后可以节省多少投入，以及政府未来有多少资源可更有效地投入农业与农村，甚至还取决于土地改革可以吸引多少社会资本进入农村土地开发。

这显然是一个极难给出理想答案的问题，即使只测算几类土地发展权指标收入的难度也很大。毕竟这些指标的市场价值会随经济周期、城镇化进程以及用地需求变化出现很大波动。但从“浙江模式”运行的10年经验看，不仅通过“跨区土地发展权市场交易”实现了全省整体耕地资源有效保护，还为省内相对欠发达地区的财政提供了大几百亿元的支持，走出了传统土地指标计划管理体制必然面临的“平等与效率”两难，不同地区也在耕地保护与经济发展之间找到了平衡点。

虽然很难估计推动全国范围内“农地整理折抵指标跨区交易”“增减挂钩指标跨区交易”“基本农田易地代保”“易地补充耕地实现占补平衡”四类土地发展权指标跨区交易可能带来的收入，但我们还是可以从“十二五”期间农村土地整治与“增减挂钩”两方面的总投入水平做一个大致推断。“十二五”期间，全国各地土地整治（包括农地整理）累计投入资金5500多亿元（其中农民参加土地整治劳务所得合计超过1100亿元，惠及1.01亿农民，项目区农民人均新增年收入900多元）。这里土地整治的资金来源主要是新增建设用地有偿使用费与耕地开垦费，后者规模较小，主要用于占补平衡和低丘岗地改造，前者主要用于基本农田改造和整体推进项目，土地整理的重大工程项目由国家和地方共同出资。此外，“十二五”期间开展增减挂钩累计投入资金也达到了6000亿元，主要用于加大对农村散乱、闲置、低效建设用地整理。因此，“十二五”期间仅上述两项年均投入就超过2000亿元。①

如果推动本文提出的四类土地发展权指标跨区交易，那么目前为进行农地整治而收取的新增建设用地有偿使用费与耕地开垦费就可以停止（或考虑直接进行计划建设用地指标的全国市场化拍卖并成立全国土地整理基金），未来只需用各类土地发展权指标收入来充分调动地方政府与农民的积极性，就可以全面且更高效地实现中国政府制定的耕地保护目标。相比于目前的（不同类型土地发展权）分割式、（发展权交易）区域化的操作模式，是一个重大改进。

为什么本文的政策建议对现状是一个重大改进？不妨将我们的政策建议与当前流行的少数地方也准备推行的“宅基地指标异地换户籍”政策进行比较。我们明确反对这个政策，主要是出于如下两个原因：首先，这个政策只覆盖了建设用地指标，也不完全是市场化操作，并不是本文提出的四类相互关联又可以分立的土地发展权指标的市场化与跨区交易体系。其次，也是更重要的，这个方案会导致土地利用指标跨区配置的低效率。从理论上看，建设用地指标跨区交易有利于提升土地利用效率，但这种指标交易应该是一个单独建立的市场，使交易指标的多个买方和多个卖方通过市场寻求均衡价格，这样做才是最

① 参见国土资源部与国家发展和改革委员会2017年1月发布的《全国土地整治规划（2016—2020年）》。

有效率的。而如果把它与户籍捆绑起来操作，只会降低建设用地指标交易市场运行的效率。例如，江苏、浙江农民去上海打工，按照宅基地指标异地换户籍的方式就不得不复垦江苏、浙江农民宅基地，以获得建设用地指标。但从经济效率上看，相对于江苏、浙江的宅基地复垦，一些以农业为主的地区，如安徽、黑龙江的宅基地，其占地面积往往更大，而住房建筑面积更小，投资更少，每单位面积宅基地复垦的成本要远远低于江苏、浙江宅基地复垦的成本。如果建立一个单独的建设用地指标跨区交易，上海就一定会去安徽、黑龙江购买宅基地复垦指标，而不会去江苏、浙江购买。换句话说，从社会最优角度来看，拆迁江苏和浙江的宅基地复垦并置换用地是一个次优选择，而宅基地指标异地换户籍则锁定了这种选择。进一步讲，由于人口迁移和土地利用不是线性关系，特大城市土地利用集约度更高，人口吸纳能力也更强，但未必需要与所吸纳人口同比例的土地，这样“宅基地换户籍”政策就很难实现供求均衡。①

4.3 建设用地指标交易的“双轨制”与渐进并轨

让我们再回到四类土地发展权中最重要的建设用地指标，说明未来进一步改革的路径选择。当前，各地政府的建设用地指标主要通过中央层层下拨这个“计划轨”来完成，当然各地也通过“城乡建设用地增减挂钩”获得了部分计划外建设用地指标。如前所述，如果未来可以推广浙江的“农地整理折抵建设用地指标”政策，那么该指标就能与“增减挂钩”指标一起，形成一个建设用地指标的“市场轨”并实现跨区交易。

事实上，由于目前中央下拨计划用地指标时过于重视区域之间的相对平衡，很容易导致发达地区用地指标往往严重不足。在这个背景下，21 世纪一段时间内中国跨省的土地指标交易曾有所发展。换句话说，这种建设用地指标的“双轨制”早就出现过，只是在出现后不久被国土部叫停。而之所以要叫停这类跨区的建设用地指标交易，主要原因也并不是出售土地指标的地方政府

---

① 就我们观察到的情况看，所谓“宅基地指标换户籍”仅在重庆、浙江等地小范围区域内置换，难以解决“异地进城”问题，因为它首先需要一个跨区的土地开发权交易市场作为制度前提，而一旦跨区的土地开发权交易市场建立之后，人口流动带来的土地利用跨区调整问题就可以很好地得到解决；而搭配人口流入地城市的城郊村民给外来农民工盖出租房解决户籍改革中最困难的住房问题之后，这两个市场足以解决“异地进城”问题，并不需要再将“宅基地权利”与“户籍”挂钩。从可行性上看，这两件事完全可以用两套机制分别应对；从必要性上看，将这两者挂在一起反而会带来侵害农民财产权利的风险。

在土地复垦、整理方面造假，而是因为如果允许指标跨区交易，将大大弱化国土部门，尤其是中央国土部门的指标配置权。实际上，在上述跨省指标交易被叫停后，地方政府在土地复垦方面的造假冲动甚至还有增无减。

与此相似，农地整理折抵指标的“浙江模式”，之所以2009年后被彻底终止，是因为如果允许这个模式在全国推广，各地政府都会有很大积极性自己投入资金推动农地整理，这样不仅会削弱国土部门的指标配置权，而且会影响后者对新增建设用地有偿使用费中央部分（30%）的控制。

经过多年持续的超高速财政收入增长，中国包括一般公共预算、政府性基金及社会保障在内的全口径财政收入占GDP的比重已经达到较高水平（与美国目前的水平相近），财政继续保持超高速增长的潜力不大。过去相当一段时间内，中央政府通过农作物良种补贴、种粮农民直接补贴和农资综合补贴（2016年后合并为农业支持保护补贴）等方式，对农业生产进行大规模投入。虽然这些补贴政策对稳定农民收入有所助益，但也给各级政府带来了较大的财政负担，更强化了中国与国际主要农产品的价格倒挂，最终并没有提升反而降低了中国农产品的竞争力。

为妥善解决2018年开始的中美贸易纠纷，中国未来势必大幅度增加对美国甚至其他国家的农产品进口。在这种情况下，继续对国内主粮、饲料生产进行持续的大额财政补贴，已不再可行。此时，逐步削减政府对农业生产补贴，并大幅度调整政府的支农支出方向势在必行。

我们认为，除了充分利用本文提出的土地发展权跨区交易收入来激活农村土地整理与整治之外，各级政府也应该考虑对现有支农财政支出的投向做出重大调整。为了配合土地发展权市场化所获收入，政府应该将财政支出的重点转移到支持农业、农村的生产与生活基础设施上，转移到农村社会保障事业上。这些财政支出的最终目标是，通过对农业与农村基础设施建设给予财政奖补，通过建立土地市场化后的相关社会保障体系，在农村人口大量外迁、农业土地整理的基础上逐步推动农业规模经营，提升中国农产品竞争力，同时降低农产品、农地市场化对少数农村弱势群体带来的潜在风险。最后，政府还需要调整政策，改变目前大量农村外迁人口“离乡不放土”的不利局面，而这也需要各级政府利用土地发展权交易收入、部分城市土地出让金收入以及财政支农资金，去购买农村永久外迁人口留在农村的土地，然后转移给务农人口，提高后者的农业收入。

对本文提出的全面建立各类土地发展权指标市场并推动跨区交易的建议，一个可能的反对意见是中国经济目前整体上处于去杠杆的阶段，地方对土地指标的需求已不像过去那么旺盛。此时，是否还有条件把“多元化培育土地发展权指标市场并开放指标跨区交易”作为改革中国当前集权式土地指标管理体制的突破口？确实，过去十多年中国的快速城镇化与工业化的确让一些地方政府储备了大量土地，尤其是很多工业用地利用效率低下，采取集约利用措施后可以腾退出大量不再需要指标的建设用地，所以土地指标已不再像以前那么紧缺。①

但即使总体来看地方政府手中仍然握有较多城市存量土地，整体房地产供给也有过剩情况，中央政府还是应该推行建设用地指标的如下“双轨制改革”：首先通过“城乡建设用地增减挂钩”与“农地整理折抵建设用地指标”两种方式，为地方政府新增建设用地指标，在此基础上推动建设用地指标的跨区交易。而随着建设用地指标跨区交易的比例逐步提升，就可以逐步缩小中央下拨的计划轨指标。最后，等各地城镇化空间范围趋于稳定时，中央可以考虑逐步退出建设用地的计划指标管理体制。

只要政府认为耕地保护制度不可或缺，既有耕地保护的目标不能妥协，那么以本文提出的市场化指标交易体系就一定比当前体制能更有效地配置土地指标，在全国范围内更好地完成耕地保护任务。

实际上，即使全国各类土地发展权指标总体上并不稀缺，但各地工业化、城镇化很不平衡，区域之间土地发展权指标的稀缺程度也必然有很大差异。不少沿海发达地区以及内地少数大中城市，发展潜力仍然较大，而且也并非所有城市都存在严重的房地产泡沫。在一些土地供给相对分权也比较充分的地区，泡沫化问题并不严重（如在广东中山、东莞等地，乡镇政府都有一定的土地

---

① 按这种思路，中国如果要去杠杆，应进一步全面集权：通过收紧银根截断土地财政运转的资金链，刺破房地产泡沫；还有严控新增建设用地审批，对已审批的计划则直接压缩。即使上述思路能有效压缩房地产泡沫，也同时会带来两方面的严重后果：首先，地方土地收入大幅下降，大批房地产企业倒闭，甚至引发金融、经济系统的连锁反应，最终引发系统性风险；其次，随着土地管理的全面集权化，土地指标乃至建设用地本身作为一种生产要素通过市场交易更有效配置的目标将更难以实现。总体来看，上述直接紧缩银根、土地指标管理进一步集权并刺破房地产泡沫带来的风险实在太大，不仅中国经济难以承受，中央政府也难以承受。而本文提出的“双轨制”，配合我们就利用集体土地建设出租屋的改革建议（史晨，陶然，2018），则可以有效降低中国经济未来去杠杆过程中可能出现的重大风险。

供应权）。在这种情况下，“一刀切”地实施紧缩性土地调控，就会损害这类仍有发展潜力地区的城镇化进程；而不顾地方条件的“一刀切”，风险最后会全面传导到金融系统和中央政府。

与此相反，还存在第二类地区，大多分布在内地尤其是三四线城市，不仅政府土地储备过度，地方已供应出去的土地也严重过剩。即使中央不硬性压缩，去杠杆后地方的工业投资和商住地产销售也自然会大幅度萎缩，地方政府将不得不大幅下调土地供给。此时，地方土地出让金收入将迅速下滑，前期大规模基建投入也难以收回，地方政府肯定会面临债台高筑的局面。

此时，中央恰恰应该允许第二类地区的地方政府将已征用但尚未配套基础设施的土地重新进行农业开发。如果地方政府承诺给失地农民的补偿还没有到位，可以考虑在引入商业资本进行农业开发后给失地农民一些“农庄股份”作为补偿。更重要的是，应该允许第二类地区的地方政府将因此收回的土地指标投入跨区指标交易市场，然后用指标出售收入弥补部分财政亏空。

上述改革的实质，就是在中央层面推动建设用地指标配置“双轨制”。这类跨区建设用地指标交易市场建设有利于推动全国性的市场化地价机制形成，从而打破建设用地本身由城市政府的行政性垄断；它也有利于中央政府识别各地的真实用地需求，通过对这个市场调控（如改变宅基地复垦或农地整理新增耕地和建设用地指标的折算比率等），中央政府就可以实现城市建设用地上“有保有压”的弹性紧缩。

而一旦推动这个措施，中央就可随跨区交易指标的增加，逐步缩小目前通过国土部逐级下拨的计划指标，国土管理部门也就能将其工作重点从行政配置用地指标，逐步转移到建设并管理全国范围内的四类土地发展权指标跨区交易市场，转移到指标交易前后监控宅基地复耕、农地整理后耕地的质量与数量，转移到监督地方是否认真完成了“基本农田易地代保”“易地补充耕地实现占补平衡”。虽然改革弱化了国土部行政配置用地指标的权力，但同时也赋予国土管理部门建设与管理各类发展权指标市场以及监控地方获取开发指标过程中是否切实完成耕地保护的权力。

上述改革的要义，就在于放开土地指标的市场轨，短期内仍保留既得利益的计划轨，但可以考虑允许计划指标进入市场轨交易。为了激励国土部门配合改革，还可以考虑直接在全国层面拍卖计划轨指标，并以指标交易收入成立国土部门管理的“全国土地整理基金”，替代现有的新增建设用地有偿使用费与耕地开垦费。此外，为减少改革阻力，还可以赋予国土部门建立全国性多类型土地发展权指标交易市场以及控制指标交易总量与指标分类调控的权力。

为了进一步打通城乡土地市场，同时激励相关部门推动改革，本文下一部分将提出，中央政府应该认真考虑以渐进方式推动农村土地国有制，在全面加强国土部门对农村土地用途管制与耕地保护的基础上，赋予传统农区的农民农地与宅基地的永久土地使用权，并在此基础上逐步推动使用权市场化交易与流转。

5. 渐进式推动农村土地国有制并赋予农民充分的土地使用权权能

我们认为，与土地开发权指标交易改革相配合，为建立统一的城乡土地市场，中央目前应认真考虑在推动经过整理、整治后的农地、宅基地使用权确权的同时，进行所有权国有化改革，在一定规模上限的约束下，逐步放开农地与宅基地的永久使用权市场化流转，配合城郊集体建设用地入市制度（也推动国有制，但同时赋予城郊村民部分土地开发的权利）的改革，全面实现城乡土地市场一体化。

中国经济发展到当前阶段，现行集体土地所有制对推动农业与农村现代化，对实现“以人为本”的新型城镇化，客观上已经起到了严重的阻碍作用。也正因如此，农村土地改革中的所有制问题不仅不能再回避，而且应该成为未来农村土地改革的核心。

如本文第2部分所述，农村土地的集体所有不得不赋予村民在农地、宅基地使用上的“成员权”，这个体制看似公平，实际运行的结果却是农村内部人口变动不断带来农地调整压力，也不断导致宅基地过度占用宝贵耕地。更糟糕的是，不管是原来的“两权分离”，还是现在的“三权分置”，农地和宅基地的抵押与市场化交易都难以有效实现。结果必然是不管如何确权，都会出现确权成本过大、矛盾突出，确权后收益过低，确权基本没有实际意义的严重问题。

由于无法进行有效的抵押与买卖，无论是与国有制还是与私有制相比，农村土地集体所有制实际上成了资源配置效率更低的制度安排。即使从公平角度看，考虑到中国大批农村人口已向城市实现永久迁移并取得了比农村高两倍以上的收入，为他们中的大部分人继续保留农村宅基地与农地本身就会带来外出迁移者与留守农村者之间极大的不公平。因此，要真正实现中央提出的“乡村振兴”以及“以人为本”的新型城镇化，集体所有制必须改革。

鉴于土地私有制在中国当前并不具备可行性，与其保留农村土地的集体所有制，还不如逐步推动农村土地的国有制。这样不仅可以规范与强化国土部门对农村土地的用途管制，而且能以此为基础赋予农民对农地、宅基地的永久使用权，并全面推动这些永久使用权的全面市场化。

用一个例子进行类比有助于说明农村土地所有制改革的重要意义。虽然中国城市土地是国家所有，但只要给予足够长的国有土地使用权年限，建筑在国有土地上的私有住房市场就完全可以建立并有效运作起来，在拉动经济增长的同时，也为几亿城市居民提供安居之所，甚至可以为全社会提供投资机会。相似地，在全面推动农区农地与宅基地所有权国有化之后，通过“先整治后确权”并赋予原集体成员可交易、可抵押的永久使用权，就可以为中国农业、农村的发展，为特色小镇建设，为乡村振兴奠定良好的制度基础。通过这个改革，可以有效实现农村土地的“国有私用”或“国有永佃”，同时避免集体所有制下土地利用效率低下又难以保障公平的“双重诅咒”。

有意思的是，改革开放以来中国在立法上已有过两次要把农村土地国有化的尝试，但因为种种原因都没有最终实现。第一次是 1982 年宪法修改时，不少委员要求规定农村土地收归国有，其主要理由是，如果不国有化，国家征地会遇到土地所有者的漫天要价，妨碍经济和国防建设，但由于一些领导同志认为这样会带来过大震动而没有实现。[①] 第二次是 1986 年制定《土地管理法》时，草案“明确规定集体所有制土地为乡镇公有”“劳动群众所有制土地，为乡镇公有”。对此，许多常务委员和 19 个省、自治区、直辖市不同意，认为农村集体所有土地改为乡镇所有，可能在农村中引起波动；有的提出，改为乡镇所有，等于宣布国有，对农民震动太大，农民还是把土地当作命根子，这样改，接受不了。最后规定“集体所有的土地依照法律属于村农民集体所有”。[②]

---

① 参见许崇德．中华人民共和国宪法史［M］．福州：福建人民出版社，2003：679-682。对此，胡乔木代表宪法修改委员会秘书处解释说，规定农村土地国有会引起很大震动，国家除了动荡将得不到任何东西。后来仍有委员要求规定农村土地国有。对此，彭真虽赞成土地都归国有，但认为应采取渐进的方式，先把城市土地定为国有，郊区和农村的土地定为集体所有，震动小一些，先笼统点，作为过渡；杨尚昆也认为宣布国有震动太大。最终，宪法只规定城市土地国有，农村和郊区土地集体所有。

② 宋汝棼．对集体所有的土地的所有权应当如何规定——审议土地管理法草案时的不同意见［M］//宋汝棼．参加立法工作琐记．北京：中国法制出版社，1994：120-125.

实际上，学术界也早就有“农村土地国有制”的相关意见。比如，吴敬琏课题组早在1988年出版的《经济体制中期改革规划纲要》① 第四部分“部分价格的调整和市场培育的起步”中就提出，要“改革原有土地制度，着手建立现代土地管理制度。当前的主要措施：（1）成立国土管理机构，对全国土地资源进行分等分级的调查；（2）宣布现有土地包括农村土地的国有制，政府以宏观管理者的身份征收各种土地税，以所有者的身份收地租；（3）允许土地使用权转让，转租费由市场供求决定，政府可征交易税和增值税；（4）在农村实行土地国有化时，应将土地使用权永久性地交给农户，政府保留有偿征用的权利，但当耕地转变为非农用地时，应征收高额交易税和增价税”。显然，上述建议的本质就是“国有永佃”，虽然未直接明确土地使用权包含交易权，但已提出允许使用权转让并获取转租费。

我们认为，逐步推动农村土地国有制并赋予农民永久使用权，同时明确界定包括转让权、交易权、出租权、继承权、抵押权在内的五项使用权权能，② 对改革开放已40年、城乡关系面临关键转折点的中国而言，时机已基本成熟。无论是按照土地类型划分的农村“三块地”（集体建设用地、宅基地与农地），还是按照地理位置划分的传统农区土地与城郊农村土地，③ 都可以在“国有永佃”或“国有私用”的情况下，推动政府合理用途管制下的市场化配置，从而

① 吴敬琏课题组．经济体制中期改革规划纲要［M］//国家经济体制改革委员会综合规划司编．中国改革大思路．沈阳：沈阳出版社，1988.

② 这里的五权概念，参考农村土地国有制度下的越南相关土地制度安排，可参见张千帆．土地管理制度比较研究［M］，北京：中国民主法制出版社，2013。这里的转让权是指从事农业、植树造林的家庭户、个人在如下条件下可以转让土地使用权：移居他处者、转移行业者以及不可能直接劳动者。交易权是指国家交给个人经营土地使用权，在不改变土地用途的条件下可以进行买卖。继承权是指国家交给个人经营农作物生长期短的农业地、水产养殖业地，其使用者死亡后，继承者须根据财产继承法的规定继承。家庭户中的成员，如有死亡者，则其他成员有权继续使用。若家庭户成员全部死亡，无继承人，国家收回土地。抵押权是指农业地、林业地的使用者有权在向国家批准的国家银行、信用组织机构借贷生产时，把土地使用权作为抵押。因生产和生活的需要可向国内的经济组织机构、个人抵押宅地，借贷款项。出租权是指土地使用者由于鲜寡孤独，生活困难，转换行业而生活不稳定或缺少劳动力时，可以把土地出租给他人进行生产，期限不能超过三年。情况特别困难者，租期可延长，由政府规定。

③ 本文主要讨论传统农区的土地制度改革，而改革当前征地制度，推动城郊集体土地以国有化，但赋予作为土地权利人的城郊村村民一定开发权的方式入市，不是本文的重点，相关讨论可以参见史晨，陶然．中国新型城镇化的困局与出路［M］//吴敬琏主编．比较（总第95辑）．北京：中信出版社，2017。

打破当前农村土地制度改革的困局。

我们意识到，尽管学术界与政策部门已屡有动议，在现阶段提出农村土地国有制并赋予农民永久使用权，仍会引发方方面面的争议。本文建议的农村土地国有制，不仅与坚持农村土地集体所有制的当前政策有冲突，也会带来政府在农村土地国有制后如何进行农村基层治理的担忧，还会引发对本已强势的政府在国有制后可能进一步侵蚀农民土地权利的担忧，更可能影响数量庞大的村庄基层干部群体的切身利益。此外，如果推动农村土地国有制，以什么机构行使现有“村两委”的各项管理职能？这个新机构与现有村集体经济组织的关系如何处理？现有村集体经济手上的集体资产又如何安排？在政府基层治理与土地管理进一步“下沉”的同时，如何同时发挥社会组织作用，培育乡村自治能力，并提高地方政府对农村居民的问责度？如果全面赋予村民对永久使用权的各项权能，尤其是交易权与抵押权，是否会出现土地过度集中的危险？这些都是推动农村土地国有制改革必须回答的重大问题，我们在此仅提出一些初步的考虑。

5.1 农村土地国有制与农村基层治理体系

我们认为，只要制度设计合理，推动农村土地国有制改革会得到各方的支持。

首先来看政府。农村土地国有制后，实际上更有利于提升政府在农村土地规划、用途管制、农业与农村基础设施投资、纠纷仲裁、基本公共服务与社会保障等基层治理方面的角色。在传统农区逐步建立向城市居民社区管理水平看齐的农村居民社区，并配套建设完善的基层治理体系，那么执政党在农村的地位不仅不会因为农村土地国有制而弱化，甚至还可以通过土地市场化推动的农业、农村现代化，通过基层治理体系的有效重构而得到强化。特别是农村土地国有制后的使用权市场化，可以在帮助“农民进城”的同时推动“资本下乡”，而劳动、资本要素的双向流动有助于农村土地资源的更有效利用，也将助推当前正在开展的特色小镇、精准扶贫、农村基础设施建设以及城乡公共服务均等化等工作。

其次来看最可能反对这项改革的村干部群体。实际上，农村税费改革之后，很多处于农区、集体资产较少的村集体的支出日益依赖于政府转移支付，村干部也基本成为财政供养人员，村民选举的意义也没有之前那么重要了。在村级财政基本上由政府全覆盖后，村基层治理体制从现有的农村集体管理全面转化为（农村）居民社区管理，并逐步向城市社区管理模式与服务水平靠拢，应该是一个合意的转化。在这类地区，很多基层村干部不仅不会反对，反而会欢迎这种改变。而一旦推动类似城市社区的基层管理体制，打破传统村集体内部选择村干部的约束后，这些农村社区反而可以改变过去相对封闭的人员招聘模式，逐步推动向全社会招聘社区干部与管理人员，逐步提升农村居民社区的管理与公共服务水平。[①]实际上，当中国很多农区过去十年中推动了“增减挂钩”政策后，不少农民已经居住到新建的集中社区，为建立直属乡镇政府管理的农村居民委员会创造了条件。

然后再来看农民。如前所述，只要通过农地整理提高土地质量和数量后再推动确权，将会因蛋糕做大而有效降低农地确权可能带来的直接与潜在矛盾，而在农村宅基地国有制的同时进行确权，允许使用权在更大范围流转，对农民来说也是福利的改进。因此，只要确保农民对农地、宅基地的永久使用权，以及相应的转让、交易、出租、继承与抵押的权利，那么包括外迁农民在内的绝大多数农民都会支持土地所有权的国有制。更重要的是，国有制的土地流转不仅为资本下乡创造法律保障，同时增加了政府保障少数弱势农民土地权利的能力。

还有一个担忧是农村土地国有制后，会进一步强化国家征地权，甚至强化政府损害农民财产权利的能力。考虑到中国高速城镇化与基础设施建设过程中确实出现过损害农民财产权益的情况，上述担忧不无道理。虽然在中国推动全部土地国有制不存在意识形态约束，但能否在引导“政府有为”的同时，限制“政府乱为”，关键还在具体的制度设计是否合理。比如，土地国有制后，未来政府征地的对象将从所有权变为使用权，此时征地的范围必须严格限定在公益事业用地上，这本身就是中国推动征地制度改革的题中应有之义。实际上，过去十几年中国城市的高速扩张，地方政府手上已经掌握了较多的土地储

① 本文主要讨论传统农区的土地制度改革与相应的基层治理模式变化，城市郊区的农村土地制度改革将另文探讨，但我们认为，城郊村、城中村土地国有化，但对原土地权利人赋予一定的非农用地开发权，政府则通过征税和/或抽取公用土地方式获取增值溢价。在这类村庄，地方政府为顺利征地往往有干预村民选举的激励，由于利益巨大，部分村庄还出现半黑社会化现象。在赋予原村民一定开发权基础上推动土地国有化，并推动城市社区化管理也是对现状的一种改进。

备，包括利用效率低下因此有很大集约潜力的大量工业用地，所以大规模征地搞发展的时代已经过去，征地制度改革正当其时。特别是上述农村土地国有制改革方案中赋予了农民永久使用权并赋予了使用权的五项权能，这就确保了农民在继续享有土地转让权、出租权、继承权的同时，新增或强化了其土地交易权与抵押权，农民实际土地权利得到了加强。

当然，推行农村土地国有制后，一方面会出现政府的行政与社会管理职能“下沉”，另一方面农民也会得到更加充分的土地赋权，但如何让国家向农民的赋权真正实现，防止过于强势的地方政府因“村改居”后“乱为”，仍然是改革过程中必须面临的一个重大挑战。应该说，这个挑战早就已经出现。传统农区因为“村两委”干部基本都变成了财政供养人口，一度被学术界寄予厚望的村民选举的意义已非常有限。在这种情况下，依靠“村两委”这类村民正规组织维护村民权益的能力与意愿已有所下降，农村基层民主确实有形式化的趋势。在这种情况下，如何在政府“管理下沉”的同时，推动农村基层的社会与经济组织发育，最终实现向农村社会充分赋权的问题就日益突出。①

我们认为，除了以股份制改造原有集体经济组织并与村级党政管理职能分立以外，还需要在中国农村大力发展具有一定权威的半自治性社会组织。与集体经济组织结合起来，这类社会组织将协助地方政府更有效地处理农民内部的纠纷，并在地方政府可能“乱为”时帮助农民维护其土地财产权利以及其他权利。比如，很多学者与我们自己的研究都发现，中国农村类似于“老人协会”之类的社团，由于兼具一定的“自主性”和对地方政治的“嵌入性”，能够得到农民与政府的双重认可，并建立起在体制内外都有一定话语权的“交叠权威”。它们的存在，不仅有助于处理农民内部的矛盾，也有助于协调政府与百姓之间的矛盾，最终在积极为百姓维权的同时，维护农村基层社会的稳定。② 因此，应该总结这些地区的成功经验并积极推广，真正发挥社会组织作用，实现政府治理和社会调节、居民自治良性互动。

---

① 关于如何推动向社会赋权并实现区域协调发展的思路，参见罗小朋，张晓波. 2007 年赋权交换与区域间的协调发展［J］. 二十一世纪评论，总第 99 期，2007 年 9 月，香港中文大学。

② 参见陶郁，刘明兴. 双重认可与交叠权威：理解当代中国农村社团与群体性抗争的关系?［M］//中国社会稳定研究论丛（第五卷）：中国信访政治研究. 北京：学林出版社，2014；Lu，Yao，and Ran Tao. 2017. “Organizational Structure and Collective Action：Lineage Networks，Semi-autonomous Civic Associations，and Collective Resistance in Rural China.” *American Journal of Sociology*，Volume 122，Number 6（May 2017）：1726 – 1774。

5.2　土地所有权国有制改革中的农村集体经济组织

土地所有权国有制改革中还需要解决现有农村集体资产的安排和集体经济组织地位的问题。目前，有相当规模的农村集体资产并没有分配到户，而仍然掌握在集体经济组织手上。其中包括集体经济组织掌握的土地、森林、山岭、草原、荒地、滩涂等资源性资产；用于经营的房屋、建筑物、机器设备、工具器具、农业基础设施、集体投资兴办的企业及其持有的其他经济组织的资产份额等经营性资产；以及用于公共服务的教育、科技、文化、卫生、体育等方面的非经营性资产。据统计，全国农村集体经济组织账面资产总额（不含西藏）为2.86万亿元，村均493.6万元。其中，东部地区资产总额2.16万亿元（占75.5%），中部、西部的资产总额则分别约为4400亿元（占15.4%）、2600亿元（占9.1%）。①

我们认为，未来如果要推动农村土地国有制改革，现有村集体经济组织作为这些集体资产的实际使用者地位并不需要改变，而相应的收益权、转让权等也无须改变。政府可以推动在清产核资的基础上，全面推行面向原有村民分配相应股权的股份制，但应该规定这类股权可以转让，以便旧成员的有偿退出与新成员的有偿进入。在这个模式下，村集体经济组织的经济职能与农村基层社区的行政管理职能就可以逐步分离开来，村集体经济组织还可能在产权进一步明晰、治理机制进一步完善的情况下发展壮大，与逐步发育的农村社团组织一起维护并扩大农民的经济与社会权益。实际上，2014年后中国农村开始推动的“农村集体产权制度改革试点”正在为相应的股份化改革创造条件。②

---

① 在人口流入地的很多城中村、城郊村，经营性资产一般较多，但存在成员边界不清、资产家底不明的问题。而对那些资产较少或没有资产的纯农业村，集体资产主要包括“四荒地”、机动地等没有确权到户的资产，未来都需要在明晰产权关系的基础上量化资产股份，推动股份合作制。

② 2014年11月，农业部、中央农办、国家林业局印发《积极发展农民股份合作赋予农民对集体资产股份权能改革试点方案》，确定在29个县（市、区）开展试点。2017年，农业部会同中央农办，选择了100个改革基础较好的县（市、区），作为新一轮农村集体产权制度改革试点单位。2018年改革试点将继续扩大，试点县将增加到300个。同时，再选择50个改革基础较好的地市和个别省份开展整省整市试点，鼓励地方结合实际扩大改革覆盖面，力争到2021年底基本完成改革。改革试点地区已经或正在开展清产核资工作，全面摸清了镇村组三级集体资产的存量、价值和使用情况；按照资源性、经营性和非经营性三类资产分别建立台账，纳入监管平台。

5.3 国有制下的农村土地永久使用权市场化与土地集中问题

与我国国情比较接近的越南实行的就是土地国有制。1987 年越南国会出台的首部《土地法》就确立了土地归全民所有，政府实施统一管理，并将土地使用权授予特定所有者。1993 年，越南国会又再次审议通过第二部《土地法》，核心内容是明确界定土地使用权的五项权能：转让权、交易权、出租权、继承权、抵押权，此时农户被授予 20 年使用权，1998 年对第二部《土地法》的修改将土地使用期限最长延至 70 年。这就基本上确立了农民对农村土地使用、收益与处置的长期权利。①

根据世界银行等机构的研究，② 在越南允许永久土地使用权买卖后，根本没有出现土地过度集中现象，因经济困难而被迫卖掉土地的农户比例几乎可以忽略不计。实际上，即使出现少数经济困难而被迫出卖永久使用权的农民，出售可能是一个更有利的选择，而政府也完全可以通过农村社保系统负责兜底，而后者本来就是政府未来工作的题中应有之义。

为了缓解土地使用权买卖带来土地过度集中的担忧，在未来中国推动农村土地国有制改革时，政府完全可以根据地方资源禀赋情况与人口迁移情况，设定一定时期内土地使用权买卖规模或农业经营规模的上限，而随着人口城镇化进程的推进，逐步提高上限，这些措施都有助于缓解土地市场化后过度集中的担忧。

5.4 农村所有制改革的试点与推广

我们建议，中央应尽快选择几个在国内有一定典型农区的市、县，推动农区土地国有制并同时放开使用权流转的改革试点。在试点地区的选择上，优先考虑人口主要流出地，并已进行了较为充分的农村农地整理与农村居民点整治的地区，这些地区无论是推动土地确权还是流转，都相对比较容易。在农村土

---

① 2003 年，越政府颁布第三部《土地法》，进一步扩展了 4 项土地使用权利，增加了转租、赠与、担保、出资的权利。与之前的流转、交换、继承、出租、抵押 5 项权利一起，共 9 项权利。参见江丽，郑文博．泰国、越南两国土地确权的经验及对中国的启示——以农村土地确权为侧重[J]．世界农业，2017（9）。

② Griffin，K.，Khan，A. R.，& Ickowitz，A. 2002. "Poverty and the Distribution of Land"，*Journal of Agrarian Change*，2（3），279 – 330.

地国有制的基础上，以县级国土管理部门为主导发放永久土地使用权证，并进行农村土地综合用途规划与管制，同时全面推动城乡一体化土地市场建设。在试点过程中，应该充分调动地方政府、村民组织与广大百姓的积极性，积极探索新时代农村居民委员会、集体经济组织、农民社会组织相互支持也相互制约的农村基层治理模式，最后根据试点情况决定如何完善与推广。

6. 结论

农村土地制度改革是关系广大农民利益与国家发展的重大问题，既不能踟蹰不前，更不能急躁冒进。正确选择好改革的方向，并基于方向正确的顶层设计来扎实推进才是正途。本文提出的建立全国范围内的土地发展权转移与跨区交易制度，已有较为成功的地方经验，还能在不增加甚至降低中央财政投入的情况下，提高土地发展权指标配置的效率与区域间公平，应该尽快推进。而如本文所述，尽快推进土地发展权转移与跨区交易改革可以为有效的农村土地整理提供融资，有助于后者的顺利完成。但显然，在农村土地全面整理的基础上完成确权，并在此基础上推动农村土地的国有制改革，是一个更复杂的中长期过程，必须在地方改革试点成功的基础上再考虑逐步推广。客观地说，过去几年，在推动农村土地确权登记改革中，确实出现了很多矛盾与问题。许多国家用了十几年、几十年甚至上百年的时间，才实现了土地的全面登记，最终建立了有效运作的土地管理体制，中国却要在几年内就全面完成，结果就可能是“欲速则不达”。在中国，应以国土部门为主导首先整合建立不动产统一登记机构，以保障专业化、可持续地推进不动产统一登记；然后在完善不动产统一登记体系的基础上，推动农村集体土地产权制度改革、建立城乡统一的土地财产权利制度。

经过改革开放40年的高速增长，中国经济已经开始面临货币超发、杠杆率过高、房地产泡沫化等多种风险。在经济增长率逐步下滑的情况下，维持较高的杠杆率本身未必是一个问题，但超发的货币与增加的信贷必须在中长期创造有效的投资回报，否则就只会造成泡沫并最后引发金融风险。这就要求打开那些仍然相对封闭、没有充分市场化的部门或领域，通过市场化改革创造财富并拉动增长。本文所讨论的土地发展权指标市场与跨区交易体系的建立，也是全面完善原有低效率土地计划指标配置方式，并有助于区域间公平发展、有助于农村土地整理与确权的重大市场化改革措施。本文进一步讨论的农区土地国有制后放开土地使用权交易，更是中国当前为数不多的可容纳较大社会资本并为可持续增长与社会协调发展创造财富的一个领域。这些改革措施，与我们另文将要深入讨论的城中村、城郊村的土地改革措施相结合，不仅可以为中国建立一个一体化的城乡土地市场，也将为中国实现经济可持续增长提供基础性的制度保障。

前沿

Guide

Comparative

社会结构对经济结果的影响

马克·格兰诺维特

社会结构，尤其是社会网络这一形式，从三个层面影响经济结果。首先，社会网络影响信息的流动与质量。许多信息微妙、敏感又难以检验，因此行为人并不相信非个人的信息来源，而是更信赖自己认识的群体。其次，社会网络往往由于来自他人的个人认知而被放大影响力，成为奖惩的一个重要来源。最后，社会网络可以生成信任，我这里所说的信任是指人们相信，即使他人受制于相反的激励因素，他们仍然会做"正确的"事情。

近年来，经济学家非常关注社会结构与社会网络对经济造成的影响，例如劳赫和卡塞拉（Rauch and Casella，2001）主编的书中的部分章节，包括2003年祖克曼（Zuckerman）对该书的启发性评论，还有杜塔和杰克逊（Dutta and Jackson，2003）以及卡尔沃－阿曼戈尔（Calvo-Armengol，2004）的研究。不过，本文侧重讨论社会学家的贡献。在分析各种政治、经济和其他制度的过程中，针对经常出现的社会结构、信息、奖惩能力和信任的相互作用，社会学家

* Mark Granovetter，斯坦福大学社会学系 Joan Butler Ford 讲席教授。原文"The Impact of Social Structure on Economic Outcomes"，载于 *Journal of Economic Perspectives*（JEP），Vol. 19，Number 1，第33—50页。版权归 AEA（美国经济学会）所有，获 JEP 授权。作者感谢蒂莫西·泰勒（Timothy Taylor），迈克尔·沃尔德曼（Michael Waldman）和安德烈·施莱弗（Andrei Shleifer）的详尽评论，他们的评论大大改善了本文。

已经发展出一些核心原理。我从回顾这些原理入手，并在此基础上探讨社会结构和社会网络如何影响经济结果，如就业、价格、生产率和创新等。

社会网络与经济结果：核心原理

以下四个核心原理是重中之重，但并非涵盖所有内容或可以被当作不言自明的公理。

（1）规范与网络密度。规范是关于正确行为方式的共有信念，能够更清晰、更牢固、更方便地编织更密集的社会网络。（假设一张社会网络由 n 个“节点”组成：人、公司或其他社会单位，那么“密度”就是这些节点之间实际存在的可能连接比例：$n(n-1)/2$。）[①] 这是社会心理学中最古老的论点之一，例如费斯廷格、沙赫特和贝克（Festinger、Schachter and Back，1948）的经典描述。该论点基于如下事实：网络越密集，信息、想法和影响力可以在任意两个节点间传递的路径就越独特。因此，更大的密度可以令有关正确行为的共有信念更易于被反复收集、讨论和修正；也使偏离规范的异常行为难以隐藏，进而更易于受到惩罚。

这种观点的一个含义是，受制于搭便车问题的集体行动更可能出现在社会网络密集且具有凝聚力的群体中，因为这些社会网络里的行为人通常会将防止搭便车和重视信任的规范内化。请注意，在所有其他因素相同的情况下，较大群体的网络密度会较小，因为认知、情感、空间和时间限制了人们能够维持多少社会关系。所以群体越大，其形成和执行规范的能力就越低，哪怕是防止搭便车的规范。此观点的一个特例是，搭便车行为极不可能发生在直系亲属中。

（2）弱关系的力量。更多的新信息通过弱关系而不是强关系流向个人。亲密的朋友往往和我们处在相同的圈子，他们收到的信息与我们已知的信息会有很多重叠。相较之下，泛泛之交的朋友（熟人）认识我们不认识的人，于是获得了更多的新信息。产生这种结果部分是因为比起亲密朋友，泛泛之交通常和我们没有很多相似之处，另外他们和我们接触的时间较少。在不同圈子活跃的他们，把我们连接到了一个更广阔的世界。因此，如果我们在诸如寻找新工作或者获得稀缺服务时，想跳出所属群体索求额外信息，他们可能才是更好的资源，即便亲密朋友远比粗浅相识的人更乐意帮助我们，也是如此。社会结构可以影响动机。这就是我所说的“弱关系的力量”的一个方面（Granovet-

① 关于社会网络分析的详细技术论述，参见 Wasserman and Faust（1994）。

ter，1973，1983）。

上述观点具有宏观层面的含义。假若每个人的亲朋好友相互认识，则他们可以形成联系紧密的小圈子。然后个人通过自己的弱关系而非强关系，与其他不同的圈子联系起来。因此，从“空中”鸟瞰社会网络，可以说各个圈子主要通过弱关系相互链接。这意味着这种联系决定了大型社会结构中信息传播的程度。一个结果是，在科学领域，新信息和新思想通过弱关系更有效地传播（Granovetter，1983）。

社会网络中的弱关系要比强关系普遍得多，而且大多数这类关系携带的信息可能无关紧要。但重要的一点是，在社会网络大部分不连通的领域，弱关系比强关系更能扮演传递独特和非冗余信息的角色。①

（3）“结构洞”的重要性。博特（Burt，1992）扩展并重新表述了“弱关系”的论点，强调最重要的不是任何特定关系的质量，而是网络不同部分之间的桥接方式。他指出，在基本相互分离的多重网络中形成联系的个人，有可能获得策略优势。只要他们构建出能让信息或其他资源从一个网络部门流向其他部门的唯一途径，就可以说他们充分利用了网络的“结构洞”。

（4）经济行为与非经济行为的相互渗透。许多社会生活都围绕着某个非经济焦点转动。所以，当经济和非经济活动相互混合，非经济活动就会影响经济活动的成本及可用技术。我称这类混合活动为经济的“社会嵌入”（Granovetter，1985），即经济行为在何种程度上，链接或依赖于内容、目标和过程均属非经济范畴的行为或制度。社会学家讨论的嵌入，是指社会网络、文化、政治和宗教领域内嵌入的经济行为。②

一个常见的例子是腐败文化会造成高昂的经济成本，并需要大量账外交易才能正常开展商品和服务的生产。社会嵌入的这些消极方面引起了极大关注，尤其是在被贬斥为“寻租”的时候。鲜少有人注意却可能更为重要的是，当行为人通过非经济制度和实践来追求经济目标时，他们几乎没有付出多少代价，因而节约了成本。譬如，通过社会网络招聘员工的雇主不需要（也可能是无法）花钱建立信任和义务，以激励亲朋好友互相帮忙寻找想就业的人。这种信任和义

① 这一论点在最近关于复杂网络的跨学科文献中起着重要作用。参见 Barabasi（2002）、Buchanan（2002）and Watts（2003）。

② “经济社会学”这一分支部分基于对这类嵌入性的分析。关于有代表性的现代经典条目，包括相关的笔记和评论，参见 Granovetter and Swedberg（2001）。

务源自社会制度构建亲属和友谊关系的方式；由此提高的任何经济效益，通常是怀有非经济动机的个人无意中采取某些行为模式带来的副产品。

有人认为，人们经常从经济系统的外部调配资源以享受商品和服务生产的成本优势，这个观念产生了一些通常被社会理论回避的重要问题，涉及经济制度如何与其他社会制度相互作用。这种调配类似于某种环境中廉价获取的资源到另一种环境中套利。与传统的套利一样，它不需要为任何具体参与者创造经济利润，因为假若所有人都能同样地利用非经济资源，那就不存在什么成本优势了。然而，通过降低每个人的成本并释放某些资源用于他途，可以提高总体效率。

但是，真正的套利将以前分散的市场连接起来，使这些市场不再清晰可辨，然而使用非经济资源提高经济效率，并不需要填补经济和其他社会活动之间的鸿沟，因为不同的机构部门（institutional sectors）从不同的渠道汲取能量，并开展截然不同的活动。许多著者认为，经济活动渗透并改变了社会生活的其他部分。因此，卡尔·马克思断言（例如《共产党宣言》第1章），在现代资本主义制度下，家庭和友谊关系将完全附属于“金钱关系”。然而，尽管社会网络和现代经济之间千丝万缕、息息相关，两者并没有融合或趋于统一。事实上，规范往往会限制部门的合并。例如，当经济行为人买卖政治影响力，扬言要合并政治经济机构时，会被谴责为“腐败”。这种谴责诉诸的规范是，政治官员对其选民负责而不是对出价最高者负责，而政治系统的目标和程序应该不同于经济系统的目标和程序且相互独立。

接下来，我将部分借助于这些核心原理，分析社会结构对一系列重要经济结果的影响。首先要分析的是劳动力配置。

社会结构与劳动力市场

经济模型一般假设工人和工作通过搜索加以匹配，搜索的边际成本等于边际收益（Granovetter，1995b，第141—146页）。但在大多数现实的劳动力市场中，社会网络发挥了关键作用。未来的雇主和雇员更愿意从他们信任的个人信息来源中了解对方。这是所谓“社会资本”的一个范例（Lin，2001），也与不对称信息理论有着明显的渊源（例如参见Montgomery，1991），但与大多数不对称信息模型的不同之处在于，这里存在一种双边不对称现象，换言之，雇主和雇员都握有对方需要的关于自身“质量”的信息。相反，在阿克洛夫（Akerlof，1970）经典的“次品”模型里，二手车卖主认为，所有买主都是可相互替代的，因而不需要了解他们的细微信息。

因为所有的社会互动都不可避免地传递信息，所以雇主、雇员和工作的相关细节，通过人们主要出于非经济因素而维持的社会网络长流常新。既然个人使用的社会联系和网络是现成的，无需投资建设，成本自然要比正规的搜索中介低。由于个人之间业已存在的网络分布并不均匀，因此无论促成这些网络的社会过程为何，都将在劳动力市场营造不公平的竞争环境，哪怕没有行为人想要这么做（Granovetter，1995b，第169—177页）。

经济学的工作搜寻模型避而不谈个人通常在社会环境中了解新工作而无需将大量资源专门用于寻找工作，因为不搜寻工作的调查对象往往被排除在进一步的分析之外。不搜寻工作的求职人士占30%~60%不等，视调查的时间和地点而定。在仔细询问非搜寻的若干案例中，大多数人通过人际关系找到了工作（Granovetter，1995b，第140—146页）。

由于新信息更可能通过弱关系而非强关系流动，所以在整个职业生涯中发展起来的熟人扮演着特殊角色，虽然这在不同的国家和环境中有所不同（Granovetter，1995b，第160—162页；Montgomery，1994；Bian，1997）。在求职中使用弱关系或其他关系是否显著影响工资、工资增长、工作满意度和生产率，人们一直争论不休却尚无定论。大型汇总数据库给出的结果有时并不明确（譬如参见Mouw，2003），但更专业、更专门的样本常常能给出明确的结果。劳动力市场上的很多招聘活动，往往是在各种各样的情况下经由不同类型的社会网络进行，因此如果结果一致，那才真会令人惊讶。个人网络拥有的资源、雇主的意图以及宏观经济形势，仅仅是网络引导人们就业时改变结果的三个重要来源（Granovetter，1995b，第146—162页）。

不同个人的职业和网络之间的相互依存，使可能的建模形式趣味横生。例如，把构成某人社会网络的个人描述成罐子里的球。设拥有有用工作信息的联系人为红球，其他人为白球。纯粹的异质性模型显示，罐子的组成成分恒定不变，则联系性更好的个体是那些罐子里的红球占较大比例的人。但是状态依存模型会说，当某人通过自己的网络找到新工作后，他会建立新的联系，等下一次机会出现时，他罐子里红球的比例就会增加。实证数据显示的实际情况更为复杂：这一比例还要看你认识的人是否改变了他们自己罐子里的色球比例，比如，通过变换工作、改善自己的网络从而使自己成为更好的信息来源。因此，某人罐子的组成成分，取决于他所连接的个体的罐子是否变化，这需要一种考虑网络整体结构的更复杂精巧的迭代模型（Granovetter，1988，第 194 页）。关键是，网络连接带来的人员流动会改变网络结构，随后影响未来的流动模式。因此，网络结构可能部分内生于对劳动力市场的分析。

一个推论是，在企业间人员流动率极低的地方，比如 20 世纪七八十年代的日本，很少有工人会与当前在不同公司就职的人共事。如果向新公司的人员流动高度依赖该公司某个已有员工证明一个人有能力成为雇员，则企业之间缺乏人员流动性的现象将自我延续；反之，当企业间人员流动性很高时，这一流动性也可能自我复制，比如硅谷的劳动力市场（Saxenian，1994）。

社会结构与价格

当人们与自己认识的人交易，知己知彼对价格产生的影响会随着相互间的关系、转向不同伙伴的成本以及市场的形势发生变化。要了解价格会如何偏离竞争性均衡价格，需要分析经济和社会两方面的情况。理论问题往往并非经济学和社会学观点碰撞的焦点，关键在于，两者在解读同时具有经济和非经济动机的行为人将如何行动方面存在什么缺陷。由于我们可以从太多维度对情况进行分类，而且没有足够空间进行完整的系统阐述，所以我仅举几例。

人类学家萨林斯（Sahlins，1972）回顾了关于部落经济的文献，发现只和选定的外族人进行交易的典型做法，部分是为了实现远距离保护。他认为，当供给和需求发生变化时，这种持续的关系会导致价格粘性，而要修正市场则需要打破旧关系，建立新的链接。在不同环境下更换贸易伙伴多多少少是有难度的，取决于切断长期关系和现有社会选项的经济和非经济成本。因此，“贸易体制的经济灵活性取决于贸易关系的社会结构”（第 313 页），不了解社会结构将无法做出预测。

农民市场的相关研究往往建议“主顾化”（clientelization），指的是仅与认识的买方和卖方打交道，从而使价格高于竞争水平（例如 Belshaw，1965，第 78 页；Davis，1973）。这一结果表明，卖方比买方占有信息不对称优势，可能是因为买方评估商品质量要比卖方评估顾客信誉困难得多（Geertz，1978）。双边信息不对称优势的平衡决定了对价格的影响。

在评估信誉度更复杂的情况下，卖家可能会降低价格，这样一来，由持续关系带来的更复杂更微妙的信息将可产生更大的确定性。所以乌西（Uzzi，1999）对银行中间业务（midmarket banking）的研究表明，与银行业者有个人联系的芝加哥公司一般支付较低的贷款利率，而银行也会以培育这种关系作为一种商业策略。费拉里（Ferrary，2003）对法国银行的广泛研究也得出了类似结果。除信用风险外，借助客户的详细个人信息同样可以减少其他的卖方成本。因此乌西和兰卡斯特（Uzzi and Lancaster，2003）证明，其他因素不变的条件下，与律师事务所保持联系的企业客户得到的价格会较低，因为随时间积累起来的信任以及互惠互利原则，使企业及其客户能够就潜在争议的问题达成共识，譬如为现有客户开发并应用于当前情况的知识应该如何收费等。认为银行和律师事务所避免逆向选择（Waldman，2003，第136—137页），且通过持续个人联系来承担复杂合同成本的说法，与标准的经济论点基本一致，但也表明这类观点只能适用于行为人为了经济目的而利用社会关系。这种做法往往并不直接或可行，于是有洞察力或有能力管理这些关系的行为人将形成优势。

在买卖双方的资料里，系统的数据向来缺乏，但是经济学家阿瑟·奥肯（Arthur Okun，1981，第148页）指出，大多数重复购买的市场都是“顾客市场”而非拍卖市场，因为客户“总是力挺自己的供应商以便消除购物成本”。在这样的市场里，价格“几乎不可能等于边际成本……而且一般都会远远高于边际成本”。认为客户会为了节省搜索成本而付费的观点，契合客户与供应商之间的一系列关系：从个人友谊的牢固纽带，到客户向知名公司缴纳产品保险费以换取质量保证的更加非人格化的情况（Klein and Leffler，1981）。

买方与卖方的关系确切落在上述范围的什么位置，可能部分取决于通过品牌名称或其他客观标准评估商品质量的难易程度。由此，1996年的“综合社会调查”显示，对于很难评估的商品，比如二手车、法律咨询、家居维修等，美国1/4~1/2的购买是通过个人网络进行的。调查对象表示对这种商品的满意度更高，并相信人们可以从自己熟悉的卖家那里获得更好的价格（DiMaggio and Louch，1998）。鉴于没有收集到价格支付方面的直接数据，我们无法确定他们的判断是否正确。倘若卖家给亲戚朋友提供的价格确实比陌生人提供的低，这就可以算是他们在此类人际关系中承担义务成本的一个衡量标准。另外我注意到，发展中国家的一些企业可能会由于这些义务而面临更高的运营成本（Granovetter，1995a）。

到这里为止，讨论仅涉及特定的买家和卖家。但是，较大规模的合谋会影响价格，而这种合谋的成败或许也取决于人际关系。例如，卡特尔可能将价格提高到超出竞争水平，但是容易出现弃信背叛。为求成功，它们势必惩罚背叛者。一种可能的惩罚是让背叛者在团体中丧失社会地位，不过这样的惩罚只在成员重视地位时才有效。如果社交上远离优势群体的成员发生背叛，卡特尔很可能会失败。尽管一些历史学家把美国卡特尔的消亡归因于1890年《谢尔曼法》的制裁（Chandler，1977，第4—5章），但其实在《谢尔曼法》生效之前（1910年左右），这种卡特尔在美国就已经举步维艰。拉摩洛克斯（Lamoreaux，1985，第188页）表示，1895—1904年的巨大并购浪潮部分是由于卡特尔未能抑制住价格。我则认为19世纪后期几十年里许多卡特尔的失败，一定程度是因为像杰伊·古尔德这样的投机商选择了背叛，他们根本就游离于其他卡特尔成员的社会和道德准则之外。人们对卡特尔的社会组织知之甚少，但有证据显示，在卡特尔比较成功的国家，比如德国，存在更多具有社会同质性的卡特尔组织（Maschke，1969）。

波多尔尼和斯科特－莫顿（Podolny and Scott-Morton，1999）研究了1879—1929年英国的航运卡特尔，并提出一些有趣的证据。他们发现，在考虑如何应对行业新人时，参与者会评估新人是否能够融入维持等级和惯例的道德共同体（moral community）。他们以社会地位作为这个概率的一个指标，假设那些与自身高地位相匹配的人更可能遵守规则。相应地，地位高的进入者基本不太可能遭遇现有卡特尔成员发起的价格战。即使没有正式的卡特尔，竞争对手之间的社交友情也可能影响价格和业绩。英格拉姆和罗伯茨（Ingram and Roberts，2000）研究了澳大利亚悉尼的酒店，发现管理者之间的友谊对业绩有明显的积极影响，而且更容易抵御价格战。他们还发现，这些影响越强烈，酒店管理者之间的关系网络就越有凝聚力。

上述因素并不否认有关卡特尔的常见论点，但是认为那些论点不足以说明结果。正式或非正式的卡特尔混合使用市场和非市场的惩罚与激励来促进成员合作，毕竟成员往往同时追求经济和非经济（例如友谊和地位）目标。如果重要的非市场力量通过社会网络影响卡特尔（或其他形式的经济合作）的成功，我们就需要明确研究这些社会基础，以帮助解释结果。这些案例表明，规范更易于在密集的社会网络中执行，而且原有的社会制度会给建立在规范之上的经济过程带来成本和收益。

与认识的人进行交易可能会分割市场，抑制单一均衡价格的形成。卡拉瑟斯（Carruthers，1996）研究了1712年伦敦的股票交易，发现虽然很多交易具有非个人性质，可政治色彩浓郁的东印度公司的股票并非如此，在那里，辉格党和托利党通常只喜欢与同党成员交易以防止敌手持有股份。多数人都以交易为优先，但活跃的专业交易者不随大流，因而可以通过套利获利。这一研究与替代有效市场假说的“噪音交易者”模型相当一致（Shleifer and Summers，1990），但它指出了交易者偏离标准模型的系统而又理性的非经济（这里是政治）原因。

然而，即便是纯粹的经济目标，人格化交易也可能导致市场分割。贝克尔（Baker，1984）研究了主要证券交易所的股票期权交易。随着交易者数量的增加，价格并没有走向稳定（一如标准理论的预测）；相反，贝克尔观察到，更多参与者交易的期权表现出了明显更大的价格波动。原因在于，在寻求信任和社会控制的时候，每位交易者应对的是数量有限的已知对手。这个数目受认知和物理空间限制，对广泛交易的期权而言并不算大。所以，当场内交易者的数量远远超过个人能够维持的交易关系数量时，沟通变得困难，有时团体甚至分裂成了若干派系。因为这种沟通问题以及派系激增导致的额外整体波动，使大型交易集团的价格比起小团体更不稳定。关于人群规模和波动性之间的关联，更纯粹的经济学解释是：更大的价格波动带来获取交易利润的更多机会，从而吸引了更多交易者。贝克尔的数据和统计模型显示，两个因果关系在他的设定中均起作用。很多情况下，社会和经济力量相互补充、相互影响。

社会结构、生产率与合规性

社会关系也与生产率密切相关。经济模型将生产率归为个人特质，可以通过学习来改变。但是，个人在社会群体中的地位同样可能对生产率产生核心影响，原因如下。其一，如果没有其他人的认真合作，许多任务根本无法完成；其二，不少任务太复杂太微妙，不可能“照本宣科”来完成［这也是为什么“减少照本宣科”（rulebook slowdown）是一种有效的劳动武器］，而是需要运用只有通过与知识渊博者互动才能生成的“默会知识”。这就引发了违规风险。众所周知，自20世纪30年代以来，工人群体已经达到生产适量产品的“限额”，“高产工人”可能会遭到排斥（Homans，1950）。团体可以极不公平地对付不受欢迎的新来者，不向他们传递工作实践的微妙之处，而这些知识通常可以通过交流互动学到（Dalton，1959，第128—129页）；团体地位较低的工人，则会因为缺乏帮助而技逊一筹。另一方面，在某些情况下，可以放低姿势换取帮助，因此那些愿意向经验丰富的老员工点头哈腰的人有可能提高自身的业绩（Blau，1963）。这即是所谓“传帮带”的阴暗面。

因为与他人建立良好关系很关键，那些靠人际关系进入公司的人在业绩和提高生产率方面占得先机，也避免了犯下可能会令圈外人受挫的错误。所以，不少研究表明，通过社会网络进入圈子的人，离职率更低，甚至其能力或素质也更低（可参见 Fernandez、Castilla and Moore，2000）。由于测算颇为困难，因此与进入路径有关的生产率研究很少，但是卡斯蒂利亚（Castilla，2002）提供的证据表明，哪怕是呼叫中心的常规工作，也存在这类明显的效应。

团体规范和文化同样会影响技能和生产率。如果团体高度重视技能，它就会成为一种深受追捧的地位货币。萨贝尔（Sabel，1982，第 84 页）指出，在能工巧匠紧密联合的情形中，社会流动性的价值远远低于“技术实力……头衔不重要，才干才是王道”。布洛维（Burawoy，1979，第 64 页）提到，在他工作的芝加哥机械车间，机器运用能力是占据团体地位的关键：“在我能够像熟练操作工那样昂首挺胸、意气风发，仿佛世界上最从容最重要的那个人，而且能制定生产配额以前，恐怕只有那些最没经验的人肯屈尊跟我交谈。”马克思主义者布洛维感叹说，这种地位体系促使工人“与创造更大剩余价值的管理层”通力合作；雇主则可能把这看作一种幸运的社会分工，无需他们投资创造。但是，工作团体要达成这样的文化认同，需要一定的社会网络凝聚力和相应的规范共识。极少有人研究这种情况下的变化，但是基本原理表明，工作团体的高流动性或社会分化将削弱这种共识。因此，雇主有理由通过社会网络招聘员工，只要他们相信主流文化支持他们的目标。①

在布洛维（1979）描述的案例中，雇主似乎没有注意到自己的好运，不过他们往往更具洞察力。实际上，他们与工人的关系根本达不到马克思预言的那种日夜斗争的程度。我和提利（Granovetter and Tilly，1988，第 202 页）评论道：“很多工人都有机会干些挪用、偷盗、推卸、破坏的勾当，慢慢削弱企业的盈利能力。其中一些人就是这么干的，但大部分人没有……为什么？因为控制系统发挥了重要作用。”

一些控制系统具有与工作关系的委托代理模型很类似的特点：直接监督，和/或某种形式的按结果支付工资或计件工资。不过，还有一系列通过社会群

---

① 有经济文献指出，在一定条件下，是异质性而非同质性提高了工作团体的生产率。例如参见 Hamilton、Nickerson and Owan（2003）。由于这些文献提及的异质性针对个体生产率，所以不必非得和我在此处讨论的社会同质性相关联，两种影响可以共同作用。

体开展工作并以较少干扰的方式建立合规性的替代办法，但这些方法通常不包括在经济分析中。非常重要的一个例子就是我们所说的“忠诚度系统”，该系统尝试引发员工的合作，这种合作不仅来自激励，也来自有利于提高标准和生产率的对公司或某些个人的认同。忠诚度系统可以建立在对某一职业的承诺上。于是，“职业道德和监督为职业员工能有可靠表现提供了保证”（Granovetter and Tilly，1988，第202页）。从同质社会类别中招聘不失为一个雇主策略，等这些类别和网络在公司内部运作后，它们之间已经建立的忠诚和社会控制就能带来好处。忠诚度系统得益于“激烈的社会化，事先对成员的筛选，保证和监督工人行为的公司外部团体成员身份，以及广泛的非工作社会关系。因此，雇主有足够激励使忠诚度系统的新成员同质化，并在相同的现有社会网络中招募他们”（第203页）。

从更广泛的角度看，忠诚与合规是政治问题。马克斯·韦伯曾指出，单单依靠强制手段进行民事管理，代价太过高昂。他其实更加注意到，令公民认为政府官员的命令“合理”的体制才真正重要，公民遵守命令或法律，不仅仅因为该命令或法律符合自身的动机，更因为大家认为那样做是恰当的（参见Bendix对韦伯思想的论述，1979，第9章）。忠诚度系统会向员工灌输类似合法合理的感受。

弗里兰（Freeland，2001）借鉴大量档案资源，分析了20世纪20年代到70年代的通用汽车公司，他着重指出，只有当部门经理认为总部的命令正当合理时，他们才会表现出绝对的服从而非敷衍了事。他写道：“公司的劳动分工越广泛，就越难获得下属的赞同。为了争取拥有高水平专业知识的下属的支持，高层管理者越来越需要证明自己的决定是正确的……最简单的方法是……允许下属在规划和制定政策方面出谋划略，即便他们并无相关的正式责任。”他继而表示，维持秩序这一重要任务，“不能简单地理解为节约成本的做法，同样的安排在提高技术效率的同时也可能扰乱公司的社会秩序……治理……是一个内在的政治过程，高层管理人员必须愿意在公司的行为人之间达成妥协，以期保持合作，促进卓越表现”。弗里兰强调，这个问题不是政策上的分歧，因为如果部门负责人没有参与政策制定，他们甚至会抵制原则上可以接受的政策。充分参与社会组织的决策是这些决策被视为合理的先决条件。

基于这些原因，公司结构会如何影响生产率和利润，不能简单归结为钱德勒（Chandler，1962，1977）和威廉姆森（Williamson，1975）提出的观点，认为部门经理应该远离中央管理层，因为他们有可能借机为自己的部门谋求利益，而中央管理层则应避免干预分部的操作程序，因为他们几乎没有那些领域的相关能力或知识。事实上弗里兰（2001）发现，通用汽车公司在其部门主管完全参与核心计划时最赚钱，而当部门主管被排斥在外时，公司的利润最低。因此，公司不能仅仅被视作一个正式组织，还必须明白它具有任何社会群体的基本要素。

持续的长期关系并不总是确定无疑地提高个人和组织的生产率与利润。例如，乌西（1996）研究了服装制造商与纽约市时装区分包商之间的关系。他区分了“保持距离的”非个人关系和“嵌入式”关系，在后者中，反复的互动带来了信任与相互理解。他发现，信任关系并不总是更优的，例如，与制造商建立单一化关系网络（即主要是嵌入式关系或主要是非个人关系）的分包商，失败率高于那些建立了两种混合关系的分包商（第692—693页）。他认为，嵌入式关系在稳定情况下能发挥相当大的优势，但在变化时期，这种关系会束缚公司并可能阻碍公司适应环境。保持距离型关系缺乏信任型互动的好处，但在需要改变时能够提高灵活性。因此，在各式各样的关系中存在某种最优平衡，而实现这种平衡的公司更有可能在不同的市场条件下生存。

密苏奇和斯特恩斯（Mizruchi and Stearns，2001）针对信任的优缺点提出了相关警示。他们在美国的三个地方研究了一家领先的跨国商业银行，重点关注与企业客户达成交易时内部网络的使用情况。银行业者向银行里的其他人搜寻信息（关于客户或某种交易细节的信息）并寻求获得赞同。在交易或客户的性质不确定的情况下，这些银行业者更倾向于咨询他们的强关系，也即银行里那些他们熟识和信任的人，以期获取信息和认可。但令人惊讶的是，这一策略好像会适得其反地把交易搅黄。原因似乎是，尽管值得信赖的亲密同事可能乐于认可交易，当然这是交易达成的一个必要条件，但是他们太抱团、太同一，无法提供多元化的建设性意见从而改善复杂的交易以满足客户需求。密苏奇和斯特恩斯评论说，不确定性“创造了渴求熟悉事物的条件，于是银行业者倾向于求助他们亲近的人。然而，恰恰是这种响应使银行业者更难成功。这不仅说明强关系的弱点和弱关系的力量同时存在，也显示了我们的社会本能可以与我们的最佳利益背道而驰”（第667页）。相比之下，通过访问弱关系而建立的稀疏网络征求正式同意，其优势就在于产生了“不同观点和潜在问题，迫使银行业者创造出更高质量的产品”，这对客户更具吸引力。

社会结构与创新

罗杰斯（Rogers，2003）全面评述的许多研究表明，社会结构和网络对创新的广度和来源及其扩散有着强大影响。这里，我着重讨论与市场相关的创新。

一个例子是可销售商品的创新。与马克思主义的假设相反，市场不会将人类生活的方方面面都商品化。但是，在某个时间点被禁止的物品可能会在以后成为常规商品。泽利泽（Zelizer，1978）追溯了人寿保险的案例，19 世纪初美国人把这个现象视为亵渎，或者说得委婉点是种赌博，不过到了 19 世纪后期，人寿保险发展成为养家糊口者的义务。她指出，为实现这种转变，人寿保险业使用宗教说辞并获得了神职人员的支持，牧师敦促他们的教徒必须在死后为家庭提供帮助，并奉之为神圣的职责。这种个人联结似乎是必不可少的一环，给这个原本无情的商品附上了宗教象征意义。

由于参与这类讨论的人已经不在人世，泽利泽（1978）只好依靠各种宣传册、日志等其他文件证据来了解保险业从亵渎的赌博转变为神圣义务的规范过程。麦肯齐和米罗（MacKenzie and Millo，2003）研究了晚近作为一种合法产品出现的金融衍生工具。通过访谈，他们详细重构了人们对期权的看法如何从不靠谱的赌博转变为受推崇的金融工具的社会网络过程。他们指出，虽然在 1970 年金融衍生工具还无足轻重，根本找不到市场规模方面的可靠数据，可是到了 2000 年，全世界该类合约的名义价值已经突破 100 万亿美元。

他们追踪芝加哥期权交易所（CBOE）的源头，采访了主要参与者和顶尖期权理论家。芝加哥期权交易所的起源可以回溯到芝加哥交易所（CBT），该交易所自 19 世纪中叶起开始交易商品期货。股票期权和期货也在 19 世纪和 20 世纪初进行交易，但在 1929 年股市崩盘和大萧条之后失去了合法性。20 世纪 60 年代后期，当芝加哥期权交易所成员向证券交易委员会引介期权交易市场时，大家对此充满敌意，认为金融期权不过是赌博罢了。然而芝加哥期权交易所成员展开热火朝天的游说活动，还顺带普及 20 世纪 60 年代兴起的关于期权和其他衍生品估值的新经济理论。麦肯齐和米罗（2003）对这一游说活动进行跟踪，认为其耗时费力，且绝没有掺杂组织者和领导者的自身利益。有人可能觉得那些如此投入游说的人从该项创新中得到了好处，所以他们的行为可以简单地解释为有足够的经济激励。但是，麦肯齐和米罗提供的证据表明，这场努力的关键人物都承担了巨额的无偿支出，并因为放弃交易利润招致大量机会成本，而且几乎没什么希望补偿这些损失。在解释这一活动时，他们强调芝加哥交易所是高度人格化的背景，内部人员和外部人之间有清晰的界限，内部人员之间的密切互动形成社会控制，而集体行动的潜力超过了经济激励。就这样，社会凝聚力强的杰出内部人员与经济理论家和主流政治人物联合，实现了这一经济创新的制度化。

但并非所有的创新都产生自社会内部圈子。事实上，社会边缘群体有时可能更利于打破常规（Granovetter，1973，第1366—1368页），原因是他们没有参与到紧密团结的强关系社会网络中，而这些强关系往往会对常规做法形成高度共识。因此研究表明，创新拥护者在企业组织中的等级越低，创新就越激进（Day，1994）。

一个引人注目的例子就是“垃圾债券”的创新。大约在1970年，年轻交易员迈克尔·米尔肯（Michael Milken）开始对低评级债券的潜在利润着迷。起初，他的雇主德雷克塞尔·费尔斯通（Drexel Firestone）很勉强才容忍了他的行为。谁知米尔肯做得风生水起，于是德雷克塞尔加大了米尔肯的资本和自主权。米尔肯建立了一个庞大的客户群，虽然只有他的公司愿意做这种债券的市场（Abolafia，1996）。当传统公司开始感兴趣时，米尔肯却“拒绝与某财团分享原始股因而得罪了人”（第158页）。他把垃圾债券变成一项事业，声言它们能为遭到金融机构拒绝的中型非精英公司提供资金。

对米尔肯的抵制源于20世纪80年代使用垃圾债券进行的恶意收购，结果，由索尔·斯坦伯格（Saul Steinberg）和布恩·皮肯斯（T. Boone Pickens）等非精英恶意收购者领导的小公司，发起了对大型知名公司的收购行动。目标公司动员了大量政治盟友。1985年，美联储限制使用垃圾债券参与收购，到了1987年，37个州都通过立法限制恶意收购活动。尽管垃圾债券在收购中的作用被遏制，其他用途却蓬勃发展，垃圾债券市场已经成为固定收益业务的一道“主食”。但米尔肯本人遭到严厉起诉，并被禁止再涉足证券业。他在关键社会网络中的边缘位置更可能促成这种结果。更重要的是，垃圾债券驱动的恶意收购威胁到了精英的社会网络，令他们动员了外部社会人士无法挑战的政治支持。

更一般地说，创新意味着摆脱既定的惯例。熊彼特将企业家精神定义为创造新的机会，把以前没有关联的资源整合起来用于新的经济目的。资源可能并不相关的一个原因，是它们存在于独立的个人或交易网络中。因此，横跨于网络结构洞的行为人（Burt，1992）具备做出创新的优越条件。挪威人类学家弗雷德里克·巴特（Fredrik Barth，1967）尤其关注只能在有限交换条件下进行的物物交易情形。他把“企业家精神”定义为，从突破先前分离的交易领域中获取利润的能力。例如，苏丹的皮毛行业认为雇佣劳动是可耻的，因而在这个群体里，劳动力和货币在不同的领域交易。某些产品比如小米和啤酒，并非用来交换金钱，而是为了在社群劳动（commune labor）中进行交换，比如互相帮助修建房屋。在单独的循环中，食物、工具和其他商品属于金钱交易。巴特报告说，远道而来的阿拉伯商人不受规定了交易领域分离的规范约束，用啤酒支付当地工人，让他们种植经济作物西红柿。由于不了解啤酒和劳动力的现金价值，工人们生产的农作物价值远远高于他们得到的啤酒，阿拉伯商人赚得盆满钵满（另参见 Granovetter，2002，第 44—46 页）。

在常规领域之外使用资源往往可能成为利润来源，而新的制度可以促进这种利用。硅谷的“风险投资”起源就是一个例子。在 20 世纪 60 年代之前，高科技由金融家资助，这些金融家大多与该行业的社会或专业网络脱离，对技术细节也不甚了了。但在技术快速变革的时代，平常的金融工具根本无法评估创新。结果新模式应运而生：积累了巨大利润的工业界工程师和营销专家，利用这些技术成了新型金融家——“风险投资人”。他们拥有技术知识和广泛的人际网络，能够比传统银行家更老练地评估新创意。鉴于他们的技能，他们也更倾向于担任董事会成员，发挥积极的管理作用，支持自己的公司在初创企业中把持重大股权（Kaplan，1999，第 6—7 章）。早期的创新者将自己在行业和家庭领域积累起来的财力，投入新创立的风险投资机构，从此富甲一方。这些早期成功帮助他们从养老基金和富裕个人这样的有限合伙人手中吸引了大量资金，这些合作伙伴完全远离技术圈子，就像 19 世纪早期商业家族创立新英格兰银行那样，利用非家族基金为产业扩张提供资金（Lamoreaux，1994）。

能否用环境变化使新的金融行为更加有利可图这类标准的效率论来解释这一结果？此类解释的问题在于，这些做法虽然可获得利润但并非一成不变。萨克森尼安（Saxenian，1994，第 64—65 页等）认为，由于硅谷和波士顿一带高科技产业区之间的文化和社会网络存在差异，后者的金融仍然保留了无技术背景人士的传统主导地位，因此他们不能迅速发现新的趋势并提供融资，以致该地区长期处于劣势。如果她的观点正确，那么甚至在长期之内，波士顿和其他地区也很难模仿硅谷模式。进一步的实证研究将为经济逻辑与社会约束之间的冲突提供有趣的说明。

结　论

社会结构影响许多重要的经济结果，除了这里谈到的，还有比如联盟伙伴的选择（例如 Gulati and Gargiulo，1999），收购其他公司的决定和所采取的策略（Haunschild，1994），公司治理技术的传播（Davis and Greve，1999），以及发达经济体中大家族和族群导向的企业集团的持续发展（Granovetter，2004），等等。在本文中，我仅选择几个例子来阐释策略、方法和原则。

如果经济与社会生活的非经济方面的相互作用仍然密闭在黑匣子里，经济模型可以变得更简单，然而这一策略抽象自诸多社会现象，而这些现象强烈影响经济行为的成本和可用技术。倘若预测是目标，排除这种现象就是有风险的。当黑匣子被打开，我们的目标就是把网络、规范、制度、历史和文化完全融入经济模型，这隐含地假设若非这样就无法进行系统论证。但是，追求这种艰巨的目标并不能充分利用经济学家的比较优势。邻接经济学的学科在揭示社会现象的动力学方面已经取得长足进步，所以一个更有效的策略就是，开展跨学科合作，就像贸易理论鼓励国家间的合作一样。当下我的目标是提出类似这样的一些联系，它们还有待开发，是社会科学面临的最大智力挑战之一。

（颜超凡　译）

参考文献

Abolafia，Mitchel. 1996. Making *Markets*：*Opportunism and Restraint on Wall Street.* Cambridge，Mass.：Harvard University Press.

Akerlof，George. 1970. "The Market for 'Lemons'：Quality Uncertainty and the Market Mechanism." *Quarterly Journal of Economics.* 84：3，pp. 488 – 500.

Baker，Wayne. 1984. "The Social Structure of a National Securities Market." *American Journal of Sociology.* January，89，pp. 775 – 811.

Barabasi，Albert – Laszlo. 2002. *Linked*：*The New Science of Networks.* New York：Perseus Books.

Belshaw，Cyril S. 1965. *Traditional Exchange and Modern Markets.* Englewood Cliffs，N. J.：Prentice – Hall.

Bendix，Reinhard. 1979. *Max Weber*：*An Intellectual Portrait.* Berkeley，Calif.：University of

California Press.

Bian, Yanjie. 1997. "Bringing Strong Ties Back In: Indirect Ties, Network Bridges, and Job Searches in China." *American Sociological Review. June*, 62, pp. 366 – 385.

Blau, Peter. 1963. *The Dynamics of Bureaucracy*. Chicago: University of Chicago Press.

Buchanan, Mark. 2002. *Nexus: Small Worlds and the Groundbreaking Science of Networks*. New York: W. W. Norton.

Burawoy, Michael. 1979. *Manufacturing Consent: Changes in the Labor Process Under Monopoly Capitalism*. Chicago: University of Chicago Press.

Burt, Ronald. 1992. *Structural Holes: The Social Structure of Competition. Cambridge*, Mass.: Harvard University Press.

Calvó – Armengol, Antoni. 2004. "Job Contact Networks." *Journal of Economic Theory*. 115: 1, pp. 191 – 206.

Carruthers, Bruce. 1996. *City of Capital: Politics and Markets in the English Financial Revolution*. Princeton, N. J.: Princeton University Press.

Castilla, Emilio J. 2002. "Social Networks and Employee Performance." Ph. D. Dissertation, Department of Sociology, Stanford University.

Chandler, Alfred D. 1977. *The Visible Hand: The Managerial Revolution in American Business. Cambridge*, Mass.: Harvard University Press.

Dalton, Melville. 1959. *Men Who Manage*. New York: Wiley.

Davis, Gerald and Henrich Greve. 1999. "Corporate Elite Networks and Governance Changes in the 1980s." *American Journal of Sociology*. 103, pp. 1 – 37.

Davis, William G. 1973. *Social Relations in a Philippine Market: Self-Interest and Subjectivity*. Berkeley, Calif.: University of California Press.

Day, Diana. 1994. "Raising Radicals: Different Processes for Championing Innovative Corporate Ventures." *Organization Science*. 5: 2, pp. 148 – 172.

DiMaggio, Paul and Hugh Louch. 1998. "Socially Embedded Consumer Transactions: For What Kinds of Purchases do People Most Often Use Networks?" *American Sociological Review*. 63: 5, pp. 619 – 637.

Dutta, Bhaskar and Matthew O. Jackson. 2003. *Networks and Groups: Models of Strategic Formation*. Berlin: Springer Verlag.

Fernandez, Roberto M., Emilio J. Castilla and Paul Moore. 2000. "Social Capital at Work: Networks and Employment at a Phone Center." *American Journal of Sociology*. 105: 5, pp. 1288 – 1356.

Ferrary, Michel. 2003. "Trust and Social Capital in the Regulation of Lending Activities." *Journal of Socioeconomics*. 31: 6, pp. 673 – 699.

Festinger, Leon, Stanley Schachter and Kurt Back. 1948. *Social Pressures in Informal Groups*. Cambridge, Mass.: MIT Press.

Freeland, Robert. 2001. *The Struggle for Control of the Modern Corporation: Organizational*

Change at General Motors, 1924 – 1970. New York: Cambridge University Press.

Geertz, Clifford. 1978. "The Bazaar Economy: Information and Search in Peasant Marketing." *American Economic Review.* 68: 2, pp. 28 – 32.

Granovetter, Mark. 1973. "The Strength of Weak Ties." *American Journal of Sociology.* 78: 6, pp. 1360 – 1380.

Granovetter, Mark. 1983. "The Strength of Weak Ties: A Network Theory Revisited." *Sociological Theory.* 1, pp. 201 – 233.

Granovetter, Mark. 1985. "Economic Actionand Social Structure: The Problem of Embeddedness." *American Journal of Sociology.* 91: 3, pp. 481 – 510.

Granovetter, Mark. 1988. "The Sociological and Economic Approaches to Labor Market Analysis: A Social Structural View," in *Industries, Firms and Jobs: Sociological and Economic Approaches.* George Farkas and Paula England, eds. New York: Plenum Press, pp. 233 – 263.

Granovetter, Mark. 1995a. "The Economic Sociology of Firms and Entrepreneurs," in *The Economic Sociology of Immigration.* Alejandro Portes, ed. New York: Russell Sage Foundation, pp. 128 – 165.

Granovetter, Mark. 1995b. *Getting a Job: A Study of Contacts and Careers.* Chicago: University of Chicago Press.

Granovetter, Mark. 2002. "A Theoretical Agenda for Economic Sociology," in *The New Economic Sociology: Developments in an Emerging Field.* Mauro F. Guillen, Randall Collins, Paula England and Marshall Meyer, eds. New York: Russell Sage Foundation, pp. 35 – 59.

Granovetter, Mark. 2005. "Business Groups and Social Organization," in *Handbook of Economic Sociology, 2nd Edition.* Neil and Richard Swedberg Smelser, eds. New York and Princeton: Russell Sage Foundation and Princeton University Press, forthcoming.

Granovetter, Mark and Richard Swedberg. 2001. *The Sociology of Economic Life, 2nd Edition.* Boulder, Colo.: Westview Press.

Granovetter, Mark and Charles Tilly. 1988. "Inequality and Labor Processes," in *Handbook of Sociology.* Neil Smelser, ed. Newbury Park, Calif.: Sage Publications, pp. 175 – 221.

Gulati, Ranjay and Martin Gargiulo. 1999. "Where do Interorganizational Networks Come-From?" *American Journal of Sociology.* 104: 5, pp. 1439 – 1493.

Hamilton, Barton H., Jack Nickerson and Hideo Owan. 2003. "Team Incentives and Worker Heterogeneity: An Empirical Analysis of the Impact of Teams on Productivity and Participation." *Journal of Political Economy.* 111: 3, pp. 465 – 497.

Haunschild, Pamela. 1994. "How Much is That Company Worth?: Interorganizational Relationships, Uncertainty and Acquisition Premiums." *Administrative Science Quarterly.* September, 39, pp. 391 – 411.

Homans, George. 1950. *The Human Group.* New York: Harcourt.

Ingram, Paul and Peter Roberts. 2000. "Friendships Among Competitors in the Sydney Hotel

Industry." *American Journal of Sociology*. 106: 2, pp. 387 – 423.

Kaplan, David. 1999. *The Silicon Boys*. NewYork: William Morrow.

Klein, Benjamin and Keith Leffler. 1981. "The Role of Market Forces in Assuring Contractual Performance." *Journal of Political Economy*. 89: 4, pp. 615 – 640.

Lamoreaux, Naomi. 1985. *The Great Merger Movement in American Business, 1895 – 1904*. Cambridge, UK: Cambridge University Press.

Lamoreaux, Naomi. 1994. *Insider Lending*. New York: Cambridge University Press.

Lin, Nan. 2001. *Social Capital: A Theory of Social Structure and Action*. New York: Cambridge University Press.

MacKenzie, Donald and Yuval Millo. 2003. "Constructing a Market, Performing a Theory: The Historical Sociology of a Financial Derivatives Exchange." *American Journal of Sociology*. 109: 1, pp. 107 – 145.

Maschke, Erich. 1969. "Outline of the History of German Cartels from 1873 to 1914," in *Essaysin European Economic History*. F. Crouzet, W. H. Chaloner and N. M. Stern, eds. London: Edward Arnold, pp. 226 – 258.

Mizruchi, Mark and Linda Stearns. 2001. "Getting Deals Done: The Use of Social Networks in Bank Decision – Making." *American Sociological Review*. 66: 5, pp. 647 – 671.

Montgomery, James D. 1991. "Social Networks and Labor Market Outcomes: Toward an Economic Analysis." *American Economic Review*. December, 81, pp. 1408 – 1418.

Montgomery, James D. 1994. "Weak Ties, Employment and Inequality: An Equilibrium Analysis." *American Journal of Sociology*. 99: 5, pp. 1212 – 1236.

Mouw, Theodore. 2003. "Social Capital and Finding a Job: Do Contacts Matter?" *AmericanSociological Review*. 68: 6, pp. 868 – 898.

Podolny, Joel M. and Fiona M. Scott-Morton. 1999. "Social Status, Entry and Predation: The Case of British Shipping Cartels 1879 – 1929." *Journal of Industrial Economics*. 47: 1, pp. 41 – 67.

Rauch, James E. and Alessandra Casella. 2001. *Networks and Markets*. New York: Russell Sage.

Rogers, Everett. 2003. *The Diffusion of Innovations, 5th Edition*. New York: Free Press.

Sabel, Charles F. 1982. *Work and Politics : The Division of Labor in Industry*. Cambridge, UK: Cambridge University Press.

Sahlins, Marshall David. 1972. *Stone Age Economics*. Chicago: Aldine – Atherton.

Saxenian, Annalee. 1994. *Regional Advantage: Culture and Competition in Silicon Valley and Route128*. Cambridge, Mass. : Harvard University Press.

Shleifer, Andrei and Lawrence Summers. 1990. "The Noise Trader Approach to Finance." *Journal of Economic Perspectives*. 4: 2, pp. 19 – 33.

Uzzi, Brian. 1996. "The Sources and Consequences of Embeddedness for the Economic Performance of Organizations: The Network Effect." *American Sociological Review*. 61: 4, pp. 674 – 698.

Uzzi, Brian. 1999. "Embeddedness in the Making of Financial Capital: How Social Relations and Networks Benefit Firms Seeking Financing." *American Sociological Review*. August, 64, pp. 481 – 505.

Uzzi, Brian and Ryon Lancaster. 2003. "Structural Embeddedness and the Price of Legal Services in the Large Law Firm Market." Preprint: Kellogg School of Management, NorthwesternUniversity.

Waldman, Michael. 2003. "Durable Goods Theory for Real World Markets." *Journal of Economic Perspectives*. 17: 1, pp. 131 – 154.

Wasserman, Stanley and Katherine Faust. 1994. *Social Network Analysis: Methods and Applications*. New York: Cambridge University Press.

Watts, Duncan. 2003. *Six Degrees: The Science of a Connected Age*. New York: W. W. Norton.

Zelizer, Viviana. 1978. "Human Values and the Market: The Case of Life Insurance and Death in 19th – Century America." *American Journal of Sociology*. 84: 3, pp. 591 – 610.

Zuckerman, Ezra. 2003. "On *Networks and Markets* by Rauch and Casella, eds." *Journal of Economic Literature*. 41: 2, pp. 545 – 565.

比较之窗

Comparative Studies

Comparative

美国各级政府财政的长期演变

从 1790 年至 1990 年

约翰·沃利斯

自打美国人从英国获得独立后，他们就开始持续不断地在如下问题上展开争论：各级政府的规模多大为宜，需要开征何种税收养活它们，每一级政府应该提供什么样的服务，它们应该发行多少债务，而且在三级政府中——联邦、州或地方，征税、支出或举债应主要界定给哪一级。正是美国政府宪政制度的性质，才使这些争论持续不断，才使各级政府通过改变政策以适应环境变化，它们可能是细微的，也可能是剧烈的。到了 20 世纪末期，美国各级财政形成某种微妙的均衡，其中全部经济活动的三分之一以上通过公共部门实施。联邦政府拿到了二分之一多一点的收入，州和地方政府承担了二分之一多一点的支出。[①] 当

* John J. Wallis，马里兰大学经济学教授，美国国民经济研究局（NBER）研究员。原文 "American Government Finance in the Long Run：1790 to 1990"，载于 *Journal of Economic Perspectives*（JEP），Vol. 14，Number 1，Winter 2000，第 61—82 页。版权归 AEA（美国经济学会）所有，获 JEP 授权。作者感谢 Richard Sylla、Price Fishback、Wallace Oates、Brad DeLong 和 Timothy Taylor，还要感谢在特拉华州立大学、哈佛大学和 NBER 举行的研讨会上获得的有益评论。本研究项目接受了国家科学基金会（NSF）的资助，资助号为 SES－8419857、SES－8706814、SES－8908272、SBR－9108618 和 SBR－970940。

① 自然，上述数字是粗略的，而且每年都有变化。例如 1992 年，联邦政府筹集了 12590 亿美元的收入，占全部政府收入的 55%，它又把其中的 1790 亿美元，也就是收入的 14% 转移支付给了州和地方政府。这一年联邦政府还借入约 2700 亿美元的债务，并花掉了大部分。因此联邦政府开支占全部政府支出份额的 53%（美国商务部，1997）。

然，不一定一直如此。

在 1790 年至 1990 年这段时间，美国政府财政历经了三种明显不同的体制。在每种体制中，总有一类收入相对于其他阶段处于重要地位。在每种体制中，总有某一级政府在促进经济发展中，相对于其他阶段扮演了较为积极的角色。通过考察政府职能长时期的历史变化，我们可以回答政府的壮大是因为筹集收入成本的降低还是因为支出的收益明显提高。什么力量推动收入和支出在各级政府之间的分配？为什么各级政府的债务积累从一个时期到另一个时期有增有减？本文最后一部分将详细讨论“二战”后异乎寻常的美国政府财政史。

第一种体制自 1790 年持续到 1842 年左右。这一时期内，州政府充当积极的引导者，通过基础设施投资促进经济发展，通过法律创新，促进企业和银行制度的发展。基础设施投资和土地出售为政府提供了筹集“资产性收入”的机会。州政府在授予企业特许权和取得资产性收入方面具有独特地位。鉴于联邦政府不愿意参与交通运输业的发展，州政府就带头投资。到 19 世纪 30 年代末，州政府债务大体上 8 倍于联邦和地方政府的债务之和。

第二种体制从 19 世纪 40 年代开始到大萧条时期。这一时期以地方政府及其房产税（property tax）制度为主要特征。地方政府的规模有所扩大，其重要性也在增强。它们承担了多数重大基础设施投资，主要分布在教育、公路、供水系统、排污系统和其他公用事业上。房产税增加，变成地方和州政府最重要的收入来源。到 1900 年时，地方政府债务几乎相当于州政府债务的 8 倍。到大萧条之前，地方政府筹集了全部政府收入一半还多的税收，而且自“一战”后，它们为自己投资举借的债务一直与联邦政府债务相当。

第三种财政体制始于大萧条和罗斯福新政时期。其中有两项内容：一项是国内经济计划的联邦体系（包括基础设施投资），由联邦资助并由州和地方政府管理；另一项是国防和全国老年保障。在联邦和州一级，所得税和销售税成为最重要的收入来源。尽管这一体制不是静态的，但联邦、州和地方政府的基本关系在长达 60 年内一直保持稳定。

在上述每个时期，总是有某一级政府比其他级次的政府更积极主动，而且财政收支结构也明显有别：资产筹集收入时代伴之以积极的州政府；房产税时代伴之以积极的地方政府；收入课税时代伴之以积极的联邦政府。不同财政体制下不同级次的政府承担积极角色，这一事实表明收入结构与政府结构有某种关系。这种关系很复杂。收入结构和政府结构显然是相互依存的，我们如何思考这两者的关系取决于理论和历史。正如我们将要看到的，财政行为方式的转换揭示了制约政府采取何种形式的若干重要力量，这些力量至今仍在起作用。

整个20世纪，政府支出总体上稳步增长，不像收入结构那样有剧烈的变动。当然，与战争有关的某些支出方式和联邦政府的债务付息除外。财政支出和收入模式的历史变化打开了一扇窗户，使我们可以洞悉在过去二百年间政府规模和结构为什么发生了变化。

资料和方法

如果我们把时间回溯至18世纪90年代，经济学家对政府预算的了解就变得越来越模糊。[①] 联邦政府每年的收入、支出和债务数据，在18世纪90年代之前都是由财政部长汇集并发布的。对预算概念做一些说明，例如，对社会保障税的处理，就可以让联邦政府预算变得完整而又容易理解。人口普查局收集州和地方政府财政活动的资料是从1850年开始的，而且从那时开始出版十年一度的普查报告，虽然所冠题目各有不同，但都围绕“财富、债务和税收”[②]这一主题。正如这一题目所示，报告的重点就是财产评估、政府举债和税收。除了税收之外的所有收入信息都没有被收集，支出信息也是如此。这些方面的普查从不完整，是因为很多小一些的地方政府并没有列入。自1902年开始，人口普查局才试图汇总财政活动的完整信息，1902年就做了一次好的普查。但是，1913和1922年的后续普查在覆盖面和统计样本上又不完整了。1927年、1932年和1942年收集的数据都有限。第一个现代政府普查于1952年被批准，迟至1957年美国政府普查才建立起来。自此以后，完整的普查每隔五年就进行一次。

理查德·西拉（Richard Sylla）、约翰·莱格拉（John Legler）和我曾经挖掘现存的19世纪美国州和地方政府财政资料。我们通过整理政府档案，财政部长、财务人员和审计人员的报告，形成了州政府收支状况的系列数据。我们还按照每十年一个间隔收集到了地方政府的信息。在收集地方政府资料时，让

---

① 美国财政史的经典作者是Dewey（1934）、Studensky and Krooss（1963）。

② 19世纪晚期和20世纪早期的统计数据可以从美国内政部/美国商务部以下年份的资料中找到：1866年，1872年，1884年，1895年，1907年，1915年。对20世纪政府统计的概述，可参见美国商务部1975年“财政和就业”一章的引言部分。

人望而生畏的是地方政府为数甚巨。1942 年，首个完整的地方政府数据产生，全美有 155000 个地方政府。我们得到的信息只是代表了 19 世纪地方政府中的一个小样本，远未达到 20 世纪普查源的平均水平。

表 1 和表 2 展现了政府收入和债务情况，这些信息是从庞杂的来源里翻检出来的。表 1 是按政府级次列示的人均政府收入，它也列出了 19 世纪政府收入占 GNP 份额处于上游的面板数据，还有这一份额在 20 世纪处于下游的面板数据。地方政府 19 世纪的数据来自我们的研究，也是推测性的。州政府的数据可靠，但还是做了细微修正。联邦政府的数据也是可靠的。表 2 按政府级次给出的债务数据取自 19 世纪和 20 世纪选定的年份，每级政府债务占全部政府债务的比例也是如此。同样，地方政府 19 世纪的数据是最差的。但是，总体上看，1870 年以前的数据和州政府 1838 年、1842 年的债务，得益于对财富、债务和税收的普查，还是相当可靠的。

从这些表格中，我们可以对政府行为的过程做出什么样的推断呢？我将用一个简单的经济学模型组织我的思想：政府筹集收入再花掉它们。筹集收入有政治上的代价，但花钱会带来政治收益。因此，政治体制让支出 1 美元带来的边际收益等于收入 1 美元带来的边际成本，使政治净收益最大化。当存在多级政府，且有多种筹集收入的工具和多重支出目标时，各级政府、各种收入来源和支出职能之间的边际成本和边际收益都应该相等。在这一最简单的模型里，整个政府体系受平衡预算的约束，但单一层级的政府却不必如此。[1] 例如，在联邦政府层面筹集收入的边际成本较低但地方政府层面支出的边际收益较高，那么联邦政府就应该将资金转移给地方政府。

这一模型为我们提供了有益的思路，用于考察政府财政活动水平、收支结构和各级政府之间的收支划分。一般地，当筹资的政治代价下降或者支出的政治收益上升时，政府的财政规模就会扩大，有人会问这两种力量随着时间推移哪一种将变得更加重要。收入将用那些政治代价最小的财政工具筹集，支出也将流向政治收益最大的职能。从长期看，这些成本和收益的变化将影响政府的规模和结构。最终，整个政府体制将倾向于在成本最低的政府层级上筹集收入，而将支出花在能产生最大收益的政府层级上，而且，若有必要，就用政府

---

① 把贷款和债务偿付视同收入和支出，我们就可以将政府债务纳入这个模型。各级政府因而就有了一个带有债务的平衡预算。在标准的财政核算中，贷款通常不包含在收入中，本金偿付不包含在支出中。这样，人们就能从收支对比中，直接看出预算是否“平衡”。

表 1　以当前美元衡量的各级政府人均收入和占 GNP 比例

年份	以当前美元衡量的人均量				占 GNP 比例
	联邦政府	州政府	地方政府	总额	
1800	1.96	0.42			
1810	1.80	0.36			
1820	2.52	0.56			
1830	2.07	0.54			
1840	1.50	0.88	1.23	3.60	4.0%
1850	1.93	0.99	1.23	4.14	4.2%
1860	3.32	1.72	2.17	7.20	5.4%
1870	9.82	2.34	5.48	17.64	8.4%
1880	6.39	1.70	4.98	13.07	5.7%
1890	5.74	1.84	5.96	13.55	6.4%
1900	6.42	2.43	8.83	17.68	7.2%
		占 GNP 比例			
1902	3.0%	0.8%	4.0%		7.8%
1913	2.4%	0.9%	4.2%		7.5%
1922	5.8%	1.7%	5.2%		12.6%
1927	4.7%	2.1%	6.0%		12.8%
1934	6.0%	3.8%	7.6%		17.4%
1940	7.0%	5.0%	5.8%		17.9%
1946	22.3%	3.7%	3.6%		29.5%
1952	20.4%	4.1%	4.0%		28.5%
1957	19.3%	4.6%	4.7%		28.6%
1962	18.5%	5.2%	5.5%		29.2%
1967	19.7%	5.7%	5.4%		30.8%
1972	18.4%	6.9%	6.2%		31.5%
1977	19.2%	7.6%	6.0%		32.8%
1982	21.6%	8.2%	6.2%		36.1%
1987	21.0%	9.1%	6.9%		37.0%
1992	20.8%	9.3%	7.3%		37.5%

资料来源：1902 年以后的数据来自美国商务部（1975，1985，1997）和政府间关系顾问委员会（Advisory Council on Intergovernmental Relations，1994）。1800 年至 1900 年州政府收入数据由 Sylla、Legler 和 Wallis 收集。1840 年至 1890 年地方政府收入数据，见 Legle、Sylla and Wallis（1988）。1860 年之前 GNP 数据来自 Gallman（1966），此后到 1929 年的数据来自 Balke and Gordon（1989）。

间拨款调整差额。我们可以随时间推移描述这些变化，以确定是否形成了某种形式的政府体制。

积极的州政府时代：1790 年到 19 世纪 40 年代

经济史学家现在对 19 世纪州和地方政府的所作所为了解得较为详细。从 1790 年至 19 世纪 40 年代，州政府在美国各级政府中是最积极的。[①] 它们广泛投资于银行、运河和其他交通设施的改进（Callender，1902）。它们作为主要渠道，将大量的国内外资本导入各种投资项目。它们在交通和金融基础设施方面的基本投资，使成长中的美国经济有机会发展出一个庞大而又不断扩张的市场。到了 19 世纪 30 年代后期，全美各州都深深卷入了运河热。从历史上看，州和地方政府债务大致上可以作为政府基础设施投资的指标。联邦政府债务往往反映了美国独立战争带来的持续影响。各州政府的总债务 1841 年为 1.93 亿美元，地方政府债务大约为 2500 万美元，联邦政府债务则为 500 万美元，如表 2 所示。

部分州政府的投资策略是创建私人有限公司（corporation）和公私合营的有限公司。各州积极尝试以有限公司的方式，实现公共政策目标，提高个人积极性。不仅如此，它们还从这些活动中获利不菲。州政府与其创立的有限公司之间的这些关系是这一时期财政结构的突出特点。州政府的收入原先依赖房产税。但是，随着州政府开始扩大投资范围，先是投资于银行，后来投资于运河和铁路，它们就废除了州房产税。各州开始从河道收费、银行股权分红、土地出售以及对商业征收间接税而赚取“资产性收入”。[②] 州政府建立了成千上万的有限公司，有全私人的、全公共的，还有公私混合的，这些企业承担开发项目。州政府从这些有限公司身上获取财政利益。

资产性收入的提高使许多州得以减少或取消房产税。太平洋沿岸商业发达的各州能够投资于银行和运河，或者向商业征税，特别是向银行征收营业税，

---

① “最积极”是相对意义上的。美国联邦政府一直承担着国防、外交、公共土地和货币政策（后一个职责受人尊崇往往是在出乱子的时候）。地方政府一直主要负责教育和治安。州政府一直负责某些公共福利体系。

② 这里我将资产性收入和间接税合在一起讨论，因为这两种收入紧密相关。比如说，州政府给一家银行颁发执照，它可以收取特许费，取得所有权权益，或者对银行资本课税。在 19 世纪早期，这三种方法都曾对银行使用过。收费居首位，其次是资产性收入，第三是间接税收入。

表 2　按级次和比例考察的各级政府债务　（单位：百万美元）

年份	州债务	地方债务	联邦债务	州债务比例	地方债务比例	联邦债务比例
1838	172	25	3	86.0%	12.5%	1.5%
1841	193	25	5	86.4%	11.4%	2.3%
1870	352	516	2436	10.7%	15.6%	73.7%
1880	297	826	2090	9.2%	25.7%	65.0%
1890	228	905	1122	10.1%	40.1%	49.8%
1902	230	1877	1178	7.0%	57.1%	35.9%
1913	379	4035	1193	6.8%	72.0%	21.3%
1922	1131	8978	22963	3.4%	27.1%	69.4%
1932	2832	16373	19487	7.3%	42.3%	50.4%
1942	3257	16080	67753	3.7%	18.5%	77.8%
1952	6874	23226	214758	2.8%	9.5%	87.7%
1962	22023	58779	248010	6.7%	17.9%	75.4%
1972	59375	129110	322377	11.6%	25.3%	63.1%
1982	147470	257109	919238	11.1%	19.4%	69.4%
1992	372319	603920	2998639	9.4%	15.2%	75.4%

资料来源：1932 年之前的联邦债务来自美国商务部（1975）。1942 年以后的联邦债务取自政府间关系顾问委员会（1994），而且是由公众持有的净债务。州债务，1838 年和 1841 年的数据来自 Ratchford（1941）；1870—1890 年的数据来自美国内政部（Department of the Interior，1866，1872，1884，1895）；1902—1992 年的数据来自美国商务部（1975，1985，1997）。地方债务数据来自美国内政部（1866，1872，1884，1895）；1838 年和 1841 年数据见 Hillhouse（1936）。

由此取消了州房产税。马里兰州、纽约州、罗得岛州、马萨诸塞州、宾夕法尼亚州、南卡罗来纳州、佐治亚州和亚拉巴马州都于 1835 年之前取消了州房产税。表 3 反映了 1835—1841 年、1842—1848 年和 1902 年这几个时段内，东部和边疆某些州的房产税占各自财政收入的份额。① 19 世纪 30 年代晚期，州房产税在东部各州的财政收入中仅占 2%。与此相对照，在西部和南部新成立的州，州房产税通常占到财政总收入的 30% 还多。在 1840 年之前，边疆各州没有银行也没有商业可以征税。西部州在 19 世纪 30 年代中叶积极投资于河道、铁路和银行，主要原因就是希望取得资产性收入。这一时期是 19 世纪早期走向“无税”政府这一趋势的顶峰，这里“无税”的意思是没有直接税，即没有房产税、人头税和所得税。正如莱彻福德（Ratchford，1941，第 78 页）在描述 19 世纪 20

① 表中包含的州取决于数据的可获得性。更详细的数据见 Sylla and Wallis（1998）。

年代中期的财政时所说的："显然，这时的州政府就是官房学派（Cameralism）心目中的理想政府，它们是从国有资产而不是税收上获取它们的主要收入。"

表 3 房产税收入在各级政府收入中的份额

	1835—1841	1842—1848	1902
大西洋沿岸州 MA，MD，NY，PA，RI，DE，SC，NC	0.02	0.17	0.55
西部和南部州 IL，IN，OH，AK，MS，KY	0.34	0.45	0.70
所有各州	0.16	0.30	0.57

注：MA，马萨诸塞州；MD，马里兰州；NY，纽约州；PA，宾夕法尼亚州；RI，罗得岛州；DE，得克萨斯州；SC，南卡罗来纳州；NC，北卡罗来纳州；IL，伊利诺伊州；IN，印第安纳州；OH，俄亥俄州；AK，阿拉斯加州；MS，密西西比州；KY，肯塔基州。

资料来源：Sylla and Wallis（1998）。

正当各州都忙于促进州内发展时，联邦政府却费劲地在整个政府体系中为自己寻找适当的位置。宪法为联邦政府筹集收入提供了许多工具。国会希望它的主要资产、公共土地将带来稳定的资产性收入，但这个希望落空了。实际上，19 世纪，关税收入占所有联邦收入的 80%~90%，除了战争时期，联邦政府都有充足的收入。在财政紧张时期，如 1798 年同法国备战和 1812 年战争期间，国会开征了房产税和国内货物税。在平常年份，海关提供稳定的收入流，这使联邦政府到 1835 年就偿还了全部债务。

联邦政府没能大量投资于交通和金融。在交通投资方面多次尝试全国性的开发计划，最彻底的规划于 1808 年由阿尔伯特·加勒廷（Albert Gallatin）起草。但各种宪政问题、地区差异，以及日益出现的对联邦政府职能正反双方的冲突，如亨利·克雷（Henry Clay）等联邦激进分子和他们的对手杰克逊派之间的冲突，阻碍了联邦政府的大规模投资。但联邦政府还是投资了许多较小的项目，如运河、收费公路等，有时还取得了成功。但是，当州政府以财政和开发的理由积极投资于交通和金融的时候，联邦政府却由于以下诸多原因被捆住了手脚。

首先，关税已经提供了稳定的收入来源，联邦政府没有再创收的压力。其次，任何一个交通投资项目必然从地域上使一个地方比其他地方受益更多。关税本身就导致地区之间的紧张关系。兼顾国内各地发展将纾解而不是恶化地区间的紧张关系，但要精心设计这样的交通改进议案极其困难。再次，州政府已经利用颁发有限公司特许经营权作为自己的投资工具，并以此动员公共和私人方面的力量。联邦政府倒是拥有特许权，但如果改由联邦政府颁发有限公司特许经营权，必将遭遇强烈的抵制。

美国第一银行（1791 年至 1811 年）和美国第二银行（1816 年至 1836 年）就是由联邦政府颁发特许经营权，可以在全美范围内经营。凭借着规模大和掌握着稳定的政府储蓄流，它们得以在货币和信贷市场上发挥重大影响力，超越了州政府特许的银行。这两家银行都获得了 20 年的特许经营权，但都没能续期经营。国会已经通过对美国第二银行再次颁发特许经营权，却遭到安德鲁·杰克逊的否决。杰克逊的否决文件（转引自 Richardson，1897，Vol. 2，第 1153 页）概括了他们对该银行的抵制态度：

> 我们中的许多富人并不满足于平等保护和平等受益，而是央求我们通过国会法案使他们更富。力图满足其愿望带来的结果是，法律条文之间相互打架，各种利益之间相互冲突，人与人之间陷入可怕的争斗，这将动摇我们这个合众国的根基。

简而言之，有限公司特许权制造了特权，而联邦政府没有能力在如何分配特权方面持折中立场。

1842 年以前，州政府获得资产性收入的成本比联邦政府和地方政府低得多。他们可以而且确实创建了有限公司，向这些公司投资，从中分红、收费和征收间接税。这些公共投资为改善交通和金融体系，从而直接促进经济发展奠定了基础。联邦政府发现它进行类似投资的成本要高得多。虽然全国都有热情投资于国内的基础设施改善，但是联邦政府无力让不同地区都满意，让不同利益诉求都得到满足。地方政府被排除在这一过程之外，因为它们既没有必要的财力，地域范围，也没有权力颁发特许经营权。①

---

① 对这一时期更感兴趣的读者，可参考的最重要的资料是 Goodrich（1960）关于政府涉足交通投资的文献。我还发现一篇十分有趣的文章“The Revulsion against Internal Improvements”（1950）。我（1999a）曾经撰写过文章，论述国内改善投资的一般过程。McGrane（1935）讨论的主题是违约危机，这一主题在 Ratchford（1941）的论述中也占据重要位置。我曾经考察过违约危机，可参见 Sylla and Wallis（1998），Grinath、Wallis and Sylla（1997）。Gates（1968）研究了公共土地。关于银行业发展的描述，见 Redlich（1968）和 Sylla（1966，1998）。对于银行业与州政府财政关系的探讨，见 Sylla、Legler and Wallis（1987），以及 Wallis、Sylla and Legler（1994）。关于州和有限公司之间财政关系的终结，可参见 Wallis（2000）。

房产税和地方政府时代：1842 年到 1933 年

在 1839 年到 1842 年的岁月里，政府依靠资产融资的时代开始结束。那次深刻而持久的经济萧条出现于 1839 年，而且在 1842 年中期，有 8 个州和佛罗里达管理区无力偿还它们的债务，当时借入的这些钱用于兴办或购买银行、开挖运河和修建铁路。这些都是州政府经济激进主义的象征。这次违约危机使大多数州的基础设施投资突然陷于瘫痪。危机之后，各州在恢复投资方面程度各异。新的州宪法和老宪法的修正案对州政府举债施加了限制，限制州政府投资于私人企业，在某些情况下一概禁止这类投资（Goodrich，1950）。这并非意味着州政府活动的绝对结束。又有一部分州在 19 世纪 40 年代和 50 年代进入铁路修筑行业，州政府继续从事运河开发和向银行颁发特许权的业务（Heckelman and Wallis，1997）。但是事物发展的趋势则朝着不利于州政府积极行动的方向变化。而且作为一个群体，各州政府与 1842 年以前相比已不再那么有活力。

1842 年以后，相对于州政府投资，地方政府基础设施投资稳步提高，这一点表现为表 2 中的地方债务上升。到 1902 年，地方债务为 18.77 亿美元，大约是各州债务总额的 8 倍。联邦债务在 1902 年是 11.78 亿美元，这主要来自内战债务。大致而言，1840 年的人均地方政府收入约为人均州政府收入的 40% 多一点；到了 1902 年，这一比例达到 260% 还多。人均地方政府收入超出了人均联邦政府收入，即 8.83 美元比 6.42 美元。到 1900 年，在美国各级政府中，地方政府已经明显成为最积极的一级政府。

1842 年后，在州和地方政府的收入结构中，房产税开始占支配地位。表 3 清楚显示了以提高房产税应对违约危机的必要性。1835—1841 年，房产税占州政府这些年收入的比重为 16%，1842—1848 年，这一比重提高到 30%。到了 1902 年，房产税占州总财政收入的 57%。州政府对房产税的持续依赖，一定程度上是始于 19 世纪 40 年代的宪法变革的结果。对州债务的限制主要是确立发行新债务的程序，实际上要求州政府提高房产税作为偿还基金。房产税从来就是地方财政的一个支柱。1902 年，房产税占地方政府总收入的 73%。总体上，联邦、州和地方各级政府所有收入相加，房产税收入占比达到 42%。关于 20 世纪房产税收入占所有政府收入的份额，如图 1 所示。

正如州政府以最低成本将资产性收入作为收入来源之一，房产税因为若干理由而成为最适合地方政府筹集的收入。当地方政府开征税收时，它们要遇到资源流动问题。纳税人通过用脚投票的方式离开征税的辖区。通过征收土地这一非流动资源的税收，地方政府就把流动问题最小化了。但是，纳税人和经济活动仍会重新配置，除非他们支付的税收与收益相匹配。房产税最终要用于提供有价值的公共服务，而公共服务也提高了房产价值，从这个意义看，房产税可视为一种受益税（benefits tax）。通过把房产税与这些税收的收益仔细地匹配（记住在 1940 年有 150000 个课税的地方政府），地方政府就可以降低房产课税的政治成本。

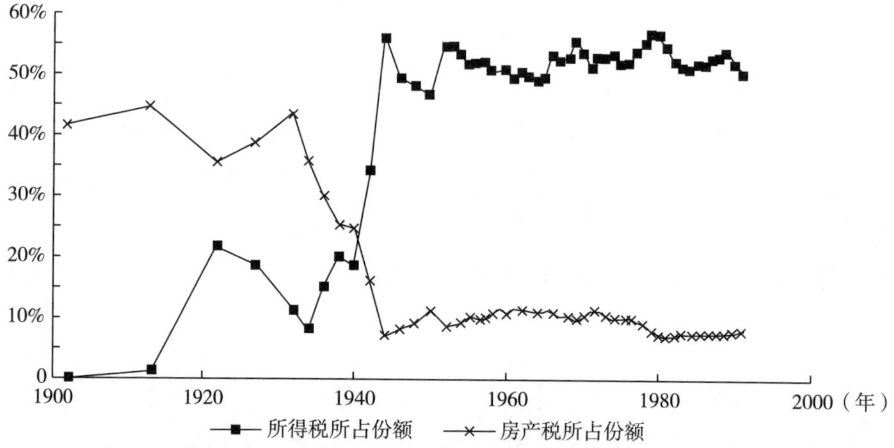

图 1　所有政府收入中房产税和所得税的份额（包括 OASDI）

注：OASDI 指美国的联邦老年、遗属和伤残人保险信托投资基金。

另一方面，州政府发现，他们难以动员政治支持以开征房产税，因为在一个大的地理实体中，匹配纳税人和政府支出的受益人要困难得多，尤其是税款用于资助那些让特定地域受益的项目时。这一点在 19 世纪 40 年代众多州纷纷在宪法里采用“一致性”和“普遍性”条款后倍加突出。这些条款要求一州之内所有房产都得全部估价，并以统一比率课税（Wallis，1999b）。19 世纪早期各州取消房产税（表 3 所示），20 世纪房产税在州政府收入中事实上已消失（图 1 所示），州房产税的不得人心通过这一进程暴露无遗。即使在地方层面，当能够严格聚焦于特定团体和特定利益时，房产税才最有用。罗宾·艾因霍恩（Robin Einhorn，1991）关于 19 世纪芝加哥的著作，说明了针对特定房产所有者征收房产税的能力如何使房产税如同准地方税收那样在 19 世纪中期发挥作用。房产税按照不同街道进行估值、设定税率，以便为供水、排污、马路护栏和道路铺设项目提供资金。

在地方层面，财产课税最能发挥作用。当房产税成为占支配地位的税收形式时，地方政府就是以最低成本获取收入的那一级政府。[①]

所得税和联邦政府时代：1933 年至今

大萧条和新政标志着第三种财政体制的到来。表 1 给出了 20 世纪每一级政府筹集的收入占 GNP 的比例。[②] 在 20 世纪 30 年代，联邦和地方政府财政上的相对重要性发生了显著变化，联邦政府显然成为最大的一级政府。这一变化包括两个明显的部分："联邦体制"和"国民体制"。"联邦体制"提供福利、农业价格支持和公共工程项目，它还通过政府间拨款融资。罗斯福和民主党的新政建立了一个联邦体制，其中联邦筹集收入而各州管理支出。"合作联邦制"（cooperative federalism）变成了政府间关系的规范，联邦给州和地方政府拨款，这一数额在 1933 年前还极小，到 1940 年增加到联邦支出的 9.4%，1977 年为 15.4%，1992 年仍占联邦收入的 14%。联邦拨款现在大体上占州和地方政府收入的三分之一。收入集权、支出和管理分权的体制成为管理项目的标准模式，它应用于教育、公路、供水和排污系统，还有公共福利事业。今天这一基本体制仍在运转，尽管它经历了连续不断的调整和重构。

"国民体制"围绕新政和"二战"中联邦政府承担的两个新职能建立，这两个职能就是社会保障和永久性的大规模军事体制。联邦政府一直承担着主要的国防职责。可是，1940 年前夕，当军事开支和战前战后的债务费用已经占联邦预算很大份额时（在和平时期通常也占总支出的 40% ~50%），在内战和"一战"中也只有 GNP 的 1%。"二战"后直到 20 世纪 80 年代后期，随着应对冷战和实际战争的需要，以及于和平时期军备竞赛的升级，每年军事开支占 GNP 的百分比控制在 5% ~10%。与此同时，新政对社会保障的承诺，连同后来承诺的 Medicare（联邦医疗保险）和 Medicaid（公共医疗补助），都要求有

---

① 19 世纪公共财政的发展尚未得到应有的深入研究。关于房产税的历史，参见 Benson (1965) 和 Fisher (1996)。我也谈到过，随着宪法的变革和政府与有限公司之间宪政关系的变化，房产税收入同步增长（Wallis，1999a，1999b）。

② 若关注联邦政府支出，图会有所不同。因为战争开支导致联邦政府的支出有时急剧上升。但是，如果从不同层级政府的支出看，并且扣除军费及其利息支出（它们占以往战争支出的大部分），图看上去没什么区别。下文将讨论长期中的支出变化问题。

稳定的收入来源。1997 年，花在社会保障、Medicaid 和 Medicare 上的费用占 GNP 的比重，分别是 4.5%、1.2% 和 2.6%。[①]

就像早期的财政制度一样，这种新的政府结构与特定税收的重要性增强是相关的，而这一次是所得税，包括联邦和州两级开征的个人所得税、公司所得税和工薪税（payroll tax）。大萧条的影响之一是采用了 1929—1933 年开征的所得税和销售税。实际上，1929—1933 年联邦所得税收入是下降的，在 20 世纪 30 年代随后的其他年份又上升了。“二战”时期所得税的筹集大幅上升，那时通过减少个人扣除，提高边际税率和代扣税制度，所得税急剧扩大。美国从“二战”中崛起，其财政收入结构也截然不同于以前。这种收入结构大部分延续至今。这一变化的主要概况如图 1 所示，该图描绘了所得税在所有政府收入中所占的份额。

一旦所得税和工薪税占据重要位置，联邦政府就具备了筹集收入的优势。通过征管用于社会保障的工薪税，政府也拥有了关于工资、薪酬的巨量信息，这些信息对征管具有广泛基础的所得税至关重要，征管机制上的这些经验对保证所得税制正常运行是必不可少的。州和地方政府可以利用国税局（IRS）的信息，但作为较小的辖区，它们相对来说更多地受制于企业和劳动力的流动。1992 年，个人所得税和公司所得税为 7160 亿美元，其中 80% 由联邦政府征收，18% 由州政府征收，只有 2% 由地方政府征收。另外 3940 亿美元用于社会保障的工薪税由联邦政府课征（见 Census of Government，1992）。这再次表明，能以最低成本获取收入的那级政府是最积极的一级政府。[②]

财政收支模式

讨论财政收支模式的重点一直是确定哪一级政府最积极，在当时该级政府的收入结构中，什么收入占支配地位。当然，财政政策在长期的演化过程中，势必包括支出方面的变化。在美国历史上，资产性收入有涨有落，房产税收入有升有降，而现在正处于所得税增长的时期，收入结构的根本性质几经变化。

---

① 数据来自国会预算办公室（1999）。当然，1935 年社会保障法案没有建立 Medicare 和 Medicaid。但这两个项目一开始就属于社会保障委员会的职责范围，并有着与现行社会保障项目同样的财政结构。

② 要全面了解新政对美国联邦制的重要性，见 Wallis and Oates（1998），如果特别关注新政，见 Wallis（1984，1988）。

收入结构的这些变化，每一次都是在一个相对短的历史时段内迅速发生的。其中与每一次变化密切相关的是积极的政府职能在不同层级政府之间的重大转换。当我们回顾过去两个世纪时，会发现这是财政历史记录中最突出的特征。

支出结构就没有这种剧烈的变化。与收入相比，支出结构的变化是渐进的，发生在一个相对较长的历史时期内。如果排除与战争相关的国防支出和债务支出，这一点就更明显。不过，支出仍存在一个长期的演变趋势：表 1 显示，自 19 世纪后期以来，政府支出占 GNP 的份额稳步上升。该表反映的是各种收入与 GNP 的比例，但随着时间的延续，收入和支出紧密同步。政府职能在 GNP 中的地位也发生了变化。1933 年以后，军事支出、社会保障和非社会保障型福利支出的比重都提高了；公共安全支出的比重降低了；同时教育、交通、利息和其他方面的支出有升有降。但是这些变化中没有一个能与不同收入工具相对地位的变化相比较。

考虑收支模式在历史长河中的演变，我们可以得出三个主要结论：首先，没有指标显示从 19 世纪后期以来政府规模的扩大是由筹集收入的成本降低推动的。考察表 1 可知，政府在 20 世纪早期迅速扩张时，收入结构并没有发生变化。政府总支出占 GNP 的份额，从 1902 年到 1940 年，平均增长率为 2.2%。而从 1902 年到 1952 年，平均增长率为 2.6%（明显受到“二战”的影响）。1940 年以后，所得税和工薪税在收入来源中开始占支配地位，自那时至 1992 年，政府总支出每年增长 1.4%，若从 1952 年算起，到 1992 年，年均增长率仅为 0.7%。若使用政府支出与 GNP 之比的增长率作为衡量尺度，本身也有问题。因为 20 世纪前期这一增长率高，部分是由于政府支出规模占 GNP 的比例在绝对水平上还较低。从绝对意义上讲，1902—1992 年，政府支出已增长到占 GNP 的 30%。1940 年以前，政府支出增长了 10 个百分点，“二战”期间又增长了 10 个百分点，其余 10 个百分点的增长发生在 1962 年以后。无论以何种标准衡量，政府的扩张显然既非始于 20 世纪 30 年代也非始于 60 年代。总之，并没有什么明显的证据说明所得税的采用加速了政府的扩张。

20 世纪 30 年代同样是一个有趣的案例。现代联邦制的转变始于 1933 年至 1939 年。尽管变化的种子在《社会保障法案》和“二战”期间即已播下，加上医疗保险和 60 年代的“伟大社会”计划，这一制度的成熟还是花费了几十年的时间。1913 年以后，任何时间都可以开征联邦所得税，但是直到 40 年代早期，这一税收才成为联邦政府的重要收入来源。尽管在“一战”期间税率提高了，征收面也扩大了，但直到 20 年代末，只有 5% 的人口缴纳所得税，并且只有 10% 的收入申报税收。甚至大萧条也没有刺激所得税的上升，尽管富兰克林·罗斯福主张“对富人课以重税”。废止禁酒令使联邦政府的新增收入与罗斯福提高个人所得税率增加的收入一样多。① 因为一直到“二战”所得税才成为一个有广泛基础的税种，所以很难认为联邦政府课征所得税收入的能力导致 30 年代在社会福利政策方面的新政式变化。

第二个主要结论同样显而易见。各级政府财政积极性的长期变化很大程度上是由收入结构变化而不是支出结构变化推动的。在美国财政史的三个主要时期中，每一个时期都有某一级政府相对来说更积极，而正是该级政府获得了成本最低的收入工具。

支出模式的长期变化与各级政府之间积极性的变化无关，这一点与收入模式的情形不同。整个 19 世纪，政府一直不停地花钱打仗、提供一般政府服务和些许教育开支，并且投资于交通运输和公用事业方面的基础设施。19 世纪末期支出开始增长，如表 1 所示，这种增长持续到 20 世纪。但是支出增长与政府间支出职能的变化并没有关系。有些支出职能，如教育和治安，在整个 20 世纪完全不是集中化的。其他支出职能，如福利，在 1902 年就已集中化，在 20 世纪的后续岁月里集中度还有所加强。于是，1902—1992 年，美国政府的收入结构表现出集中化趋势，即向联邦和州政府征收的所得税和销售税集中。但是，收入方面的这种集中，与支出方面的集中在程度上并不相称。通过更多地使用政府间拨款，包括联邦对州和地方政府拨款，还包括州对地方政府的拨款，收入比支出更加集中了。与这一收支模式相对应的是，不同级次政府筹集收入的相对成本发生了变化，同时不同级次政府支出的相对收益却没有变化。

收入比支出更加集中这一概论有两个明显的例外：社会保障和国防支出。在 20 世纪，国防和社会保障支出的增长已经显著提高了收入和支出方面的财政集中度。

第三个主要结论是，自 19 世纪末以来，推动政府规模相对于经济总量增长的主要因素，是支出方面而非收入方面的变化。自 19 世纪晚期开始，各级

① 从 1932 年到 1940 年，个人所得税收入由 4. 05 亿美元增至 9. 59 亿美元，同一时期得自酒精饮料的收入从 800 万美元增至 6. 13 亿美元（美国商务部，1975，Y570 和 Y575 系列）。

政府都承担了提供更多、更优良的教育和交通网络的义务。这些义务逐渐变得越来越沉重。在新政期间，各级政府都承诺提供更高水平的社会福利服务，社会福利水平也一直在增加，同时联邦政府还承诺提供退休保障。“二战”产生了一个新的世界秩序，其中美国担当起军事领袖的角色，提供人力和物力。这些正是20世纪美国政府规模扩大的原因。支出增长并不是因为所得税修正案突然降低了筹集收入的成本，从而扩大了政府规模。

国防和赤字：“二战”后的联邦财政史

战争对财政有巨大的影响。回顾一下自18世纪90年代以来的联邦支出，自“二战”到1980年这个时期显然是一个异常时期。直至“二战”之前，和平时期的军事支出通常在GNP的1%左右。但是，在50年代的朝鲜战争期间，国防支出有几个年头超过了GNP的10%，60年代绝大部分年份这一比例高于8%。即使在70年代防务支出已经下降，直到80年代初军备增加，也从未低于GNP的4.7%（1978年和1979年）。即使今天，和平时期防务支出占GNP的份额自40年代以来处于最低水平，也在GNP的3%上下。所有这些数据都远远高于“二战”以前美国历史上和平时期的数据。

“二战”后，支出模式在某种程度上也有些异常。20世纪前期，联邦债务稳步增长，在第一个十年内，平均达到GNP的4.3%，20年代为22.5%，40年代增至94.1%，后来逐渐回落，到70年代中期不到GDP的26%。1940年之后这段时期真正令人惊奇的是联邦利息支出和联邦债务规模同步。20世纪30年代和40年代的债务增长并没有伴随着利息支出的急剧增长，而且在40年代至70年代，联邦债务占GNP比例降低，但并没有影响利息支出占GNP的比例。20世纪20年代利息支出为GNP的0.9%，到40年代仅增至1.9%，70年代中期降到仅为GNP的1.4%。

原因很简单。如图2所示，自1812年以来，每一次大战中的战时财政货币政策都产生了负的实际利率。每一次大战结束都要伴随着实际利率急剧回升，高于它们的长期趋势，随后实际利率又到5%上下，这是19世纪和20世纪大多数时期的水平。“二战”后这一时期例外。实际利率没有回升甚至没有达到“二战”后的正常水平。相反，实际利率一直保持很低，甚至有时为负，就像在20世纪70年代那样。

自1945年之后的35年里，联邦军费支出高得异常，而联邦利息支出又低

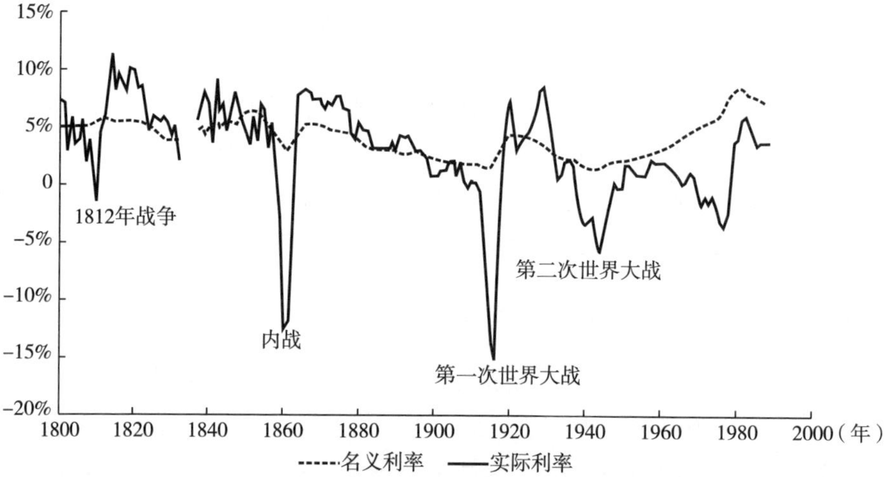

图 2　联邦政府债务的名义利率和实际利率：1800—1992 年

得异常。如果考虑到“二战”开启了长达 40 年之久的冷战冲击，就能理解财政收支的这种战后格局。从 1940 年到 1980 年，联邦政府的财政政策达到了相当于战时的动员程度，与战时货币宽松（monetary accommodation）相结合，帮助保持了低利率。货币宽松产生了通货膨胀压力，最后引发了 20 世纪 60 年代后期和 70 年代的通货膨胀。实际利率一直到 70 年代后期都保持在很低的水平，此时美联储才最终放弃了为联邦债务融资的货币政策。

根据这段历史，20 世纪 80 年代和 90 年代美国联邦债务危机就很容易理解了。从长期看，明智的财政规划应该首先结束冷战的防务支出，然后削减税收，最后回归更可持续的货币政策。与此相反的是，结束战时财政金融体制的第一步却是美联储于 70 年代末决定停止为联邦债务融资的货币政策。这样做减缓了通货膨胀，并且急剧提高了实际利率和名义利率。接下来的第二步是，在 80 年代初，降低了税率并增加了军费支出。联邦税收从 1981 年占 GNP 的 19.7% 降至 1983 年的 17.5%，与此同时支出却由 1981 年的 22.3% 升至 1983 年的 23.6%。高水平的军费支出一直持续到 80 年代末。短期财政赤字不得不以美国历史上最高的名义利率来融资，结果出现了“一战”后最高的实际利率。1981— 1993 年，公众持有的联邦债务从占 GNP 的 25.8% 增至占 GNP 的 50.1%。在 80 年代结束的时候，战时财政金融体制终于随着军费开支的削减而终止，当时军费开支从 80 年代中期占 GNP 的 6% 多一点降到 90 年代后期的 3% 左右。到 90 年代终于享受到了和平红利，这笔红利大致相当于每年花在联邦债务上的利息。

在过去二十年中，美国财政体制逐渐从战时财政转向和平，这也影响了各级政府之间的关系。“二战”后，联邦政府不仅能开征所得税，还能以优惠利率借债。这都推动着自新政以来的集权化趋势。战时财政的终结提高了政府借款的成本，并急剧增加了联邦政府的利息支出。这样就产生了一种压力：降低联邦政府筹集收入的数额，并分给州和地方政府一些，这就是通常所指的财政分权运动。与此同时，征税和支出职责在政府间的基本划分格局却保持原样，近年来产生了一些财政分权的动向。例如，联邦政府直接对地方政府的拨款在1977年占地方政府收入的8.4%，但在1992年仅占1.9%。

当然，这方面最广为人知的新变化是《1996年福利改革法案》。自1935年以来，联邦政府一直需要跟州政府一样无条件为福利项目支出。1996年法案改变了联邦政府的义务，不再发放任由下级政府支配的固定拨款。正如因曼和鲁宾费尔德（Inman and Rubinfeld，1997）指出的，《1996年福利改革法案》“节约了联邦政府的开支，并打破了联邦—州—受益人这一权益链条……6年内节省了78亿美元……这些花费数据，再加上政治上过多的花言巧语，表明《1996年福利改革法案》的真正目标不是降低联邦开支，而是解决紧巴巴的预算中联邦和州政府关系的问题”。当下一次经济低迷突然降临时，这一新的福利财政体制如何运行还有待观察。

“二战”后，为了给战时债务融资，美联储保持很低的利率，这导致了另一个后果：强化了对政客的激励，促使他们制定今后由政府承担大规模支出的项目以换取当前的政治回报。在20世纪60年代，联邦政府扩大了对许多转移支付项目的承诺，包括社会保障和Medicare。联邦政府日益将州和/或地方政府挤出资金循环，而直接资助各种项目和受益人。其中的许多变化对目前的支出并没什么影响，却使履行承诺变得不堪重负。当然，政府乐意承担大量的未来支出，而不喜欢在60年代积攒起剩余以支付后来的债务，其中的一个根本原因是预期：经过几十年的发展，赤字支出不会是问题，实际利率也会保持在低水平上。低或负的实际利率帮助创造了如下财政环境：在不提高现行税收的情况下，政府承担未来大量的支出，如社会保障、Medicare以及Medicaid等项目，并不是一个格外不合理或不负责任的政策。

我并不是指政客实际上在说这样的话。不过，在1950年至1980年政客并没有经历过那种动辄就有高额赤字的财政困境。整个“二战”后时期就是一个现实例子，说明持续的高额联邦赤字（尽管这一赤字占 GNP 的份额稳定下降）如何不对经济产生负面影响。冷战时期的财政体制持续时间过长，以至于变成了现实常态。当这一体制行将消失时，在 20 世纪 60 年代和 70 年代看起来非常合理的财政结构，尤其是一个更加积极的联邦政府，如今看起来却像是误入歧途。现在承诺，以后花钱，再留给下届国会处理是合乎理性地形成的习惯，但这种习惯如今已不利于国家。

教　训

在演变之链上的下一步总没有以前经历过的那么清晰。过去，收入来源的变化、各级政府职能的变化，都源自各种危机和宪政方面的变化，前者如 1839 年和 1842 年的萧条，后者如限制州政府举债和联邦政府课征所得税。财政分权在今天大行其道。自新政以来，联邦政府一直负责给地方和州政府筹集收入，这实际上是在为它不能控制的支出筹集收入，因为钱多钱少取决于向州政府的配套拨款。如果联邦政府当真把相当一部分职能重新下放给州政府，以这里给出的长期视角看，州政府需要获得一种新的重要收入来源。不仅如此，这种新收入来源的筹集成本还必须低于联邦或地方层面。

预测下次财政危机必将促使分权超过集权，那是幼稚的。比如，一旦现行的福利安排在下一次经济衰退期间严重失灵，就有可能推动更大程度的集权。其形式或许是把 Medicaid 和福利责任界定给联邦政府。或许会出现某种安排，如开征全国销售税或增值税，由联邦政府协调或征收，然后按各州税基比例再返还给各州。无论出现哪种情况，我认为目前的分权化运动与其说是对政府结构问题的一种根本应对，还不如说是适合于冷战时期的财政和货币制度以及与之相伴而生的各种政策习惯发生了变化。

我试图说明我们可以从历史汲取的两个根本教训：第一个教训是，各级政府如何筹集收入对我们解释哪级政府扮演最积极的角色是大有帮助的。美国财政史可以划分为三个时期，其中先后有不同类型的收入占据支配地位。在每一时期，能够以最低成本筹集收入的那一级政府就是最积极的一级政府。在收入工具与政府级次之间，存在着明显的相关因素。但这种因素的变化趋势和交互影响是一个值得深入研究的课题。有的问题非常有趣，例如，主要收入工具的转变往往伴随着宪政的变化。因此，19 世纪 40 年代和 50 年代把借债限制写入州宪法也就剥夺了州政府追求资产性收入的机会，而这一过程使房产税在

19世纪晚期扮演日益重要的角色。开征联邦所得税也需要修订宪法。

第二个教训是，政府相对于GNP的规模对应于政府承担的职能和义务，而不是收入来源的选择或当时更居支配地位的政府级次。当某一级政府承诺提供公路、教育、排水系统、福利、国防，抑或老年援助时，它就承担了无法轻易逃避的义务。20世纪公共部门稳步增长的原因在于提供基本社会和经济服务的决策。这其中的有些决策早在一个世纪之前就已做出，在此期间我们的协商民主制一直在重新审议这些决策，没有理由认为它们在不远的将来需要做根本的变革，也没有足够的证据表明对收入制度的修修补补会改变政府的规模。

（国家行政学院经济学教研部 时红秀 译）

参考文献

Advisory Council on Intergovernmental Relations. 1994. *Significant Features of Fiscal Federalism, 1994*. Washington GPO.

Balke, Nathan S. and Robert J. Gordon. 1989. "The Estimation of Gross National Product: Methodology and New Evidence." *Journal of Political Economy*. 97: 1, pp. 38 – 92.

Benson, George C. et al. 1965. *The American Property Tax: Its History, Administration, and Economic Impact*. Claremont: College Press.

Callender, Guy Stevens. 1902. "The Early Transportation and Banking Enterprises of the States." *Quarterly Journal of Economics*. November, 17, pp. 111 – 162.

Dewey, Davis R. [1934] 1968. *Financial Histoty of the United States, 12th edition*. New York: Augustus Kelley.

Einhorn, Robin L. 1991. *Property Rules: Political Economy in Chicago, 1833 – 1872*. Chicago: University of Chicago Press.

Fisher, Glenn W. 1996. *The Worst Tax? A History of the Property Tax in America*. Lawrence: University of Kansas Press.

Gallman, Robert. 1996. "Gross National Product in the United States, 1834 – 1909," in *Output, Employment, and Productivity in the Unlited States after 1800*. Studies in Income and Wealth, vol. 30. Brady, Dorothy, ed. New York: Columbia University Press.

Gates, Paul Wallace. 1968. *History of Public Land Law Development*. Washington, D. C.: GPO.

Goodrich, Carter. 1950. "The Revulsion Against Internal Improvements." *Journal of Economic Histoty*. November, X, pp. 145 – 169.

Goodrich, Carter. 1960. *Government Promotion of Canals and Railroads, 1800 – 1890*. New York: Columbia University Press.

Grinath, Arthur, Johl Joseph Wallis, anid Richard E. Sylla. 1997. "Debt, Default, and

Revenue Structure: The American State Debt Crisis in the 1840s." NBER Working Paper, Historical Series, no. 96.

Hammond, Bray. 1957. *Banks and Politics in America from the Revolution to the Civil War*. Princeton: Princeton University Press.

Heckelman, Jac and John Joseph Wallis. 1997. "Railroads and Property Taxes." *Explorations in Economic History*. January, 34, pp. 77 – 99.

Hillhouse, A. M. 1936. *Municipal Bonds: A Century of Experience*. New York: Prentice-Hall.

Inman, Robert P. and Daniel L. Rubinfeld. 1997. "Rethinking Federalism." *Journal of Economics Perspectives*. Fall, 11: 4, pp. 43 – 64.

Legler, John B., Richard E. Sylla, and John Joseph Wallis. 1988. "U. S. City Finances and the Growth of Government, 1850 – 1902." *Journal of Economic History*. 48: 2, pp. 347 – 356.

McGrane, Reginald C. 1935. *Foreign Bondholders and American State Debts*. New York: Macmillan Company.

Ratchford, B. U. 1941. *American State Debts*. Durham: Duke University Press.

Redlich, Fritz. 1968. *The Molding of American Banking*. New York: Johnson Reprint Corporation.

Richardson, James D. 1897. *A Compilation of the Messages and Papers of the Presidents*. New York: Bureau of National Literature.

Studenski, Paul and Herman E. Krooss. 1963. *Financial History of the United States*. New York: McGraw-Hill.

Sylla, Richard E. 1966. "American Banking and Growth in the Nineteenth Century: A Partial View of the Terrain." *Explorations in Economic History*. 9: 2, pp. 197 – 227.

Sylla, Richard E. 1998. "U. S. Securities Markets and the Banking System, 1790 – 1840." *Federal Reserve Bank of St. Louis Review*. May/June, 80, p. 83 – 98.

Sylla, Richard E. 1985. "Early American Banking: The Significance of the Corporate Form." *Business and Economic History*. 2: 14, pp. 105 – 123.

Sylla, Richard, John B. Legler and John Joseph Wallis. 1987. "Banks and State Public Finance in the New Republic." *Journal of Economic History*. 47, pp. 391 – 403.

Sylla, Richard E. and John Joseph Wallis. 1998. "The Anatomy of a Sovereign Debt Crisis." *Japan and the World Economy*. 10: 3, pp. 267 – 293.

United States, Congressional Budget Office. 1999. *The Economic and Budget Outlook: Fiscal Years 2000 – 2009*. Washington: GPO.

U. S. Department of the Interior. 1866. *Statistics of the United States in 1860*. Washington: CPO.

U. S. Department of the Interior. 1872. *The Statistics of the Wealth and Industry of the United States*. Washington: GPO.

U. S. Department of the Interior, Census Office. 1884. *Valuation, Taxation, and Public Indebtedness in the United States: 1880*. Washington: GPO.

U. S. Department of the Interior, Census Office. 1895. *Report on Wealth Debt and Taxation, Part II Valuation and Taxation.* Washington: GPO.

U. S. Department of Commerce, Bureau of the Census. 1907. *Wealth, Debt, and Taxation: 1902.* Washington: GPO.

U. S. Department of Commerce, Bureau of the Census. 1915. *Wealth, Debt, and Taxation: 1913 Vol I and II.* Washington: GPO.

U. S. Department of Commerce, Bureau of the Census. 1975. *Historical Statistics of the United States, 1790 – 1970*, Washington: GPO.

U. S. Department of Commerce, Bureau of the Census. 1985. *1982 Census of Governments, Volume 6, Number 4, Historical Statistics of Government Finance and Employment.* Washington: GPO.

U. S. Department of Commerce, Bureau of the Census. 1997. *1992 Census of Governments, Volume 4, Number 5, Compendium of Government Finance.* Washington: GPO.

Wallis, John Joseph. 1984. "The Birth of the Old Federalism: Financing the New Deal." *Journal of Economic History.* March, 44: 1, pp. 139 – 159.

Wallis, John Joseph. 1991. "The Political Economy of New Deal Fiscal Federalism." *Economic Inquiy.* July, 29: 3, pp. 510 – 524.

Wallis, John Joseph. 1999b. "State Constitutional Reform and the Structure of Government Finance in the Nineteenth Century," in *Public Choice Interpretations of American Economic History.* Heckelmani, Jac, John Moorhouse, and Robert Whaples, ed. Boston: Kluwer.

Wallis, John Joseph. 2000. "Market Augmenting Government? The State and the Corporation in 19th Century America," in *Market Augmenting Government.* Azfar, Omar and Charles Cadwell, ed. Center for Institutional Reform and the Informal Sector.

Wallis, John Joseph. 1999a. "American Federalism and Economic Development, 1790-1840," in *Environmental and Public Economics: Essays in Honor of Wallace E. Oates.* Panagariya, Arvind, Paul Portnoy, Robert Schwab et al. Northampton, MA: Edward Elgar.

Wallis, John Joseph and Wallace E. Oates. 1998. "The Impact of the New Deal on American Federalism," in *The Defining Moment: The Great Depression and the American Economy in the Twentieth Century.* Bordo, Michael, Claudia Goldin, and Eugene White, eds. Chicago: University of Chicago Press.

Wallis, John Joseph, Richard E. Sylla and John B. Legler. 1994. "The Interaction of Taxation and Regulation in Early 19th Century Banking," in *The Political Economy of Regulation.* Goldin, Claudia and Gary Libecap, eds. Chicago: University of Chicago Press.

包容性发展战略

韩国推行阶段式包容性增长的案例

王振源　李　根

1. 引言

包容性增长与发展一直是众多研究创新和发展的学者关注的课题。为了（有先见之明地）确定究竟有哪些前提条件能够促进发展中国家的包容性增长，大家的探索包罗了发展研究的诸多方面。其中包括收入分配机制、人力资本开发、社会边缘群体扶持、就业创造、中小企业升级，等等。

在创新和发展类研究文献中，关于经济追赶过程（例如 Gerschenkron，1962；Abramovitz，1986；Lee and Marleba，2017）和创新系统（Mazzoleni and Nelson，2007；Altenburg，2009）的研究报告并不少见。此类研究适用于那些希望学习新技术，从而在全球生产价值链中具备竞争力的后发企业。这些研究从事后角度分析了工业发展过程，以及实现该目标所使用的政策工具。然而我们发现，有关追赶过程中包容性增长与发展政策的信息十分匮乏。继我们（Wong et al.，2015a）充分描述发展集群和实现包容性发展的过渡政策后，本文试图剖析促成经济增长与社会福利和谐共存的政策原则。这种演变就是包容

---

* Chan-Yuan Wong，马来亚大学科学学院科学与技术研究系教授；Keun Lee，首尔国立大学经济系教授。

性增长机制。

有观点认为，收入不平等是经济增长的常见结果，它随着经济的逐步发展（或爆发式增长）渐渐突显，一旦经济达到某个平均收入水平又会有所缓解。这一关系呈库兹涅茨曲线（倒U型）的形状（Kuznets，1955）；当城市地区相对现代化的部门完全吸收了农村和农业部门的所有剩余劳动力，拐点就会出现（Lewis，1954）。随着工资上涨，经济二元性也发生变化，劳动力出现短缺，生产率提高，进而导致不平等缩小（Lee，2016b；Jin and Lee，2017，第6页）。

作为一个极富吸引力的案例，韩国显然符合这个模式。有研究指出，在20世纪60年代和70年代，韩国尝试调动资源，大胆走出农业生产并进军现代制造业，从而面临日益严重的收入不平等问题（Lee，2016b）。继20世纪70年代中期韩国到达“刘易斯拐点”后，其市场收入的基尼系数于20世纪80年代急剧下滑（Bai，1982）。城市地区的现代部门吸收了农业部门的所有剩余劳动力，之后随着劳动力短缺，经济持续增长推高了工资水平。此外，越来越多的人接受较高水平的教育，降低了早期极少数人享受的高额工资。因此人们认为，鼓励（大）企业投资现代部门，让企业实现规模经济并在城市空间集聚生产，终将缩小收入不平等。还有人想进一步阐明，这种促进增长的战略不可避免会在早期发展阶段引发收入不平等现象。随着现代部门的推进最终提高人口的平均收入，剥夺和排斥的问题将（自动）迎刃而解。

我们认为，上述观点仅仅反映了问题的一个侧面，正如韩国的案例（Teichman，2016，第133—158页）告诉我们的，在促进大企业成长的过程中，也需要为落实包容性议程付出巨大努力。我们指出，韩国几十年来包容性增长的组织过程周密而具有系统性。以下是追求经济发展的过程中，涉及包容性的若干方面：

- 20世纪70年代工业化快速发展时期，建立了不同的收入分配机制（特别是针对贫困农民）
- 20世纪70年代纾缓了移民和产业集中的问题
- 自20世纪70年代起，平衡经济所有权结构，以促进社会平等
- 20世纪80年代通过各种社会政策和社会福利开支，向边缘化群体赋权

· 20 世纪 80 年代末，中小企业成为生产升级的目标
· 自 2013 年以来中小企业成为技术能力提升的目标

我们对韩国案例的解读揭示，在 20 世纪 60 年代和 70 年代，韩国政府认为（人们感知的）福祉会反过来促进经济持续增长。20 世纪 60 年代以来发生的一系列活动，为追求经济和产业发展提出了包容性议程。本研究旨在概述韩国的治理和发展轨迹怎样使包容性增长和发展得以实现。探索包容性增长与经济发展之间强化（或扩大）的共同演进过程是我们的兴趣所在。本文试图阐述发展的背景和先决条件，同时为其他渴望提升价值链并实现包容性增长的发展中国家提供政策建议。

2. 文献综述

包容、制度与发展

在经济赶超的背景下，包容性增长被视为发展的一个重要进程（Paunov，2013）。它意味着经济增长包含了“公平、机会均等，以及市场与就业转型的保护”（Lanchovichina and Lundstrom，2009，第 2 页）。需要注意的是，这种增长既不代表实际 GDP 的增长，也并非只是人均收入的增加。它更侧重于反映发展的不同方面的广义进步，包括商品和服务的市场价值，搜寻和确定利基的默会知识，个人对其环境的控制水平，还有表达需求的能力，等等。包容的价值观扩展了森（Sen，1999）定义的个人实现其珍惜的理想生活的能力。所以不少学者认为，应该将包容性议程纳入促进经济和技术活动的一切政策事项。政策目标就应该设定为在新部门和新技术领域获得竞争力、实现高水平的就业和不断上涨的工资（Khan，2012），最终达到期望的结果，即个人能力的拓展。

关于包容性发展的意义，人们的普遍共识是这种发展能够提供“基本的人身安全保障，实现消除贫困的目的，减少阻碍公民充分参与社会的各种剥夺”（Teichman，2016，第 2 页）。虽然包容性增长是指产生财富并协调包容性议程的增长，但必须注意，为国家创造财富的增长可能导致剥夺、排斥和收入不平等问题。这或许归因于国家的某些措施有利于表现较好的行业，同时却边缘化了经济体中的其他部门、社群或地区。泰克曼（Teichman，2016）坚持认为，由经济体的某些部门推动经济增长，就要靠国家积极推行社会计划，并通

过累进税制提供资金。这个计划需要建立分配收入的机制和渠道。分配机制可以采取一般形式，例如对社会福利或教育的支持；也可以是针对性的，例如推动中小企业或农民提高生产率，通过技术传播或转让帮助边缘化群体参与高增长的部门。后一种措施或可创造出一条促进增长的路径，既能增强经济增长的动力，又能提高整体福利。在本文的研究中，这些过程都被视为包容性增长，因为它们赋予了个体追求自身福祉的能力。

制度在追求包容性增长层面的作用也得到了广泛认可。许多人提出，影响日常决策和惯例的制度（以及制度演变）具有路径依赖的特性，这一特性是科学和技术活动的决定因素之一。尽管“制度”的界定范围相当广泛，但是包容性和创新的研究明确强调了政府在各个过程中的重要作用。其中包括工业化和技术发展进程（Amsden，1989；Wade，1990；Evans，1995；Lall and Teubal，1998；Haggards，2004；Foxley and Stallings，2016）；产生特定生产租金的某些政治措施（Khan and Jomo，2000；Wong，2015）；建立（包容性）创新体系的政策工具和激励机制（Nelson，1993；Lundvall et al.，2006；Altenburg，2009）；以及某些有利于包容性增长和发展的固有惯例[①]或制度环境[②]（Nelson，1994；Moon，2016）。

东亚经济体

很多东亚经济体之所以取得成功，是因为它们有能力为增长和工业化提供动力（Hobday，1995；Jomo，2003；Mathews and Cho，2000），并能建立分配收入和提供社会福利的机制。在多年的进步中，政府的作用也经历了变化：在早期发展阶段，它主要指导工业化议程；接着，授权技术官僚和专业人员担任行政职务，发展更高附加值的产业；最后，在发展的高级阶段，帮助人才寻找利基市场并确定新的产业结构。[③]

在中国台湾和韩国的案例中，政府的角色转变尤其明显（Amsden，1989；

---

① 这反映了某些国家或社会认识到教育的重要性，并承诺将（很大一部分）储蓄用于孩子的教育。此惯例还可以联系到机械记忆式的知识学习，这推动了知识的快速传播。

② 某些制度环境，譬如社会对穷人和边缘化群体的同情，导致建立了能够促进增长和收入分配的福利国家。

③ 值得注意的是，自2003年以来，中国采取了截然不同的方式。政府通过技术产业政策进行直接干预的情况十分明显。这些政策力图实现国家期望的产业结构，以利于在经济中创造新的财富（Chen and Naughton，2016）。

Wade, 1990; Mathews and Cho, 2000)。需要指出的是，这种转变不仅归因于政府在满足技术和工业需求上付出的自觉努力，也可能源于对来自其他方面的安全威胁等因素做出的无意识反应，社会对参与民主的需求，对选举民主的渴望，以及对穷人和边缘化群体的同情，这些人同样迫切希望在发展的各个方面具有竞争力。在发展过程中融入包容性和竞争力的做法，很大程度上植根于早期和追赶时期建立的体制。有人认为，许多东亚经济体意识到了（参见 Amsden, 2001, 2007）不同社会政治制度的优势和局限性（例如美国的市场资本主义和东欧的福利国家），并能够建立包含福利制度和经济增长的体制。

韩国的案例

韩国的创新和产业发展案例向来是众多创新类学者关心的话题。国家在工业化初期阶段发挥了深远的作用。早期的专制政权制订了一套工业化计划，同时设计了一系列措施以实现生产率和出口目标。财阀（韩国的企业集团）是旨在提高生产率和促进经济增长的赋权实体。这些举措被许多人视为一种涓滴发展方式。

除此之外，各种策略层出不穷，例如对进口产品征收高关税，对制造业中间产品生产提供补贴，目的是保护新兴产业（Lee, 1991a）；地方企业可低息贷款扩大规模（Lee, 1997, 第 24—28 页）；调动人力资本和资源，在指定地区建设基础设施，以便特定的企业集团实现城乡产业平衡发展（Cho and Kim, 1991b）。随后经济活动得以扩张，依靠低成本劳动力的韩国经济在 20 世纪 80 年代达到巅峰。由于低附加值工作的工资上涨加之劳动力有限，韩国启动升级模式并开始追求高附加值活动。为了让高附加值的经济活动主导整体经济，他们努力推动高科技制成品和工程服务的出口，比如建筑工程咨询或建设基础设施。许多公共研究机构获得授权，支持这一产业升级过程。如今，韩国形成了一种依靠财阀出口高科技产品和服务的经济格局。财阀的竞争力强大，能够生产出比肩世界一流企业的产品。他们指定的运作地区已经成为高产的辐射型工业区（hub-and-spoke industrial districts），① 经济活动的渗透和蔓延显然催生了对中小企业的扶持。

然而有人发现，韩国的发展道路也涉及许多社会项目的执行。这些项目首

① 辐射型工业区代表来自高生产率的大型本土企业（财阀）的产业集群。中小企业的出现是为了补充和支持大公司的运作。参见 Markusen (1996)。

先面向的是公职人员和军队服务人员。接着，项目覆盖了受雇于目标行业的人。[1] 这些投入似乎使韩国实现了包容性增长和相对较低的收入不平等。

本研究的主要动机

通过阅读文献，我们推测是一系列密切关联的事件，导致韩国走上了追求工业化和社会福祉共同发展的道路。我们的主张是，人们对包容性增长和发展有着共同的追求。我们认为在早期发展阶段（20 世纪 60—70 年代），人们有意识地努力采取措施解决大家察觉到的问题，这为韩国的民间社会和政府在追赶时期（20 世纪 80—90 年代）追求包容性增长创造了条件。这个议程确立了一个惯例，影响了后追赶阶段（2000 年至今）的政策。而这些政策明确致力于在发展的高级阶段支持包容性议程。

本文考察什么样的政治、结构和历史条件铺就了一条制度路径，使韩国能够在全球生产价值链中不断实现目标产业的多元化。虽然多元化让韩国得以升级出口市场并发展社会经济活动，但是还应看到，它也阻碍了中小企业和个人寻求全球价值链中的利基地位。许多中小企业面临锁定现象，无法摆脱财阀的控制从而独立向外国实体提供产品。探讨解决这个问题的措施，同样是本研究的兴趣所在。文中使用“发展的竞技场”（Arena of Development）作为框架，论述主动走向包容性增长与发展的路径。我们着重说明将包容性纳入重要的规范性原则的决定性事件，这对于希望将包容性路径制度化的经济体具有启示意义。

3. 方法论

叙事框架

拉图尔（Latour，1992，2005）关于行为人网络理论（actor-network theory）的论文，阐述了社会研究和社会科学直觉中有关“背景”的应用，对创新和发展研究领域产生了重要影响。这种将联系、网络兴起以及随后的稳定化融为一体的观点，涉及科学、技术和社会相互转变的过程，激起很多研究讲述发展的转型过程，通过描绘机构、知识、制度和组织权力的产生与共同塑造，详细阐述了行为人在生产体系中构建网络的策略（Jorgensen，2005）。

---

① 这么做是为了吸引更多的人在 20 世纪 60 年代和 70 年代从事工业劳动。

发展背景下的转型是指与生产体系相匹配的经济结构发生变化，也就是说，经济结构经历不同的阶段，逐步迈向和高附加值生产体系相匹配的理想结构（Wong et al.，2015a）。行为人网络理论对本研究十分有用，它能传达和描述不同行为人（他们共同保持社会秩序或部分制度性惯例）的网络如何形成并稳定下来，或者瓦解承诺新的布局（configuration）。“发展的竞技场”这一概念，被乔根森（Jorgensen，2005，第721页）用来比喻“认知、制度和物理空间以及技术系统在其中发生各种交互作用”。这一空间由“参与的行为人、技术、制度以及观点”构成，这些因素共同塑造了新生产体系所需的经济结构和布局。这些因素都存在于发展的竞技场中，而改变空间的因素则是针对特定议程、知识和愿景的（集体）行为（Jorgensen et al.，2009）。

愿景是一个社会对实现期望结果的一种想象。它要么由国家领导人（自上而下）表达，要么由社会成员共享。它是行为人之间为达到期望结果而进行谈判和规划的基础。希望分享愿景的行为人与社会中的其他人交往，建立联盟，理解愿景，并可能付诸集体努力以实现愿景（Jorgensen，2012，第1001页）。在基于愿景的探索之路上，不断发生的变化会引发意想不到的社会争论和冲突。这可能是由于在分享愿景的过程中，追求无法实现的目标纯属“乌托邦”，又或者是忽略了追求特定愿景时可能产生的负面结果（Jorgensen et al.，2009）。需要注意的是，争论是发展的一个重要部分，因为争论是对特定路径提出质疑，允许重新谈判和修改计划。争论质疑所谓的路径依赖论，[①] 重新激发人们的兴趣，审慎地为可能的重新布局创造条件。此外还必须指出，某些结果可能是无心插柳，例如最初出于其他目的而被审议的措施。

“发展的竞技场”这一观点为我们提供了描述韩国追赶过程及其包容性策略的指导方针。描述的范畴由以下内容组成：

- 体现韩国建立生产组织创造财富的物理空间，产生更多财富的技术，以及获取技术的知识。这包括公司、公共研究机构（PRIs）

① 有人认为，“发展的竞技场”方法淡化了特定体系的规则和机制的一致性，从而可以通过研究行为人的政治参与来解决压力和争论。它使我们得以了解社会上的意义建构的动态过程（Jorgensen，2012，第1008页）。

和大学。

- 体现国家和社会在政策优先领域（也即工业化与包容性之间）的愿景、观点和意义建构。
- 体现惯例、正式和非正式规则的制度，以及影响产业活动的政策议程；这一方面引导韩国获得巨大财富，另一方面又引导收入分配和福利制度的建立。

包容性战略主要关注社会要素，比如社会群体及其解释、动机、认知框架、（与国家和企业集团的）谈判与协调，以及影响包容性增长的重要观点等。这些要素是参照点，经济和工业化问题是嵌入其中的（Geels et al.，2008，第525—526页）。

具体方法

受“发展的竞技场”启发，本研究详细介绍了韩国调动资源以实现期望目标的各种事件。文中阐述国家和社会展示愿景、（重新）商讨最终目标和阶段性目标、共同实现工业化和包容性增长的能力。我们回顾了以前的文献，追溯隐含的和明确的指导思想，[①] 构建社会问题及相关解释。许多研究可以作为极好的知识来源，帮助了解韩国如何转向有成熟福利体系的发展，这个福利体系包括：国家、大企业集团层级结构在韩国经济发展的制度性社会惯例中发挥的作用（例如 Amsden，1989；Moon，2016）；韩国的创新体系和对半导体、电信等高科技产业的大胆投资（例如 Kim，1988；Mathews and Cho，2000，第105—156页）；工业技术追赶（例如 Kim，1997；Hobday，1995；Mazzoleni and Nelson，2007；Lee，2016）；政治、组织与公共行政研究（Khan and Jomo，2000；Kim and Sorensen，2011）；社会福利制度与政策及其影响（如 Cho and Kim，1991a；Teichman，2016）。

本研究将给出经济转型过程（从欠发达到发达）的典型轨迹。我们探索优先事项和制度惯例的变迁，同时详述引导韩国在追求发展过程中获得先进福利制度的规范性原则。我们的讨论将连接发展的三个阶段，[②] 首先是发展的早期，韩国实行了一系列与包容性相关的措施；其次，在韩国奉行追赶战略推动

---

① Jorgensen（2009，第368页）推荐的一项措施。

② 这也与 Guth（2005，第338页）提出的“新钻石”的政策含义相符。

经济增长的时期，就包容性议程进行了协商；最后，在追求包容性增长的过程中，韩国逐步实施微观层面的政策。这三个阶段具体如下：

（1）预备阶段：韩国展现出发展经济的愿望，为此调动资源，为生产活动建立制度和基础设施。这里需要着重强调那些在发展和包容性领域植入惯例的关键制度创始人的领导力。早期对经济和社会凝聚力的承诺，可以视为快速工业化的前提条件（Guth，2005，第338页）。领导力对后续追赶阶段的组织建设有巨大影响。它决定了管理机构的组织形式。这与浦项制铁公司（POSCO）前首席执行官的观点一致（Yoon，2011）。

（2）追赶阶段：在追求经济增长和高附加值活动的过程中，国家、民间社会和私营企业尝试建立一种能产生包容性议程的惯例。

（3）后追赶阶段：促进包容性增长的各种尝试。通过赋予中小企业权利并升级社会体制（social system），包容性俨然成为国家的社会契约。

我们在每个阶段都引入了一个包容性战略，然后讨论如何为了社会福利（重新）协商并扩大这个空间，我们强调了行为人在包容性发展战略上的参与。这包括：初期追赶阶段的土地分配和国家对贫困农民的扶持；推动工业化和后续项目，将工业中心迁至不同地区；创造就业机会并实施社会项目；在发展的第二阶段，将大公司（财阀）的所有权多样化；最后，采取审慎措施，提升中小企业并鼓励初创企业。本文还运用来自现场采访的田野调查结果，交叉检验具体的发展阶段。

表1列出了访谈的细节。我们采访了一些经验丰富的专业人士，他们所在的组织在韩国发展史上发挥了重要作用。受访者的职位包括高级政府官员、为老牌公司效力的资深管理人员、中小企业协会的领导者、董事和资深教授。

我们效仿以前（Wong et al.，2015a）提出的采访程序，通过准结构式访谈引发受访者的热烈讨论，从而探寻超越我们基本理论视角的深刻见解。受访者验证了我们阐述的韩国包容性增长路径，也剖析了某些包容性措施产生的影响。

这项研究的结果为那些坚信包容性议程对发展过程至关重要的人提供了证据。对于立志发展相应机制以促进包容性议程和工业化的经济体，这些做法都是重要的政策教训。

表1　采访描述

组织	职位	主要的讨论议题
政府机构/公共研究机构		
韩国科技评估与规划研究所（KISTEP）	高级官员	·机构在不同阶段的作用以及与其他实体的互动
韩国科学技术研究院（KIST）	国际关系科主任	·优先事项和包容性问题 ·职业精神（道德）的扩散
科学技术政策研究所（STEPI）	副所长	·在创新和包容方面为行为人提供平台或有利环境
韩国发展研究院（KDI）	高级研究员	·为不同发展阶段的中小企业或初创企业准备各种基础设施
绿色技术中心	高级研究员	·对韩国包容性增长的看法
大学		·在追赶阶段初期的作用
首尔国立大学（SNU）	资深教授	·在后追赶阶段中的作用
SNU 创业基金会	副教授	·研究重点
韩国科学技术高等研究院（KAIST）	资深教授	·致力于开发人力资源的项目
韩国大学	资深教授	·包容性议程——与中小企业的关系
延世大学	资深教授	
企业		·背景
韩国工业 4.0 协会	主席	·与政府、公共研究机构和大学的关系（从包容性的角度看）
三星集团	前高级贸易官员	·企业社会责任（CSR）
浦项制钢铁公司	业务经理和价值运营经理	·与中小企业的关系 ·对韩国包容性增长的看法

4. 向包容性增长转型的过程

下文将首先概览韩国的预备阶段，这一阶段最终引导韩国经济推行社会项目，这是包容性发展战略的一部分。[①] 我们描述韩国政府试图通过出口市场，

① 我们承认，在韩国漫长的历史中，的确发生过一系列事件塑造了其深刻的社会思想和文化根源。我们相信这些根源影响了韩国社会的教育变革、集体主义、同情心和同理心。然而 Rowe and Kim（1997）提醒我们，这些根源随着工业化引发的政治和经济变化而演进。因此，充分阐述含有重要包容性增长议程的政策，有助于向渴望推行类似计划和发展议程的文献及政策制定者提供信息。

形成一套能创造收入的重要生产方式，并努力调动资源发展工业力量，以便生产武器防御北方可能的入侵；为获取公众信任，它还制定了一些包容性政治议程，同时也希望公众支持那些有争议的国家项目。

4.1 预备阶段（20 世纪 60—70 年代）

20 世纪 50 年代初朝鲜战争结束后，人们普遍担心贫穷和人类福利匮乏的问题。战争削弱了地主阶级（主要是殖民统治者）的力量，使国家得以有效地向农村居民分配土地。[①] 据报道，当时对土地所有者的补偿可谓微乎其微。但是大家都认为这一土地分配措施十分重要，因为朝鲜在其占领地区干脆实行了无补偿的土地分配（Teichman，2016，第 136 页）。

农村贫困政策与新村运动

1961 年 5 月 16 日政变后，朴正熙接管了韩国政权，并担任国家元首，随后于 1963 年当选总统。许多农村居民（当时的大多数人口）支持他继续掌权。朴正熙采取了扶持农村的政策，譬如，将农场规模限制在 3 公顷以内的立法（以确保农民能够从土地中获得合理收益）；农业设备和物资采购补贴；面向贫困农民的货币信贷和资助（Teichman，2016，第 139 页）。1970 年朴正熙执政期间颁布的《社会福利服务法》也被视为包容性的。在这些措施和扶持政策的推助下，韩国提高了农产品（特别是大米）的生产率（Moon，1991）。国家还调集资源支持新村运动（1970 年 4 月 22 日发起），这个项目鼓励农村居民相互合作，努力修建道路、桥梁和水井，用瓦片替换旧的茅草屋顶。“自助”的号角响彻大地，激励农村居民共同发展和维护福利事业，政府则提供建设基础设施的方法（物质和资源）。朴正熙政府成功证明了其统治的合法性，毕竟农民从自己的事业中体验到了民生改善与社会进步（Sorensen，2011）。

韩国政府通过各种项目（programs）以官方设定的价格购买农产品，维持了较低的农产品价格，尤其是大米的价格。很多农民愿意通过国家项目来处理他们的产品，因为这类项目允许他们以实物和现金的方式缴纳土地税。然后，采购的大米用于军事用途、救济、粮食分配、交换或贷款和应急项目。这从稳定粮食销售价格方面看是有效的。此外，它减少了政府

① 需要注意的是，自 1946 年农民反叛以来，土地分配的规模增加了。

对粮食进口的支出，提高了农民的收入，进而增加了消费者的福利（Moon，1991）。农村人均收入与城市人均收入之比保持低位，[①] 1966 年为 0.75，1975 年为 0.93，1978 年为 0.89（Cho and Kim，1991，第 358 页）。农村家庭收入与城市家庭收入之比在 1965 年为 0.99，1975 年为 1.01，1978 年为 0.983（Moon，1991，第 391 页）。从农村向城市大规模迁移的问题由此得到缓解。[②]

重化工业化与减轻工业和经济势力的集中

不过，朴正熙领导的政府并非只是通过为农村居民提供福利和社会经济发展寻求其统治的合法性。它还要实现一个宏伟目标，即一个可以层层掌控产业力量的经济结构。1961 年，军政府制订了五年经济计划，将产业结构从劳动密集型产业转变为基于相对复杂的中间产品制造业。政府以进口替代政策为杠杆（和威胁，因为国家可以撤回）影响私营企业，让它们从事制造业生产。就这样，国家与企业之间形成了合谋（Ringen et al.，2011，第 44 页）。不少公司从不同的外国实体借入金融资源，以扩大它们在各个产业的业务。

随着企业规模的扩大和资本（财阀）的增加，政府指示企业进入出口市场。通过自由获得外国贷款、补贴信贷、进口原材料免税以及五花八门的保护，依令行事的财阀受到了扶持。1972 年朴正熙宣布戒严令，并制定了扩大总统统治权力的维新宪法（Yushin constitution）。[③] 凭借这一权力，韩国政府开始推行重化工业化导向的政策以促进其战略性产业。[④] 作为韩日关系正常化条约的一部分，韩国得到了日本的赔偿款。朴正熙调集大量资金扶持浦项制铁的钢铁项目，该公司于 1968 年开办了一家钢铁厂，生产（勉强能达标的）钢材产品。依靠政府的

① 由此产生的平等也是因为农业进口受到限制，导致国内农产品价格上涨。当地农民是这项措施的受益者之一。

② 这绝不意味着不存在迁移问题；只是由于城乡居民不平等造成的负面影响并不像其他发展中国家那样严重。

③ 随着工业城市的崛起，到处都有投票反对朴正熙政权的城市居民，朴正熙意识到他渐渐失去了对选票的控制（Sorensen，2011，第 146 页）。他渴望通过（更超前的）社会经济发展寻求其统治的合法性，维新宪法意味着朴正熙政权的民主退却。

④ 拥有目标产业（特别是钢铁企业）的初衷，是建立防御措施以防美国政府从韩国撤军（Lee，1991a）。韩国按模块化的方式组织这些产业，以便在需要时重组和装配防御性武器（Kim，2011a，第 31 页）。

支持,[①] 浦项制铁的第二个钢铁厂建成（Yoon，2011，第54页）。在20世纪60年代中期，韩国政府又挪用了美国给参加越南战争的韩国军人支付的款项。

目标产业被视为创造新财富的一种手段，如果它们成功进入出口市场，就可以打破低附加值活动的恶性循环。基于资本密集型重工业的经济发展计划，使许多城市地区迅速发展。为了让企业在短时间内实现生产的规模经济和集聚，城市四周开始兴办制造工厂。首尔和釜山[②]两大主要城市周边发展出许多工业园区和基础设施（即有名的首尔—釜山走廊）。自那时起，诸如半月（Banwol，面向中小企业）、蔚山（Ulsan，面向汽车行业）、浦项（Pohan，面向钢铁行业）等卫星地区雨后春笋般成长起来。为了弱化集中在这两个地区的经济和市场势力（Kwon，1988；Cho and Kim，1991b），韩国采取了下列措施（收录在1977年执行的“移民政策”和《产业分配法》中）：

- 控制卫星地区的开发，限制首尔和釜山两个城市区域的发展，导致城市地区的人口增长率显著下降：从20世纪60年代的6.35%下降到了70年代的5.15%（Cho and Kim，1991b，第350页）。
- 大学和研究机构从首尔迁往其他地区。
- 分配资源以改善公认的贫困地区（如清州、光州等）的基础设施。
- 鼓励制造业向萧条地区转移。政府还采取了一系列抑制土地投机的措施，如果企业希望将工厂从首尔迁至其他地区，就会规定那里的土地价格。

据了解，在1977年，93%的商品和62%的出口货物在垄断、双寡头或寡头垄断条件下生产。前三名生产商占据市场份额的60%，前十名财阀（按规模计）占据GDP的48%（Kim，1999，第363页）。衡量收入不平等的基尼系数在实施重化工业化政策时有所上升（图1）。朴正熙政府采取激烈的措施应对不平等日益加剧的问题，同时认识到，仅仅对富人和财阀的收入征税并将其

---

① 第二个钢铁厂项目最先委托给了韩国现代，因为政府试图在支持宏大项目的同时减轻自己的财务负担（Yoon，2011）。

② 强劲的出口带动了釜山附近的四个新城镇（蔚山、浦项、昌原和库米）的发展，它们因此被指定为全国的增长标杆（Kwon，1988，第124页）。

重新分配给穷人并不能化解困境。当局研究了财富所有权模式以及产业聚集造成的低效率，[①] 然后通过分散财阀的企业所有权和限制总体集中度解决这个问题（Lee，1991b）。1974 年 5 月 29 日执行的《物价稳定综合办法》和 1976 年执行的《公平交易法》，被视为落实所有权问题的重要措施，其中包括：

· 政府有权设定商品和服务的价格上限，垄断和寡头企业有义务申报其产品和服务的价格。

· 如果由于供应短缺导致产品价格上涨，政府有权控制产品供应。另一方面，如果对某些（供应过剩的）产品进行合理化生产，则允许形成卡特尔（同业联盟）。

· 垄断和寡头企业不得从事不公平的贸易业务或限制竞争。联盟的财阀将受到惩罚。

· 为了发展股票和债券市场，大企业的所有权被迫公开发行。目的是通过给更多的股权持有者支付红利从而向社会分配回报。向公众开放大企业的所有权也促使企业开始雇用专业人员（律师、经理、会计等），这些人在企业管理和重要决策中发挥了作用。

· 实施更严格的贷款（特别针对那些未偿贷款超过 50 亿韩元的公司）和信贷配置机制，以限制公司并购。对信贷进行监控，确保仅用于扩张某些生产能力。

这些措施的判断标准十分详细，对法案的解读清晰而明确；财阀很难找到明显的灰色地带或漏洞以发挥自身的优势。旨在增强跨地区凝聚力和限制经济和市场势力集中的包容性措施随后得到实施，此外，在追赶阶段还推出一系列严厉举措，所有这些促使韩国的基尼系数大幅下降（图 1）。显然，韩国政府一方面执行区域规划以降低产业集中度，另一方面则干预商业活动，以减少经济和市场势力的集中。

4.2 追赶阶段（20 世纪 80—90 年代）

1980 年标志着国家与其盟友——财阀的关系发生了重大变化。当时韩国

---

① 财阀经常采取多元化策略，涉足中小企业从事生产的领域（比如制造大规模生产的零部件）。政府认为中小企业在这些领域更具经营能力，而财阀的兴趣往往是收购中小企业，毕竟它们希望能够完全掌控整个生产链（Lee，1991b）。

图1 1966—2013年韩国市场收入的基尼系数

资料来源：SWIID（2016）。

经济陷入动荡，原因是多方面的：朴正熙被暗杀，之后全斗焕掌握权力，前政府为资助昂贵的项目债台高筑，一些公司的债务资本比居高不下。为了进一步降低财阀聚集的经济和市场势力，韩国政府颁布了一系列与贸易有关的法案（Lee，1997，第46—50页）。这些法案（例如1982年的《制度化促进法》和1984年的《银行法》，以及随后的《贷款与支付担保管理规则》）致使财阀在它们并不擅长的领域受到监管，特别是房地产相关业务。最大的20家财阀被审计，还被劝告只需保留符合自身能力的业务活动，以及处理掉那些不适合企业获得财务流动性的业务。

由于全斗焕政府摒弃了直接干预商业事务的做法，上述措施基本上属于自愿执行（Lee，1991b，第497页）。[①] 随着经济的缓慢复苏，财阀开始游说在金融市场实施更宽松的政策（Ringen et al.，2011，第48页）。

追赶阶段的确引导韩国开启了企业与公共研究机构的密切合作。[②] 全斗焕政府也致力于支持中小企业的发展。1981年，当局颁布了《中小企业产品采购促进法》，鼓励购买中小企业的产品；1982年又出台《中小企业业务协调法》，旨在保护中小企业免受财阀积极推行多元化措施的影响（Lee，1997，

① 除非这些事务无法令人满意。

② 有观点称，韩国科学技术研究院提出的扩大公共研究机构的措施得到了社会的大力支持。这是因为国民（1985年高等教育总入学率为32%，2013年高达95%）支持国家追求科学技术的发展。人们普遍认为，运用公共研究机构衍生的科学技术来支持产业升级，可以作为打破中等收入陷阱的措施。

第48—50页）。

教育预算和“人民的股份”

20世纪80年代初，产业结构的快速变化要求更多受过教育的劳动力参与产业升级。基础教育、高等教育和研究活动的预算拨款受到最优先的考虑。[①] 随着经济从20世纪80年代初的金融风暴中恢复，政府的教育预算有所增加（图2）。许多企业员工受到激励，接受高等教育，年轻的毕业生发现自己迎来了更多更好的就业机会和职业前景。图3显示了高等教育入学率的增加。

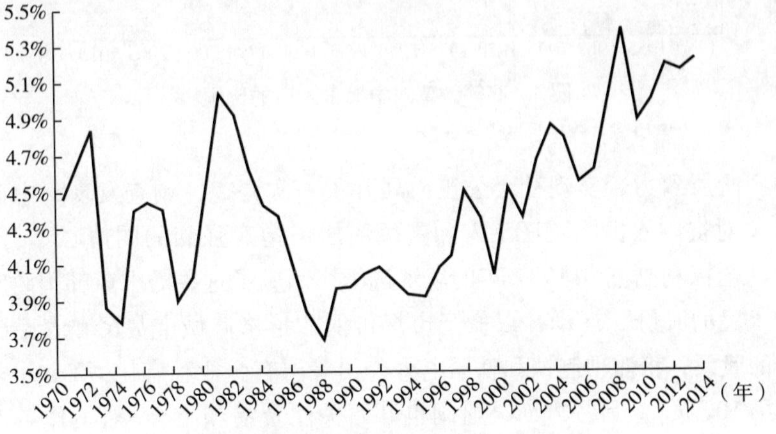

图2　韩国政府的教育支出占GDP比例

资料来源：OECD Indicator（https：//data. oecd. org/gga/general - government - spending. htm）。

如此一来，受过教育的中等收入人口增加了，转而又降低了在前一个发展阶段只有极少数人享受的高工资。受过教育的劳动力拥有更多的可支配收入，这也为劳工组织起来创建工会创造了条件（Kim，1994，第208页）。随后，韩国发生了中产阶层为争取更好的民主、更高的工资、更平等的财富分配和社会公正而进行的抗议。有研究（Teichman，2016，第148页）为了

① 这可以归因于对教育机会平等的功利/社会需求日益增加（Rowe and Kim，1997，第33页）。社会普遍认为，实现（正规）教育能使人们打破贫困的恶性循环，提高就业市场的社会流动性。人们坚信，个人在高等教育上的成功将增加获得现代工作或职业的机会（Kim，2010，第312页）。另有人强调，韩国历来重视教育和集体主义倾向，这敦促个人完成（正规）教育，因为这一直被视为衡量个人成功的指标（Kim，2010，第311页）。寻求进入劳动力市场的韩国女性也渴望获得（正规）教育，因为这对于追赶阶段的职业和流动性具有重要影响（Rowe and Kim，1997，第44页）。因此在韩国的大学里，学生之间的竞争十分激烈。

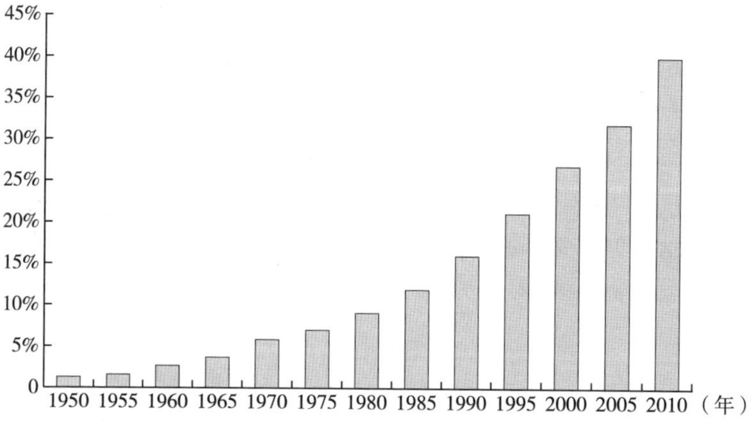

图3　高等教育入学率占人口的比例

资料来源：Barro-Lee（2017）（http：//www. barrolee. com/）。

证实中产阶层致力于实现社会公正而展开了一次调查，调查发现，中产阶层受访者“对贫困农民、工厂工人和贫民窟居民抱有强烈的同情心”。国家通过改善社会福利制度和1987年的总统选举，回应了这些需求。韩国政府还发起了“人民的股份”运动，以低于市场价值的价格向城市贫民和农民出售国有企业的股票，将浦项制铁和韩国电力公司等国有企业私有化（Yoo and Lim，2000，第100页）。另一方面，财阀也开始关注贸易和工会①对工作条件和福利方面的要求。

产业升级和发展的回归，激发富裕的城市居民要求获得更高质量的食物。这种需求刺激农民转向多样化经营，开始种植经济作物（Moon，1991，第372页）。此外，政府拨出大量税收，建设更先进的农业基础设施。这些措施能够让农民从快速的工业化中受益。

① 值得注意的是，在韩国经济发展的预备阶段，就业机会不足，导致其生产率增长快于就业市场的实际工资增长（Kim，2011b）。就业市场劳动力的无限供给以及国家对财阀的偏袒，可能导致雇主将员工视为“工业化进程中的易腐资源，而不是不断增长的人力资本”（第431页）。这一情况在越南尤其明显。随着劳动力市场收紧，实际工资增长率超过追赶阶段的生产率，于是员工有激励要求补偿过去受到的压迫。受民主宣言的推动，1987年是工会主义兴起的一个转折点（第435页）。可以看到，在当时的韩国，雇主与雇员之间尚未达成妥协（不是对抗），也并不诉诸法律制度和已有惯例解决冲突（也就是说，中庸的实用主义和非阶级意识）。相较之下，这种妥协在日本、爱尔兰和德国等国家十分明显（第433—434页）。

社会保险与安全计划

原先保留给公务员的社会保险和社会保障计划，扩大到同时向私营部门雇员提供社会保护。养老金（1986 年、1995 年、1998 年和 1999 年）和健康保险（1981 年、1986 年、1987 年、1989 年、1991 年、1994 年和 1995 年）法案得到修订，可给雇员提供更多的保障。为社会福利服务拨款，为边缘化群体制定《福利服务基金法》（1980 年）、《儿童福利法》（1981 年）和失业保险（1998 年）。保险和福利法案更是强制要求拥有 500 名或以上雇员的公司提供社会保护（Ringen et al.，2011，第 35 页）。

上述事件和国家发展社会福利制度的尝试，使韩国产生了一个强大而见多识广的中产阶层，1990—2000 年，有 70%~75% 的家庭跻身这一阶层（Cho，2015）。[①] 从 20 世纪 80 年代中期开始，韩国政府在社会保障方面的支出比例大幅提高（图 4），[②] 与研发支出总额（GERD）高度正相关。这恰好符合格申克龙（Gerschenkron，1962）关于社会能力［Sen（1999）曾经提及］和科技进步共存的观点。

福利发展的推进归功于受过高等教育和良好培训的中等收入阶层的崛起，同时这也催生了一个对边缘化群体心怀同情的公民社会。他们见多识广并拥有谈判能力，能与国家和财阀（已经从他们的产业升级合作中获利）协商，让包容性发展战略落地生根。他们对谁处于什么收入水平和经济所有权结构都有非常清醒的认识，这也是促成更进步的福利制度谈判的一个因素。这样的过程能使包容性增长的良性循环成为可能。韩国和墨西哥形成了鲜明对比。墨西哥的经济可能得益于工业增长，但它没有打造出大量见多识广且训练有素、对穷人抱有同情心的中等收入群体（Teichman，2016）。与韩国相比，其社会投入（以及累进税收机制）进展不佳。

扶持高效的中小企业

虽然韩国在发展中取得了重大进步，但是很多人认为，韩国的经济结构有利于活跃的财阀开展生产，并进入利基市场，但阻碍了中小企业的发展前景。财阀的业务扩张完全以提升中小企业的能力和创办新兴企业为代价。随着越来

---

① 后来，韩国中等收入人口有所减少，到 2000 年底中等收入家庭只占 70%。这或可归因于 1997 亚洲金融危机的负面影响。

② 如图 4 所示，1998 年和 1999 年社会支出比例呈现“尖峰”状，主要是由于政府承诺减轻 1997 年亚洲金融危机造成的社会经济损失。

越多的宽松政策取代了管制收购活动的僵化政策，财阀收购有拓展潜力的中小企业或初创企业将司空见惯。许多有才华的年轻人都渴望借助财阀提供的机会开创自己的事业。财阀开出的工资往往令人期待，也就难怪大家对它们提供的工作趋之若鹜。另外，不少人觉得中小企业或初创企业的职业前景欠佳，因此中小企业可获得的劳动力在寻找新的利基市场方面能力有限。

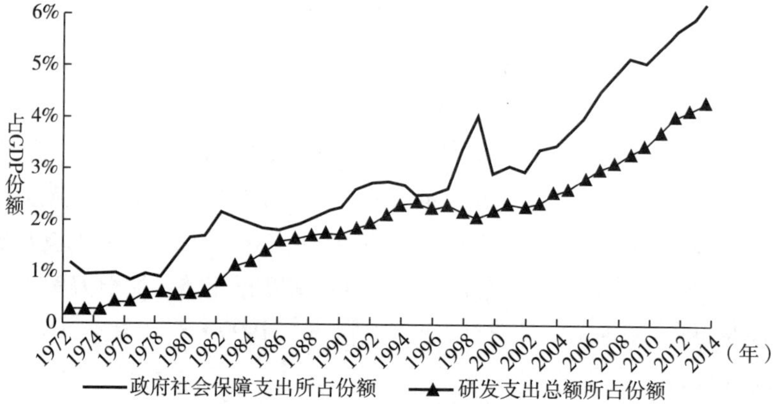

图 4　韩国政府的社会保障支出和研发支出总额占 GDP 的比例

资料来源：OECD Indicators（https：//data. oecd. org/gga/general-government-spending. htm）。

自 1988 年起，升级中小企业和推动初创企业已经成为所有政党在每次选举时的政纲（Teichman，2016，第 149 页）。1988 年，全斗焕政权后的韩国政府出台了中小企业业务结构调整基金的扶持制度。这是为了通过以下方式扶持中小企业：向韩元升值期间遭受损失的公司提供资金；财政支持；为有前景的公司提供资金；对金融危机期间遭受损失的企业免税（Lee，1997，第 48—50 页；Doh and Kim，2014，第 1558 页）。

韩国政府为中小企业和初创企业拓展新业务提供资金和贷款，为创办企业融资，对新项目实施税收减免。具体的支持计划包括：

·1995 年的“资本品产业促进计划”，要求金融机构每年向中小企业发放 45% 的贷款。

·1998 年开始的“韩国小企业创新研究计划”（KOSBIR），旨在促进中小企业的区域研发活动。

韩国政府部门的政策制定者常年从事前瞻性的规划工作，在这方面训练有素、知识丰富。他们识别有利于经济发展的技术，并建立了一个公共采购系统，一方面可以用作试验站，另一方面可以为技术创造需求。另有很多政府举措致力于采购中小企业生产的技术，包括：

· 1996 年贸易、工业和能源部实施的"强制性采购计划"，确认技术的质量并促进其应用，继而推动商业化进程。公共采购服务单位也采取了类似措施。

· 中小企业管理局（1996 年设立）采取措施，收购中小企业的技术产品，并向其他中小企业推广，鼓励它们使用这些产品。

韩国促进中小企业发展的努力意义重大，而且值得指出的是，国家希望通过其采购系统增强中小企业的能力（Thurbon，2015）。对中小企业的早期扶持和保护，以及对它们获得生产能力的后续援助，使韩国的中小企业缩小了在高附加值制造业上与财阀的差距。2000 年，中小企业在高附加值制造业中所占比重与财阀相当（Lee and Xin，2015，第 95 页）。

4.3 后追赶阶段（2000 年至今）

在迈向更高发展阶段的过程中，韩国于 2000 年实现了约 18000 美元的人均 GDP。它已经成为一个建立在民主基础上的社会。其经济有序运行，生产程序高效，生产率增速高于劳动力的工资增速。首尔、釜山等城市的净移民率为负值，2016 年分别 -1.4% 和 -0.6%（KOSTAT，2016）。首尔的人口密度仅从 2005 年的每平方公里 16221 增加到 2015 年的 16362。此外，在 2003 年，韩国计划将首尔的主要政府机构迁往其他地方。此举意在把行政权力转移出首尔。2007 年，永吉县成为特别行政区（被认为是韩国的中心），至此，许多政府机构都搬迁到了那里。另一方面，釜山的人口密度从 2005 年每平方公里 4609 人减少到 2015 年的 4479 人（KOSIS，2016）。同时，曾经被认为萧条低迷的地区出现了正的净移民。

韩国的中小企业生产率极高，2013 年高附加值制造业比例达到 51.2%。中小企业为出口市场生产了约 38% 的产品，已被视为创造财富和就业的重要经济实体。①

---

① 数据来自 SMBA 页面，网址：http：//www.smba.go.kr/site/eng/02/10202000000002016111504.jsp。

他们对研发的投入令人惊叹。韩国的研发支出（GERD）占 GDP 比例从 2000 年的 2.18% 上升到 2015 年的 4.23%，成为全球研发投入最高的国家之一。这主要是因为私营部门见证了技术创新带来的规模收益递增后，不断投资于技术创新。商业公司大约贡献了 75% 的研发支出。

经济发展了，社会福利支出的比例也随之上升。这可以归因于两个主要因素：首先人们认为，相对于经合组织的其他成员，韩国仍然是社会福利支出最少的国家。缩小差距符合政府的利益。

其次，社会福利支出的增加与临时工增多和收入不平等加剧是并存的，因为在 1997 年金融危机之后，很多公司为了尽量降低劳动力成本，纷纷聘用非正规/非标准的兼职员工。这场危机促使韩国接受了劳动力市场的灵活性，允许企业裁员和雇用临时工人（Shin，2010；Park and Mah，2011）。请注意，韩国的收入不平等指数在 20 世纪 90 年代末开始上升（图 1）。而从 2007 年起，该指数又有所下降，因为自 21 世纪初以来韩国的社会支出显著增加了。这是为了应对临时工①在劳工和社会活动家的帮助下发起的一系列抗议活动。

社会保障公共支出占 GDP 的比例，从 1990 年的 2.3% 上升到 2000 年的 2.9%，2016 年达到 6.2%。需要指出的是，2008 年冲击韩国经济的全球金融危机，并没有动摇韩国对社会福利支出的承诺。②《保险与福利法》得到修订，该法律要求雇员达到 4 人及以上的公司提供社会保障（Ringen et al.，2011，第 35 页）。韩国经济扩张的同时不平等依然相对较低（图 1），③ 首要功劳当属国家对社会福利的不懈承诺。④

---

① 临时工意识到，工会在保护员工的工作和工资方面已经变得保守，而且对于帮助临时工争取期望的保障犹豫不决（Shin，2010，第 223 页；Kim，2011b，第 443 页）。

② 我们认为，韩国在面对资本流入问题时表现出的韧性，可能导致了 2000 年以来频繁出现的繁荣—萧条周期，且极易受到外部信贷紧缩的影响（Kim，2009，第 281 页）。这是为了避免再次发生 1997 年金融危机造成的那种破坏性后果。Kim（2009，第 277 页）指出，韩国拥有大量的官方储备和应对经济繁荣—萧条周期的政策框架，而且限制其资本接触其他经济体的有毒资产。

③ 这一趋势总体上反映了韩国《电子国民指数》显示的家庭收入基尼系数（见 http://www.index.go.kr/potal/main/EachDtlPageDetail.do?idx_cd=1407）。它显示基尼系数逐渐缩小，从 2007 年的 0.312 减为 2015 年的 0.295（检索于 2017 年 11 月 20 日）。

④ 韩国地方政府在促进社会福利方面扮演了重要角色。2013 年，地方政府总预算的 22.6% 用于社会保障，10% 用于环境保护，9.6% 用于交通运输，2.6% 用于支持地区中小企业的运营（The Budget System of Korea，2014）。

扶持技术型中小企业

然而，中小企业和初创企业的企业研发比例一直偏小，2015 年分别为 12.5% 和 11.4%。这与同年贡献了 76.1% 的财阀形成鲜明对比。值得一提的是，2015 年财阀吸收了近 48.7% 的为私营企业工作的研究人员，单单排名前五的财阀就获得了 22.7%。财阀可谓占据了技术生产能力的优势。韩国的许多专利均由财阀拥有。有人认为，韩国的中小企业尚未取得与中国台湾媲美的技术能力（Wang and Tsai，2010）。许多中小企业的生产和供应主要面向财阀，它们对超出后者认知范围的风险经营总是持谨慎态度。尽管如此，也有像周星工程和日星这样的中小企业能够闯出新天地，从而在财阀的掌控之外运作（Lee，2016a，第 288—309 页）。

随后，韩国在 2013 年将“韩国小企业创新研究计划”列为强制项目，作为推动中小企业发展的一项举措。这样，5% 的研发预算投给了韩国小企业创新研究计划，政府负责采购中小企业的合格技术（Thurbon，2015，第 589 页）。同时提供支持和捐赠，帮助中小企业主组建协会，推广与工业 4.0 相关的技术（如物联网、大数据等）和新兴技术。国家资助的许多项目促成了中小企业和大学之间的合作。政府还投入资源，开发有利于中小企业分拆和扩张的产业集群，为此确定了 17 个可能产生特定行业的潜在集群。这些集群由作为利益相关者的财阀和大学组成，而且设有促进中小企业分拆和升级的机构。随着越来越多中小企业参与技术市场，它们成立了一只基金，以保护中小企业免受大公司或专利流氓发起的某些诉讼。2015 年，韩国开发银行（KDB）和韩国工业银行建立了基础设施知识产权资本基金（Infrastructure IP Capital Fund），总额 1000 亿韩元，用于保护韩国公司（特别是中小企业）免受外国专利流氓的起诉。

后追赶阶段为促进中小企业发展而采取的措施显然极具包容性，重点针对的是微型实体（中小企业和初创企业）。此类实体被认为是实现可持续财富发展的重要手段。这些措施力求使微型实体能够将私人和公共部门的资源运用于新兴技术。至于这些措施能否有效引导韩国中小企业和初创企业发展技术优势和新的经济技术竞争力，我们拭目以待。

5. 讨论与结论

增长与公平观强调经济增长的重要性，因为它把经济引向一个“拐点”，这意味着，如果推动城市地区现代部门的过程最终会减少收入不平等，不平等问题将得到解决。另有观点认为，经济体可以通过（简单地）投资教育，创建一支受过训练的劳动力队伍，并依靠技术提高企业效率，从而实现包容性增长。我们反对这种过于简化的观点。韩国在发展的三个阶段明显进行了不同的干预和给予了不同的支持（图5）。本研究详细描述了韩国在追求发展过程中的包容性战略。显然，在过去几十年里，包容性增长的组织过程是谨慎而有系统性的。由此获得的增长能够衍生出技能和收入分配机制。

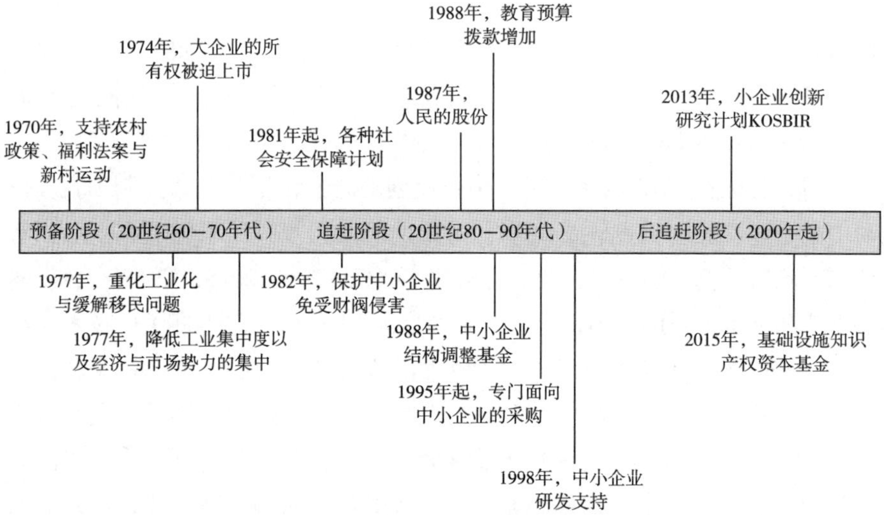

图5　韩国的包容性战略时间表

第一阶段自上而下的工业化道路推行了有利于农业活动的扶贫政策。韩国渴望在20世纪60年代末建设工业强国，因而开展各种产业项目以实现这一目标。重化工时期财阀获益匪浅，然后被迫向公众释放其所有权。国家得以积极降低地区产业集中度和财阀的经济势力集中度。

有观点认为，为了维持工人与雇主的稳定关系，韩国政府践行包容性发展战略，因为它担心，工人要求财阀提供社会福利和更好工作环境的抗议会阻碍生产活动。不过另有观点指出，韩国政府与非政府主体共同合作提供部分治理服务，从而努力完成行政现代化。韩国政府设定了治理目标和任务，并将其中一些目标和任务委派给企业和农村居民（Reigin，2011，第23—24页）。财阀履行它们的指定任务，农村居民则在新村运动中通力合作，以实现农村部门现代化。韩国还认识到所有权结构的平衡对社会平等的重要性。20世纪70年代颁布的《价格稳定与公平贸易法》被认为是实现社会平等的重要措施。包容性议程的种子早已播下，从而在以后的各个发展阶段确立起维护平等社会的原则。

追赶阶段见证了国家、财阀和民间团体之间的关系变化。我们在很多场合观察到，为争取社会福利和更好的工作环境，三者进行了激烈的谈判。民间团体通过谈判形成社会民主和帮助穷人的机制，因为许多人都同情穷人。随着经济的不断发展，国家也为改善福利制度提供了大量资源。政策措施包括教育预算拨款、贫困人口的人民股份、社会保险和社会保障计划、养老金、《健康保险和福利服务基金法》等。还有给中小企业赋权的基金和项目，如中小企业结构调整基金和韩国中小企业厅（SMBA）。收入（和所有权）不平等程度保持在较低水平。

在后追赶阶段，韩国对竞争力和新兴技术的追求融合了许多包容性议程，以期实现产业升级和社会福利的共同发展。自20世纪90年代末以来，中小企业和初创企业这类微观实体被视为重要的利益相关者。对技术升级和研发的很多支持主要面向中小企业和初创企业，譬如强制性采购计划和基础设施知识产权资本基金。我们可以观察到社会融合的轨迹：通过支持中小企业参与研发活动和追求先进技术的生产，先进工业化与社会包容切实地联系在了一起。

本文着重叙述工业化进程中的包容性。韩国的案例显然很有意义，因为它在实现快速工业化的同时建立了福利体系。我们的案例与中国台湾的情况一致（Wong et al.，2015a；Wong，2016），两者都曾有意干预自己的市场，并在发展的早期阶段纳入包容性战略。在整个发展过程中，它们推行了收入分配和减少不平等的激烈措施。我们认为，既不是新自由主义措施（限制政府的作用），也不是对大企业的支持（基于增长与公平观点）① 促成了韩国的重大进步和发展。包容性增长的环境早已建立，一个重视福利的公民社会也早已成型。我们相信，塑造这种环境的努力是可以复制的。因此，本文从“发展的竞技场”这一视角探讨的包容性可以作为重要的政策经验，供其他希望实现类似包容性增长和发展的经济体借鉴。

（颜超凡　译）

① 世界各地的许多政府都笃信涓滴式发展的方法，认为先让一部分人富起来会带动穷人致富。尽管近年来有人质疑这种方法在全球化和韩国当今政治背景下的有效性，但在20世纪60年代和70年代，并没有多少人否定这种方法的实践应用。他们看到的是一种相当简单的关联，即国家的扶持使（大）企业可以在全球生产价值链上的重工业中获得重要地位，而这些重工业恰好是政府看中的目标产业。

参考文献

Abramovitz M. (1986), Catching-up, Forging Ahead and Falling Behind. *J Econ History*, 46, pp. 385 - 406.

Altenburg T. (2009), Building Inclusive Innovation Systems in Developing Countries: Challenges for IS Research. In: Lundvall B-A., Joseph K. J., Chaminade C., Vang J. (ed.). *Handbook of Innovation Systems and Developing Countries: Building Domestic Capabilities in a Global Setting*. Edward Elgar: Cheltenham, pp. 33 - 56.

Amsden A. (1989), *Asia's Next Giant: South Korea and Late Industrialization*. New York: Oxford University Press.

Amsden, A. (2001), *The Rise of the "Rest": Challenges to the West from Late - industrializing Economies*. New York: Oxford University Press.

Amsden, A. (2007), Escape from Empire: The Developing World's Journey through Heaven and Hell. Cambridge, MA: The MIT Press.

Bai, M. K. (1982), The Turning Point in the Korean Economy, *The Developing Economies*, 20, pp. 117 - 140.

Chen, L. and Naughton, B. (2016), An Institutionalized Policy-making Mechanism: China's Return to Techno-industrial Policy, *Research Policy*, 45, pp. 2138 - 2152.

Cho, K - W. (2015), South Korea's Middle Class is Shrinking, according to recent report, The Hankyoreh, 13 Feb., 2015, available at http://english.hani.co.kr/arti/english_edition/e_business/678354.html.

Cho, L - J. and Kim, Y - H. (1991b), The Population Redistribution Plan (1977) and Urbanization Problems, In Cho, L - J. and Kim, Y - H. (ed.), *Economic Development in the Republic of Korea: A Policy Perspective*, East - West Center Book: Honolulu, pp. 349 - 367.

Cho, L - J. and Kim, Y - H. (ed.) (1991a), *Economic Development in the Republic of Korea: A Policy Perspective*, East - West Center Book: Honolulu.

Doh, S. and Kim, B. (2014), Government Support for SME Innovations in the Regional Industries: The Case of Government Financial Support Program in South Korea, *Research Policy*, 43, pp. 1557 - 1569.

Dutrenit, G., Anyul, M. P., and Teubal, M. (2011), Building Bridges between Co - evolutionary Approaches to Science, Technology and Innovation and Development Economics: An Interpretive Model. *Innovation and Development*, 1, 51 - 74.

Evans, P. (1995), *Embedded Autonomy: States and Industrial Transformation*. Princeton, NJ: Princeton University Press.

Foxley, A. and Stallings, B. (ed.) (2016), *Innovation and Inclusion in Latin America: Strategies to Avoid the Middle Income Trap*. New York: Palgrave Macmillan.

Geels, F., Hekkert, M. and Jacobsson, S. (2008), The Dynamics of Sustainable Innovation Journeys, *Technology Analysis and Strategic Management*, 20, 5, pp. 521 – 536.

Gerschenkron, A. (1962), *Economic Backwardness in Historical Perspective.* Cambridge, M: Harvard University Press.

Guth, M. (2005), Innovation, Social Inclusion and Coherent Regional Development: A New Diamond for a Socially Inclusive Innovation Policy in Regions, *European Planning Studies*, 13, 2, pp. 333 – 349.

Haggard, S. (2004), Institutions and Growth in East Asia. *Studies in Comparative International Development*, 38, pp. 53 – 81.

Hobday, M. (1995), *Innovation in East Asia: The Challenge to Japan.* Aldershot, UK: Edward Elgar.

Hwang, Y – K. and Hobdays, M. (2011), Local 'Test Bed' Market Demand in the Transition to Leadership: The Case of the Korean Mobile Handset Industry, *World Development*, 39, 8, pp. 1358 – 1371.

Jin, F. and Lee, K. (2017), Dynamics of the Growth – inequality Nexus in China: Roles of Surplus Labor, Openness, Education, and Technical Change in Province – panel Analysis, *Journal of Economic Policy Reform*, 20, 1, pp. 1 – 25.

Jomo, K. S. (ed.) (2003), *Manufacturing Competitiveness in Asia, How Internationally Competitive National Firms and Industries Developed in East Asia*, London: Routledge.

Jorgensen (2005), Energy Sector in Transition—Technologies and Regulatory Policies in Flux, *Technological Forecasting and Social Change*, 72, pp. 719 – 731.

Jorgensen, M. S., Jorgensen, U. and Clausen, C. (2009), The Social Shaping Approach to Technology Foresight, *Futures*, 41, pp. 80 – 86.

Jorgensen, M. S. and Jorgensen, U. (2009), Green Technology Foresight of High Technology: A Social Shaping of Technology Approach to the Analysis of Hopes and Hypes, *Technology Analysis and Strategic Management*, 21: 3, 363 – 379.

Jorgensen, U. (2012), Mapping and Navigating Transitions—The Multi-level Perspective Compared with Arenas of Development, *Research Policy*, 41 pp. 996 – 1010.

Khan M. (2012), The Political Economy of Inclusive Growth. In de Mello L, Dutz MA (ed.), *Promoting Inclusive Growth: Challenges and Policies.* OECD Publishing: Paris, pp 15 – 53.

Khan, M. and Jomo, K. S, (ed.) (2000), *Rents, Rent-seeking and Economic Development: Theory and Evidence in Asia.* Cambridge: Cambridge University Press.

Kim, E. M. (1994), *Big Business, Strong State: Collusion and Conflict in South Korean Development, 1960 – 1990*, New York: State University of New York Press.

Kim, H – A. (2011a), Heavy and Chemical Industrialization, 1973 – 1979: South Korea's Homeland Security Measures, In Kim, H – A. and Sorensen, C. W. (ed.), *Reassessing The Park Chung Hee Era 1961 – 1979*, Seattle: Center For Korea Studies, pp. 19 – 42.

Kim, H – A. and Sorensen, C. W. (ed.) (2011), *Reassessing The Park Chung Hee Era*

1961 – 1979, Seattle: Center For Korea Studies.

Kim, K. (2009), Global Financial Crisis and the Korean Economy, In Glick, R. and Spiegel, M. M. (ed.), *Asia and the Global Financial Crisis*, Federal Reserve Bank of San Francisco: San Francisco, pp. 277 – 284.

Kim, L. (1997), *Imitation to Innovation: The Dynamics of Korea's Technological Learning*. Boston, MA: Harvard Business School Press.

Kim, L. (1999), *Learning and Innovation in Economic Development*, Edward Algar: Cheltenham.

Kim, S. (2011b), The Human Side of Economic Development with Reference to South Korea: Labor Market Development and the Industrial Relations System, In Sung, K. J. (ed.), *Development Experience of the Korean Economy*, Seoul: Kyung Hee University Press, pp. 417 – 448.

Kim, S – J. (2010), Globalisation and Individuals: The Political Economy of South Korea's Educational Expansion, *Journal of Contemporary Asia*, 40, 2, pp. 309 – 328.

KISTEP (2016), Main Science and Technology Indicators of Korea, Vol. 2016 – 2, Ministry of Science, ICT and Future Planning – KISTEP: Seoul.

KOSIS (2016), Population Density by Census, Accessed on 19th July 2017, available at http: //kosis. kr/eng/statistics List/statisticsList_01List. jsp? vwcd = MT_ETITLE&parmTabId = M_01_01#SubCont.

KOSTATS (2016), Internal Migration Statistics, Accessed on 19th July 2017, available at http: //kostat. go. kr/portal/eng/pressReleases/8/4/index. board? bmode = read&aSeq = 360988&pageNo = 1&rowNum = 10&amSeq = &sTarget = title&sTxt = .

Kotler. P, Kartajaya, H. and Huan, H – D. (2014), *Think New Asean*, Singapore: McGraw – Hill.

Kuznets, S. (1955), Economic Growth and Income Inequality. *American Economic Review* 45: 1 – 28.

Kwon, W – Y. (1988), Population Decentralization From Seoul and Regional Development Policy, in Richardson H. W. and Hwang, M – C. (ed.). *Urban and Regional Policy in Korea and International Experience*, Korea Research Institute for Human Settlements: Seoul.

Lall, S., & Teubal, M. (1998), Market-stimulating Technology Policies in Developing Countries: A Framework with Examples from East Asia. *World Development*, 26 (8), 1369 – 1385.

Lanchovichina, E. and Lundstrom, S. (2009), Inclusive Growth Analytics: Framework and Application, Policy Research Working Paper, 4851, the World Bank.

Latour, B. (1992), Where Are the Missing Masses? The Sociology of A Few Mundane Artefacts, in Bijker, W. E. and Law, J. (ed.), *Shaping Technology*, *Building Society*, Cambridge, MA: MIT Press, pp. 225 – 258.

Latour, B., (2005), *Reassembling the Social—An Introduction to Actor-network-theory*. Oxford: Oxford University Press.

Lee, K. (2010), 30 Year of Catch-up in China: Compared with Korea. In *Reform and Development in China*, edited by Wu Ho－Mou and Yang Yao, 224－242. Oxon: Routledge.

Lee, K. (2013), *Schumpeterian Analysis of Economic Catch-up: Knowledge, Path-creation and Middle Income Trap*, Cambridge: Cambridge University Press.

Lee, K. (2016a), *Economic Catch-up and Technological Leapfrogging: The Path to Development and Macroeconomic Stability in Korea*, Cheltenhem: Edward Elgar.

Lee, K. (2016b), Industrial Upgrading and Innovation Capability for Inclusive Growth: Lessons from East Asia, In Foxley, A. and Stallings, B. (ed.), *Innovation and Inclusion in Latin America*, New York: Palgrave-Macmillan.

Lee, K. and Ki. J－H. (2017), Rise of Latecomers and Catch-up Cycles in the World Steel Industry, *Research Policy*, 46, pp. 365－375.

Lee, K. and Marleba, F. (2017), Catch-up Cycles and Changes in Industrial Leadership: Windows of Opportunity and Responses of Firms and Countries in the Evolution of Sectoral Systems, *Research Policy*, 46, pp. 338－351.

Lee, K. and Xin, S. (2015), Firm Size and Economic Growth in China, *Journal of International and Area Studies*, 23, 1, pp. 93－112.

Lee, K. T. (1991b), Policy Measures to Reduce Industrial Concentration and Concentration of Economic Power, in Cho, L－J. and Kim, Y－H. (ed.), *Economic Development in the Republic of Korea: A Policy Perspective*, Honolulu: East-West Center Book, pp. 473－510.

Lee, S－C. (1991a), The Heavy and Chemical Industries Promotion Plan (1973－1979), in Cho, L－J. and Kim, Y－H. (ed.), *Economic Development in the Republic of Korea: A Policy Perspective*, Honolulu: East-West Center Book, pp. 431－471.

Lee, Y－H. (1997), *The State, Society and Big Business in South Korea*, London: Routledge.

Lewis, W. A. (1954), Economic Development with Unlimited Supplies of Labour. The Manchester School 22: 139－191.

Lundvall B－A., Intarakumnerd P. and Vang J. (ed.) (2006), *Asia's Innovation Systems in Transition.* Cheltenham: Edward Elgar.

Markusen, A. (1996), Sticky Places in Slippery Space: A Typology of Industrial Districts, Economic Geography, 72, 3, pp. 293－313.

Mathews, J., and Cho, D.－S. (2000), *Tiger Technology: The Creation of a Semiconductor Industry in East Asia.* Cambridge: Cambridge University Press.

Mazzoleni, R., and Nelson, R. R. (2007), Public Research Institutions and Economic Catch-up. *Research Policy*, 36 (10), 1512－1528.

Moon, H－C. (2016), *The Strategy for Korea's Economic Success*, Oxford: Oxford University Press.

Moon, P. Y. (1991), A Positive Grain-Price Policy (1969) and Agricultural Development, in Cho, L – J. and Kim, Y – H. (ed.), *Economic Development in the Republic of Korea: A Policy Perspective*, Honolulu: East-West Center Book, pp. 371 – 404.

Nelson, R. R. (ed.) (1993), *National Innovation Systems: A Comparative Analysis*. New York: Oxford University Press.

Nelson, R. R. (1994), Economic Growth via the Coevolution of Technology and Institutions. in Leydesdorff, L. and Van den Besselaar, P. (ed.), *Evolutionary Economics and Chaos Theory*, *New Directions in Technology Studies*. Pinter: London, pp. 21 – 32.

OECD (2017), OECD Stat: Social Expenditure – Aggregated Data, Accessed on 17 June, 2017, Available at https://stats.oecd.org/Index.aspx? DataSetCode = SOCX_AGG.

Park, J. and Mah, J. S. (2011), Neo-liberal Reform and Bipolarisation of Income in Korea, *Journal of Contemporary Asia*, 41, 2, pp. 249 – 265.

Paunov, C. (2013), Innovation and Inclusive Development: A Discussion of the Main Policy Issues, OECD Science, Technology and Industry Working Papers, 2013/01, OECD Publishing.

Ringen, S. Kwon, H – J., Yi, I., Kim, T. and Lee, J. (2011), *The Korean State and Social Policy: How South Korea Lifted Itself from Poverty and Dictatorship to Affluence and Democracy*, Oxford: Oxford University Press.

Rowe, K. E. and Kim, B – S. (1997), The Rise of Women's Education in the United States and Korea: A Struggle for Educational and Occupational Equality, *Asian Journal of Women's Studies*, 3, 2, pp. 30 – 93.

Sen, A. (1999), *Development as Freedom*, Oxford: Oxford Unviersity Press.

Shin, K – Y. (2010), Globalisation and the Working Class in South Korea: Contestation, Fragmentation and Renewal, *Journal of Contemporary Asia*, 40, 2, pp. 211 – 229.

Sorensen, C. W. (2011), Rural Modernization under the Park Regime in the 1960s, in Kim, H – A. and Sorensen, C. W. (ed.), *Reassessing The Park Chung Hee Era 1961-1979*, Seattle: Center For Korea Studies, pp. 145 – 165.

Teichman, J. A. (2016), *The Politics of Inclusive Development: Policy, State Capacity and Coalition Building*, Hampshire: Pagrave Macmillan.

The Budget system of Korea (2014), The Budget system of Korea, 2014 – 3, Ministry of Strategy and Finance: Sejong.

Thurbon, E. (2015), The Abandonment of Procurement – linked Strategic Activism in Australia: Standing Still with Room to Move, *Australian Journal of International Affairs*, 69: 5, pp. 577 – 594.

Wade, R. (1990), *Governing the Market: Governing Theory and the Role of Government in East Asian Industrialization*. Princeton, NJ: Princeton University Press.

Wang, J – H. and Tsai, C – J. (2010), National Model of Technological Catching Up and Innovation: Comparing Patents of Taiwan and South Korea, *Journal of Development Studies*, 46, 8, pp. 1404 – 1423.

Wong C－Y.，Hu M－C.，Shiu J－W.（2015a），Governing the Economic Transition：How Taiwan Strategically Transformed Its Industrial System to Attain Virtuous Cycle Development. *Review of Policy Research*，32，3，pp. 365－387.

Wong，C－Y.（2016），Evolutionary Targeting for Inclusive Development，*Journal of Evolutionary Economics*，26，2，pp. 291－316.

Wong，C－Y.，Hu，M－C. and Shiu J－W.（2015b），Collaboration between Public Research Institutes and Universities：A Study of Industrial Technology Research Institute，*Taiwan*，*Science*，*Technology & Society* 20，2，pp. 161－181.

Yoo，S－M. and Lim，Y.（2000），Big Business in Korea：New Learning and Policy Issues，in Judd，K. L. and Lee，Y. K.（ed.），*An Agenda for Economic Reform in Korea*：*International Perspectives*，Stanford：Hoover Institute Press，pp. 63－122.

Yoon，S－M.（2011），POSCO：Building an Institution，in Kim，H－A. and Sorensen，C. W.（ed.），*Reassessing the Park Chung Hee Era 1961－1979*，Seattle：Center For Korea Studies，pp. 43－65.

改革记忆

Retrospeet of Reform

Comparative

和台湾经济学家座谈经济发展与改革问题的纪要

杨启先

1989 年 3 月 13—16 日，我们同台湾中华经济研究院院长蒋硕杰、副院长于宗先和美籍华裔经济学教授邹至庄、费景汉、顾应吕、刘遵义等人，在香港就我国经济发展与经济改革问题，进行了 4 天座谈。他们 6 人都是台湾“中央研究院”的院士，是台湾 7 位经济学院士中的 6 位，特别是蒋硕杰，在经济理论和实践方面有较高的成就，在台湾经济理论界有较大影响。他们的基本理论观点是，反对凯恩斯的膨胀理论，强调必须在稳定中求发展。认为任何随意以超额信用扩张货币供给的行为，都应视之为一种不劳而获的“盗窃性行为”，加以口诛笔伐。主张政府的经济政策，除特殊情况外，应尽可能与市场的供求力量相配合，在有效管住货币的前提下，坚持放开商品价格，实行贸易、汇率自由化和资金利率市场化。一切违反市场机能的命令式政策措施，即使有助于暂时的局部效果，但与富国利民的根本目的是大相径庭的。为此，他们以蒋硕杰为首，同台湾另一派以王作荣为首的经济学家在 20 世纪六七十年代曾经展开过一次公开论战，人称“王蒋大战”。并且多次联名向国民党政府提出台湾经济发展战略的具体建议，受到蒋经国的重视，推动了台湾经济的自由化，对台湾经济起飞起到了重要作用。下面，着重把座谈中讨论的主要问题和他们的一些基本看法，简报如下。

---

* 作者参与了这次座谈并于 1989 年 3 月 25 日执笔起草了此纪要，本文摘自《杨启先文集》。

一、关于通货膨胀问题

他们总的认为，大陆经济改革10年来，取得了很大成绩，人民生活显著改善。改革的目标要建立“国家调节市场，市场引导企业”的机制，路子是对的。当前，虽然出现了一些问题，但从经济角度讲，并不算很严重，包括通货膨胀18.5%在内，比台湾50年代初的困难要小得多。只要措施正确，实现经济继续稳定增长，进一步推进国家现代化，应当是有希望的。

关于如何治理通货膨胀，他们的意见是，首先必须把通货膨胀的原因弄清楚，然后对症下药，才能取得好的效果。对于现在一般认为通货膨胀是由于需求拉动或成本推动的说法，他们认为这还是一种表象的观察，不完全同意，认为这种分析往往掩盖了政府工作的缺陷和事情的本质。他们认为，通货膨胀归根到底是货币供给扩张造成的，扩张货币的根源不外三种：一是财政赤字，二是金融赤字，三是增加外汇资产积累。在发展中国家，由于第三种因素不经常存在，通货膨胀的原因主要是前两种。因此，解决通货膨胀的关键是要消灭财政赤字和金融赤字，不能依靠价格管制。如果不下决心卡住这两个闸门，单纯管制价格必然造成有行无市，倒买倒卖，黑市猖獗，资源利用更不合理，效益下降，如治丝愈纷，欲益反损。在这方面，台湾有过两方面的经验。第一次是能源危机。1974年物价上升高达45%，其中1月份超过75%。为什么上升这么多？主要是政府一开始没有听取经济学家放开价格的意见，采取了管制物价的办法。第二次能源危机，接受了过去的教训，不再管制价格，1979年物价反而只上升了23%，1980年就降下来了，从1981年起，至今没有再发生通货膨胀。

如何解决财政赤字，他们认为，首先要严格把政府的消费支出和投资支出两部分预算分开。凡属于消费性的支出，必须依靠税收解决，不能借债，要先预测可能有多少收入，量入为出，并力争有一部分税收结余，作为政府储蓄用于投资。台湾采用这种办法，至今已有27年没有出现财政赤字。属于投资性的支出，除利用税收结余和公共财产的收入以外，可以发行政府债务，但总量必须严格控制，不能超过。台湾立法规定，政府债务累计余额不能超过预算收入的22%。并且，要坚持按市场利率发行，不能靠低息摊派，也不能强迫银行购买。否则，势必导致争相要低息贷款去投资，破坏资金与投资的应有平衡。为此，政府投资只能限于公用事业和基础设施，其他行业和事业所需资金，应由企业自行解决或由银行吸收居民储蓄来融通。

解决金融赤字问题，他们认为，关键是要使利率高于物价指数，并能随市场资金供求升降，以利于既增加居民储蓄，又抑制贷款的规模；特别是在通货膨胀期间，为稳定人们的信心，更应如此。从亚洲“四小龙”的经验看，运用好利率手段，对抑制通货膨胀、积聚建设资金的作用是很明显的。如台湾50年代初，通货膨胀严重，超过了100%，1950年3月，大幅度提高利率（达到125%）以后，货币大量回笼。三位数的通货膨胀很快就被抑制住了。50年代末，就降到了15%以下，1961年起进一步下降到两位数以内。居民的储蓄率也从1950年以前几乎为零，上升到1952年的5.2%、1963年的13.4%和1973年的35%。韩国在战后长期实行低利率政策，通货膨胀率很高，经济也不稳定。1965年9月，他们借鉴了台湾经验，将储蓄利率大幅度提高到34.5%，明显高于30%的通货膨胀率，使储蓄率从1965年的1.9%，迅速上升到1966年的7%，1969年的15%和1977年的22%，不但平息了高通货膨胀，而且积累了大量资金，加快了经济增长。香港和新加坡也有类似的过程和经验。

存款利率提高以后，理所当然不能让银行亏本，必须相应大胆提高贷款利率。有人担心贷款利率提高以后，企业可能承受不了，这是不必要的。因为，随着利率的上升，投资的回报率也会上升，如果一个企业的投资回报率还抵补不了利率，说明其真实利润率必定很低，也就不值得去投资。无论什么样的国家，衡量一个企业应不应该投资的标准，只能是利润率与利率的实际差额，只有个别需要特别照顾的行业可以例外，但也不应由银行低息照顾，而应由财政贴息。否则，经济效益必然很低，金融赤字也根治不了。

就大陆当前通货膨胀的实际看，他们认为，受财政赤字影响与金融赤字影响比较，金融赤字是主要的。因此，应当下决心尽快把利率提到通货膨胀率以上。去年①9月实行保值存款和今年2月较大幅度提高利率以后，储蓄都有所上升，说明提高利率对于抑制通货膨胀，在大陆也是有效的，怀疑它的作用而不敢大胆灵活运用利率这一最重要的手段，是不对的。

二、关于价格改革问题

他们一致认为，当今，无论在什么社会制度下，经济发展都必须尊重市场

---

① 为了保持文章原貌，全书引文中涉及的“去年”“今年”“明年”等时间概念，编者均未改动，读者可根据文前所示文章发表时间来判定所指具体年份。下同。——原编者注

原则。因为，历史已经证明，凡市场机能灵活运行的国家，和同等经济发展阶段的国家相比都是超前的；凡市场机能滞碍不畅的国家，和同等经济发展阶段的国家相比都是落后的。要使市场机能很好地发挥作用，必须改变政府管制价格的制度，不仅是实物产品的价格，也包括资金和外汇的价格。大陆在前几年的改革中，把许多产品的价格放开了，对有些产品实行了双轨价，市场机能得到了一定的发展，成效是很明显的。但由于去年通货膨胀加剧，听说现在又准备放慢价格改革的进程，并对一些价格重新进行管制。这作为一种临时措施是可以理解的，但时间无论如何不宜太长。这不仅因为现在的双轨价格不可能长此下去；而且价格一管制，把有些产品的比价又扭曲了，把许多经济关系又弄乱了，对经济发展很不利，将来付出的代价可能更大。有的人强调，价格改革要找时机，实际上，不合理的价格不改革，经济不能良性运转，就永远也找不到人们想象的时机。更重要的是，长期实行价格管制的国家，往往形成一种错误的观念，就是有些政府官员往往认为自己对价格的判断比市场更准确、更高明，或者不愿放弃自己的权力（台湾过去也如此），就更难找出这样的时机。

因此，根本的出路还是要解决好总供给与总需求的平衡，下决心把货币管住。在此前提下，把绝大多数产品的价格放开，由市场形成；少数可以由政府按一定利润率原则控制。如台湾电力价格，政府规定利润率不低于9%，低于9%时企业就可以要求提价。这样做，在一定时期内价格会有较多的上升，但这种上升是属于一次性的，对经济不会带来连续冲击，因而也不能说是通货膨胀。

对于现在仍然很不合理的农业、能源交通、工业原材料三大系列产品的价格，如何分步骤进行改革？他们的意见是：农产品价格应该继续逐步放开，对国家低价收购的部分粮食，可以改为征收实物税的形式取得，做到不再当农民的“敌人”，使农民种地有利可得。也只有这样，才能有效缓解并克服大陆农产品供应不足的问题。能源交通和原材料，他们主张先主动提高能源交通的价格。因为：

（1）这是其他价格的基础，现在大量亏损，不提高价格就不可能有较快发展；

（2）提高能源交通价格，可以减少国家补贴，对财政不会形成太大压力；

（3）有利于迫使企业降低消耗，减少相向运输，抑制社会对能源交通的需求；

（4）能源交通基本上都不能囤积，在变动价格过程中政府易于控制，不致带来市场流通秩序的混乱。

原材料价格，他们倾向于继续走部分管制、部分放开的路子，通过每年缩小一部分管制、放开一部分的办法，用四五年时间过渡到单一市场价格。在进行价格改革时，他们都主张，必须把控制总需求作为前提，并要事先搞好调查测算，制定可行方案，但不宜提前宣布，以避免人为推动物价上涨，给群众和企业带来不应有的心理冲击。

三、关于汇率问题

他们认为，这是当前大陆经济存在的突出问题之一，也是不发达国家一个具有共性的问题。在不发达国家，为保护国内产业，一般总是实行高关税政策，将本国货币高估，把外汇汇率人为地定得很低，导致可以出口的出不去，应该进口的也进不来，对经济发展制约很大。因为，一个不发达国家，最大的优势是劳动力多，工资水平低，具有比较优势的是那些相对需要人力多、资本少的产业。但由于汇率太低，出口产品价格太高，反而没有竞争力。低价出口原材料或补贴出口，不但国家财政承受不了，而且等于把好处给了外国人，还可能受到贸易保护主义的抵制，很不合算。台湾在这方面，有过深刻的教训和经验。50 年代，由于汇率太低，按台币计算，只有糖、大米、梨等少数几种初级产品能够出口，根本无法建立新的出口产业和开拓新的出口市场，出口和整个经济增长都很缓慢。经过 1958—1960 年三年连续大幅度贬值，台币对美元的比价，从 15∶1 一直下降到 40∶1，出口才得到了飞跃的发展。60 年代每年递增 23.6%、70 年代每年递增 29.6%，1980 年比 1954 年出口总额增加了 200 多倍，成了推动台湾经济高速增长的重要因素。

对于如何解决大陆现在仍然不合理的汇率问题。他们一致认为，将人民币较大幅度贬值，势在必行。不如此，就不可能很好地利用当前国际经济发展的好时机，充分发挥劳动力丰富的优势，迅速增加出口，扩大国内外经济互补，带动整个经济的发展。但考虑到现在通货膨胀率较高，外贸企业自负盈亏的问题还没有解决，贬值后可能很快又被抬价收购、削价出口所抵消，起不到应有的作用。加上在许多城市已经开放了外汇调剂市场，并已经取得了很好的效果，这同台湾 50 年代曾经实行过的结汇证制度相似，等于是通过市场机能给出口企业必要的补偿。因此，可以先继续沿着这个路子走下去，坚持不断增加外汇市场调节部分的比重，用扩大企业外汇留成和外汇调节市场的办法，逐步过渡到基本符合实际的单一汇率。

有人担心，外汇汇率提高以后将引发通货膨胀，他们认为，这种论点是不对的。因为，在有进口数量限制时，进口产品的国内价格并非由其离岸成本决定，而是由国内的有效需求和被允许进口的数量决定的。因此，只要国内宏观经济是平衡的，本身不存在通货膨胀，进出口贸易和外汇收支也能够达到平衡，虽然提高了外汇汇率，以本国货币表示的国民所得也没有理由因贬值而扩大。台湾的实践，已经证明了这一点。大陆只要汇率合理了，全世界劳动密集型的产品都竞争不过中国，实现经济起飞的前景是很好的。

四、关于企业制度问题

他们认为，大陆的企业制度改革，需要突出解决两方面的问题：一方面，要明确规定政府投资经营企业的范围。从过去的情况看，政府投资的范围太宽，不但财政负担不了，金融赤字很难解决，企业的效益往往也不好，不能促进反而制约了经济的发展。因此，对于国家必须控制国民经济支柱产业的理论，要有一个新的认识。很有必要把企业分为两类：一类是非竞争性的，如公用事业、基础设施和能源，可以继续由国家投资经营；一类是竞争性的，国家的资金供给到此为止，不再增加投入，企业要发展，基本通过用自有资金、互相参股、个人投资，或者发展集体企业、私人企业和大胆利用外资、侨资来解决。特别是一些中小型企业，可以任凭发展，不受所有制的限制。这样，不仅有利于加速经济增长，而且有利于把有限的储蓄资金合理集中到大企业，使大企业也更好地发展。

另一方面，要解决政企分开和企业放开经营、自负盈亏的问题。具体办法，可以采用股份制。其好处是：

（1）可以通过资产评估，做到国家资产真实化和产权明晰化；

（2）可以利用扩股的办法，积聚建设资金；

（3）可以通过股权转让，促进资金合理流动；

（4）可以实现政企分开和产权与经营权分开，使企业成为一个完全独立的核算单位；

（5）可以使投资者只承担有限责任，分散风险，做到以企业为单位自负盈亏，优胜劣汰，这也是国际上企业发展的共同趋势。一般先办独资企业，资金不够发展到合伙，然后再发展到股份公司，最后发展到家族或法人控股，如日本现在法人控股占全部股份的70%以上。由于一个股东只要占有20%~30%的股份，往往就可以控股，因此，对一般企业，政府股份的比例也不一定要占大多数。

但是，要比较普遍地发展股份制，必须具备以下条件：一是资产要能合理评估并适当分割，因全部股权由一个政府部门持有，政企仍然难以分开，效果肯定不好；二是市场机能要比较健全，特别是劳动力要市场化，以利于企业平等竞争；三是要有一批优秀的经营者，有能力把股份制企业经营好；四是要有一套比较健全的法规，使各方面能够依法办事。现在，大陆显然还不具备。因此，可以在已经普遍实行承包经营的基础上，逐步创造条件予以过渡。因为，通过不断发展承包经营，可以增加企业效益的透明度，为资产的准确评估创造条件；可以提高企业经营者的素质，逐步锻炼出一批优秀企业家；通过合同公证并严格执行，可以增强人们的经济法制观念。但对承包者必须经过严格的挑选，甚至可从香港或国外延聘一些有能力的人去承包。只要经营得好，就给以优厚的待遇。要尽可能为股份制的发展打下一个较好的基础。

五、关于分配问题

他们认为，现在大陆按国家收入计算的积累率达34%~35%，在不发达国家中是很高的，因此，总体上不能说消费过度。但对最近几年出现的企业职工工资奖金增长超过了劳动生产率与实现利润增长率的趋势，甚至大发各种实物，变相增加职工收入的做法，认为是一种“揠苗助长”的政策，是很危险的。

他们主张，在分配问题上，即使社会主义国家，对职工也不能有过多的许诺，必须加以控制。否则，对国家对职工都不利，这在世界许多国家是有经验教训的。如英国，过去长期迁就工人要求，罢工很多，货币工资虽然增加了不少，但实际工资增长最慢。撒切尔夫人上台后，下决心改变这种情况，煤矿工人罢工两年，也坚持不对工人增加工资的过高要求让步，结果实际工资反而增长很快。台湾因为有戒严法，不准罢工，但实际工资增长也是最快的。相反，阿根廷在庇隆执政时期，因为他是靠对工人许诺起家的，长期顺着工人要求走，结果把阿根廷的经济引向了破产，过去人均国民生产总值超过许多西欧国家，现在比台湾还低。大陆政府如果不注意这个问题，超过经济增长可能扩大工人的分配，不但实际收入不能很快提高，而且会把经济拖垮。要十分明确，职工的真实收入只有在经济稳定、劳动者和资产所有者合作的情况下，才能增长最快，超过了负担能力，必然影响生产发展，甚至会导致经济萎缩，职工收入也增加不上去。

对于目前大陆出现的某些分配不公现象，他们认为也不能看得过于严重。因为这种财富分配的过分不均虽然不好，但在一定发展时期是很难完全避免的。最重要的是要鼓励和引导收入多的人尽可能将资金用于投资，发展生产。为此，对于私人投资，不宜用行政命令办法限制，并应使之有利可图。香港为什么经济这样有活力，发展这样快，就因为他们做到了老子所说："天下利之即来，天下无利则亡。"如果按照儒家思想办事，君子"不计其利"，经济是不可能发展起来的。当然，私人财产多了以后，政府可以而且必须通过征收遗产税的办法控制，以防止私人资本过分集中，使大户人家的财产在两三代以后都又分散了，每一代人都可以凭自己的力量去发财，而不能凭父母或祖宗的力量永远发财。香港大企业家胡应湘就表示，他的财产以后不留给儿子；美国柯达胶片公司老板死时把所有财产都捐赠给了一所大学。大陆如果有这样一批企业家，可能也没有什么不好。

这次座谈会，虽然是海峡两岸高层经济工作者之间的第一次接触，但气氛很好，既增加了相互了解，又就我们的改革交换了不少意见，对会议结果双方都比较满意，同意今后继续进行交流。由于台湾经济在五六十年代也有过一个从管制较多到放开的过程，有些做法对我们有一定的参考价值，今后还可通过适当方式进一步加强联系和做一些更深入的探讨。我们认为，这对搞好我们的经济改革和沟通两岸的联系，都是有利的。

平台经济专栏

On Platform Economy

Comparative

平台竞争的几个重要问题

张　穹

“平台正在吞噬这个世界”，《平台垄断——主导21世纪经济的力量》一书的作者这样写道，这句话形象地反映了数字经济时代的一个重要特点：平台正成为最重要的经济组织形式。在企业市值的变化中可以看出这一点：自2016年8月开始，全球市值最高的前5家企业（苹果、微软、谷歌、亚马逊、脸书）均为平台企业。截至2018年7月，全球市值最高的10家企业有7家是平台企业，除上述5家外，再加上中国的阿里巴巴和腾讯。

平台是在互联网技术条件下发展起来的一种新的社会分工协作组织形式。尽管平台很早就有，[①] 但作为一种大规模协作组织形式，是在互联网出现之后才有的。一般认为，平台就是成功地聚集、组织起两边或多边的市场。[②,③]虽然平台的经营者仍然表现为公司，但是其经营的内容与传统公司不同，平台企业经营的是市场。正因为此，有学者认为平台兼具企业和市场两种属性。[④] 因

---

*　作者为国务院反垄断委员会专家咨询组召集人。

①　古老的乡村集市就是平台，各种各样的中介服务，如牲畜交易的中间人等，也是平台。

②　有关平台的定义，参见吴汉洪、孟正，《双边市场理论与应用述评》，《中国人民大学学报》，2014年第2期；熊艳，《产业组织的双边市场理论——一个文献综述》，《中南财经政法大学学报》，2010年第4期。有学者认为也有单边市场的平台，参见陈永伟，《平台经济的竞争与治理问题：挑战与思考》，《产业组织评论》，第11卷第3辑，总第31辑，2017年9月。

③　此处的“市场”是一种广义的说法，指交互场所。

④　见陈永伟，《剥削者抑或守望者？——对平台竞争与治理的再思考》，《中国改革》，2018年3月刊。

此，“平台”一词在不同语境下，有不同含义，有时指平台企业，有时指平台市场。在不同的场合，我们应分清自己或别人是在哪种含义上使用“平台”一词。

由于平台企业经营的是平台市场，显著不同于传统企业，由此带来竞争特点上的巨大差异。下文将简要探讨平台竞争的几个重大特点，以利于澄清相关认识，促进平台经济的不断发展。

一、平台的规模问题

在平台经济中，我们经常看到这样的现象，在一定时期内容易出现寡占甚至独占的竞争格局，比如在全球搜索、社交领域，谷歌和脸书分别雄踞霸主地位。“赢者通吃”好像是平台经济的普遍规律。平台竞争为什么容易出现这种情况，大型平台企业是否有效率，这种市场格局是否存在竞争制约，用什么指标来衡量平台规模比较合适，等等，这些问题值得认真思考。

平台经济容易出现寡占甚至独占的市场格局，最主要的原因是网络效应。所谓网络效应，是指网络的价值与其节点数的关系。对于平台的网络效应，梅特卡夫定律（Metcalfe's Law）进行了较好的描述。该定律指出，网络的价值等于网络节点数的平方，随着网络用户数量增加，网络价值呈指数级增加。

平台市场由交易（或交互）的两边（或多边）组成，在交易一边中，存在同边网络效应；在交易双边间，存在跨边网络效应。所谓同边网络效应，是指平台市场一边的用户越多，平台对该边用户价值越大。比如，在操作系统平台中，软件用户越多，平台对该边所有成员的价值越大。所谓跨边网络效应，是指平台市场一边的用户越多，平台对另一边用户的价值越大。比如，在购物平台中，买家数量越多，平台对卖家的价值就越大；同样，卖家数量越多，平台对买家的价值也越大。由于平台企业要将平台市场的双边组织、聚集起来，因此跨边网络效应是最重要的。可以说，如果没有跨边网络效应，就很难将平台市场组织起来。

平台企业如果成功地利用了网络效应，使平台市场的一边或双边产生正反馈，出现“鸡生蛋，蛋生鸡”的效果，促使平台市场的规模不断扩大，并在一定程度上抑制平台市场的参与者加入其他平台的积极性，产生“赢者通吃”现象，出现“几家独大”甚至“一家独大”情况，表现在市场竞争格局上就是寡占甚至近乎独占。

因此，寡占或独占的市场格局是由平台经济的内在规律引起的。因为网络越大，对网络参与者及社会而言，其价值越大，因此大型甚至超大型平台是有效率的。这一点，可以从市场的角度来理解，大型平台意味着大型市场，统一的没有分割的大市场是有利于资源配置的。[①] 此外，也可以从企业的规模经济角度来理解，对平台企业而言，其边际成本是递减甚至为零的，这表明大型平台企业具有规模经济特征。

平台经济的这种现象与传统工业经济有所不同。在传统工业经济中，一般认为寡占或独占是不利于资源配置的。[②] 因此，平台经济的这种现象用传统的完全市场竞争模型难以完全解释，需要在基本竞争理论上有所突破，寻找新的理论解释。

与平台规模问题相关的是，近年来国内出现了“超级平台”一词，并基于传统理论认为“超级平台”会产生一系列问题，比如抑制创新、抑制竞争、影响经济效率等。“超级平台”一词本身并不科学，从横向比较来看，国内的大型平台相较于国外平台，规模要小得多，算不上“超级”；从历史发展来看，随着平台经济的发展，平台规模还将进一步扩大，相较于今后平台的规模，目前并算不上“超级”。从效率角度看，如前所述，所谓“超级平台”就是“超级市场”（至少对交易型平台市场而言是这样），是有利于社会资源配置的，是有效率的。

寡占或独占的市场格局会引发另一个担心，即在这样的市场格局下，是否存在竞争约束？在位企业是否会肆无忌惮地滥用自己的市场力量？由于市场是开放的，创新引发的动态竞争、平台经济特有的跨界竞争和差异化竞争，以及用户的多归属特征等，均会对大型平台企业造成竞争约束。大型平台企业即使占有较高的市场份额，仍然会承受着种种巨大的竞争压力，竞争仍然是充分的。平台竞争的上述特点，后文将做比较详细的介绍。

用什么指标来衡量平台的规模和市场力量，也是与平台规模相关的一个重要问题。平台市场两边的用户数（又分为总用户数、季度活跃用户数、月度活跃用户数等），用户的使用时长，平台市场上的总交易额，平台企业收入等

---

① 见陈永伟，《平台经济的竞争与治理问题：挑战与思考》，《产业组织评论》，第11卷第3辑，总第31辑，2017年9月。

② 见欧内斯特·盖尔霍恩、威廉姆·科瓦契克、斯蒂芬·卡尔金斯等著，任勇、邓志松、尹建平译，《反垄断法与经济学》，北京：法律出版社，2009年第1版，第47—87页。

等，都在不同情况下用来衡量平台规模和市场力量。但是，到目前为止，还没有比较统一的标准。应进一步深入研究，构建能够揭示平台规模和市场力量的最重要指标或指标体系。

二、平台企业的相关市场界定问题

相关市场界定过程，其实是发现竞争者与竞争关系的过程。[①] 研究平台企业的相关市场界定问题，就是为了探讨平台企业已经存在的竞争约束情况。与传统企业提供商品或服务不同，平台企业经营的是平台市场，通过一定方式将市场双边组织起来，并提供相应服务。由于平台企业将平台市场双边作为一个整体进行经营，而对平台市场双边提供的服务有时却不相同，这种分离造成平台企业的相关市场界定与传统企业的相关市场界定有很大的不同，也要复杂得多。

下图是一个简单的双边平台模型，这一模型有利于直观理解平台企业、平台市场、市场两边之间的关系。

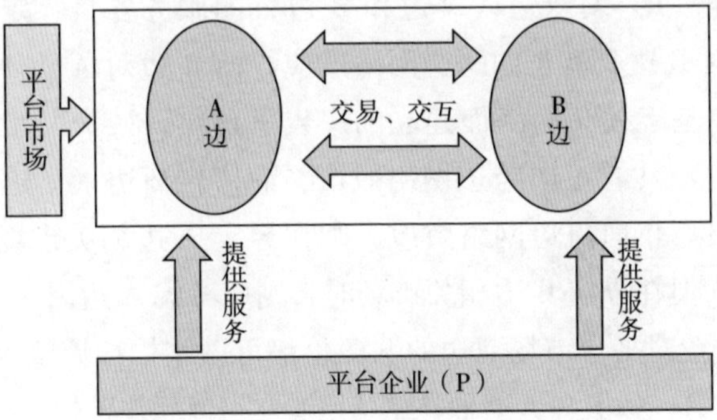

在就平台企业向平台市场一边的服务界定相关市场时，主要存在以下问题，一是是否将对另一边的服务也纳入进来，界定一个整体市场；二是如果不把对另一边的服务纳入进来，如何考虑它对界定相关市场的影响；三是界定相关市场的原有具体方法是否适用。此外，创新对平台企业相关市场界定的影响、相关地域市场等也是重要的问题。

在对平台企业进行相关市场界定时，需要先将能约束平台企业的各类竞争

---

① 参见《关于相关市场界定的指南》，国务院反垄断委员会2009年5月颁布。

者都纳入考虑范围。平台企业所受的竞争约束比较复杂，可能来自以下方面：为同类用户提供服务的差异化双边平台企业；仅向其中一边用户提供服务的单边企业；仅在其中一边的市场存在竞争的双边平台企业。[①] 例如，第三方零售平台的竞争约束，从商户端来看，既包括同类的第三方零售平台，也包括纵向一体化的自营零售平台，还可能包括为零售企业（包括自营零售平台）引导用户流量的社交、搜索平台等。

一般认为，对交易型平台，可以将对双边的服务界定为一个整体市场，因为平台企业对双边提供服务的目的相同，而且交易额是可以观测到的，[②] 比如网约车平台企业对司机端和乘客端的服务可以界定为一个独立的相关市场，这个市场的规模可以用平台上的交易额来衡量。对非交易型平台，可将对双边提供的服务各自界定为独立的相关市场，比如基于社交网络而建立的广告平台，平台企业对广告商和社交人员提供的服务可以各自界定为独立的相关市场。其实，根据不同案件的目的，对交易型平台双边提供的服务，有时也可各自界定为独立的相关市场。

把平台企业（P）对双边（A 边和 B 边）的服务各自界定为独立相关市场，如果 A 边对 B 边具有正向跨边网络效应，而 B 边对 A 边不具有正向跨边网络效应，如在基于社交网络而建立的广告平台上，社交网络边（A 边）对广告商边（B 边）具有正向跨边网络效应，而广告商边（B 边）对社交网络边（A 边）不具有正向跨边网络效应，则在界定 A 边相关市场时，一般不用考虑 B 边因素，但在界定 B 边相关市场时，则应考虑 A 边因素。

由于平台企业对平台市场双边的服务价格可做结构性调整，用对一边服务收取的费用补贴另一边服务，这种补贴费用其实可以看作跨边网络效应的价格的一部分。由于存在这种补贴，因此平台企业对各边收取的服务价格并没有真正反映成本，这造成假定垄断者测试（SSNIP）方法很难应用。针对这一问题，执法实践和相关学者尝试对此加以改良或应用新方法，但效果尚待观察。[③] 因此，

---

① Evans，D. S.，Noel，M. D. Defining Antitrust Markets when Firms Operate Two-sided Platforms [J]. *Columbia Business Law Review*，2005，(3)：667-702.

② 参见林平、刘丰波，《双边市场中相关市场界定研究最新进展与判例评析》，《财经问题研究》，2014 年第 4 期；赵莉莉，《反垄断法相关市场界定中的双边性》，《中外法学》，2018 年第 2 期。

③ 同上。

对界定平台企业相关市场的定量化分析方法，仍需不断探索。

由创新（包括技术创新和商业模式创新）引起的产品和服务更新迭代，也会对平台的相关市场界定带来巨大问题。例如，由于数字技术的迅速发展，线下零售实体加速数字化转型，使得线上线下的界线越来越模糊。[①] 以前线上零售对线下零售替代性很强，逐渐地线下零售对线上零售的替代性也越来越强，最终将达到一种完全替代。这种变化，会对线上零售平台的相关市场界定带来很大挑战。在界定平台企业相关市场时，应充分考虑创新引发的发展趋势。

此外，平台的相关地域市场界定，也是一个值得重视的问题。网络使信息交流突破了时空限制，加上与交易相套配的线下设施的完善，使交易的地理范围有了质的飞跃。例如，生鲜电商的发展，使社区水果店的竞争范围有可能扩展到几千公里之外的水果生产者或经营者；跨境电商的发展，使网络零售的全球化特征越来越明显。

三、平台的动态竞争问题

因创新引起的动态竞争，是平台竞争的一大特点。高频度创新，叠加上因网络效应带来的双边反馈，使平台企业的兴起或溃败更加迅速。这既会造成平台市场竞争格局的快速变动，也会对在位平台企业形成巨大竞争压力。

创新主要包括技术创新、商业模式创新、制度创新，但技术创新是最活跃、最底层的，也是推动平台发展的主要力量。各类芯片是数字设备的核心部件，迄今为止，芯片功能的提升一直遵循摩尔定律，即每隔大约 18 个月，同样面积晶圆上晶体管数量翻一番，芯片性能提升一倍。除硬件层外，操作层、服务层的创新也浪潮迭出。数字经济的技术创新速率，基本可以用摩尔定律描述。

技术创新对平台发展的影响是根本性的。随着技术演变，互联网由个人计算机互联时代进化到移动互联时代，并正在向智能互联时代迈进。个人计算机互联时代，平台的模式主要是门户网站。门户网站通过免费提供新闻、音乐、文学、影视等服务吸引用户，以各类广告赚取利润。在这一阶段，企业的平台

---

① 参见商务部电子商务和信息化司，《中国电子商务报告》（2017）；商务部流通业发展司、中国百货商业协会，《2017—2018 年中国百货零售业发展报告》。

属性还不是十分明显，规模也不是很大。

进入移动互联时代后，由于智能手机的普及，用户数量激增，平台的规模得到了爆发式扩张，大型平台开始出现。另一方面，各种类型的 APP（应用软件）如雨后春笋般不断涌现，平台开始侵入各行各业，数字经济真正进入平台时代。下图为 2017 年中国互联网用户与市场重要数据，① 这些数据都是与平台相关联的。

在智能互联时代，物网联将快速发展，各类智能终端不断出现和完善，平台将进一步演变。以智能音箱为例，随着语音识别技术的进步，语音交互将成为人机交互的主要方式之一，这将对平台发展带来革命性影响。在这种技术条件下，各类新型平台将涌现，现存的平台企业将受到严峻挑战。如果将视野放得更远一点，可以预见人工智能（AI）技术的发展对平台颠覆性的影响。平台主要扮演联结的中心节点角色，但人工智能技术或许可以自动实现人与人、人与物、物与物之间直接快速、精确匹配，不再需要通过中心节点，这或许将直接颠覆平台。

这些创新都将引发市场竞争格局的剧烈变化，使平台竞争表现出激烈的动态竞争特征。

商业模式创新也是一个重要方面。比较明显的例子是网络购物。网络购物

① 参见中国互联网协会，《2018 年中国互联网发展报告》。

相对传统零售批发业而言，是一种新的商业模式，它的出现极大地改变了传统零售批发业的市场格局。而网络购物这种模式本身，又在不断演变、分化，新模式不断涌现。在综合性购物平台中，有自营模式，有第三方模式，还有混合模式；除综合性平台外，近年来垂直型电商平台又急剧增多；近一两年来，基于社交网络的社交电商，如微商、拼多多等，又得到了迅速发展。从以上可以看出，商业模式创新也会带来激烈的动态竞争。

在评估平台竞争格局时，必须充分考虑平台竞争的动态性特征，这样才能更准确地反映平台企业可能受到的竞争压力。

四、平台的跨界竞争问题

据报道，2018 年 2 月，美团在南京上线打车业务，并将在多个城市布局；作为反制措施，紧接着滴滴也宣布进入外卖市场。美团之前的主要业务是外卖，并不从事网约车业务；滴滴之前的主要业务是网络车，并不从事外卖业务。但两个平台很快进入了对方的优势领域。这就是平台的跨界竞争。跨界竞争是平台竞争的重要特征，也越来越成为普遍现象。

平台之所以能实现跨界竞争，是因为掌握了人数众多的消费者端，拥有巨大的流量。借助已有的消费者端和跨边网络效应，可以很快吸引大量提供新服务的商户进入平台，从而在短时间内构建另一个平台市场，完成跨界。平台企业能够实现跨界的内在机制是跨边网络效应，基本条件是掌握了数量巨大的需求端。

自然人（消费者）具有最多样化的需求，由自然人组成的消费者端是最重要的需求端。不同的平台企业通过提供不同的服务，如社交平台提供社交网络服务、搜索平台提供搜索服务、电商平台提供网购服务、网约车平台提供打车服务等，都凝聚了自身的消费者端。这些拥有海量消费者端的平台，都有可能相互侵入对方的领地。特别是那些用户具有多归属、缺乏粘性、服务缺少护城河的平台市场，容易被其他平台跨界侵入。当然，平台企业要想跨界成功，除具备这些条件外，还必须采取其他措施，如通过补贴等手段培养消费者在新平台市场的消费习惯等，才能达到目的。

正是因为消费者端的重要性，所以平台企业都想方设法吸引新的消费者加入，扩大消费者端的规模。争夺消费者，实质是争夺消费者的注意力，所以平台经济也被称为注意力经济，平台企业在争夺消费者注意力上展开激烈竞争。[①] 因此，消费者使用平台的时长被认为是衡量平台价值的最重要指标之一。下图是对国内消费者使用各平台时长的一个简要统计。[②]

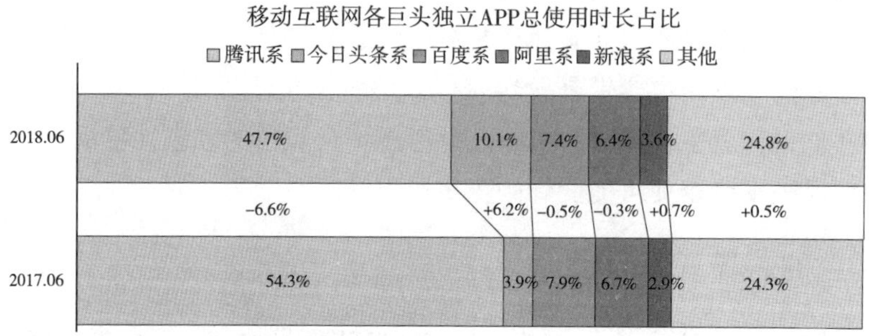

除平台企业能够凝聚消费者端外，硬件产品企业也能凝聚消费者端。如手机生产商，可以通过一定方式把使用自身品牌手机的消费者凝聚为消费者端，并以此构建平台市场。比如苹果公司通过封闭的 iOS 操作系统，成功地把所有苹果手机用户转化为基于 iOS 应用软件的用户，并以此吸引海量的应用软件开发者，形成苹果应用商店平台市场。此外，苹果公司还通过手机预装 iTues、iBooks、Apple Pay 等应用软件，成功地构建了音乐、电子书、支付等平台市场。再比如，小米公司以数量巨大的小米手机用户为基础，推出电商平台小米有品，跨界进入网络零售领域。

随着未来物联网的发展，将会有越来越多的硬件产品成为凝聚消费者端的工具，如互联网汽车、智能音箱、智能家居产品等。可以预计，将来的平台跨界竞争将更加激烈。

为更好地了解跨界竞争，应更深入地研究其内在原因、运行机制、实现条件、相关措施等，以揭示跨界竞争对在位平台企业的竞争压力。这对全面认识平台竞争具有重要意义。

---

① 参见 David S. Evans，《在线平台的注意力竞争》，《平台经济学：多边平台产业论文集》，第 209—250 页，北京：经济科学出版社，2016 年。

② 请见 QuestMobile，《中国移动互联网 2018 半年大报告：上市潮背后的“存量江湖”争夺战》，http：//36kr. com/p/5143816. html。

五、平台的生态竞争问题

平台企业区别于公司的一个重要特征是平台的生态化。传统公司围绕主要产品或服务，也会形成纵向产业链生态。比如大型汽车生产商，围绕整车的生产和销售，会以汽车零配件的生产、组装，以及汽车销售网络为主体，形成一个纵向生态系统。但这种生态比较简单，生态的各个组成部分基本是可分的，不会对竞争分析产生太大的干扰。

平台生态是以数字技术为核心，以用户价值为导向，通过跨界纵向产业链整合，横向用户关系圈扩展，打破工业化时代下产业边界和颠覆传统商业生态模式，实现链圈式价值重构的生态体系。以成熟的网约车平台生态为例，它以匹配乘客需求和司机服务为起点，逐渐丰富生态满足不同层次用户的各种需要，细分出专车、快车、顺风车等各种服务，并侵入公交、远途、租车等邻近领域。更重要的是，它还向汽车制造、无人驾驶产业进行横向扩展，同时介入城市交通管理领域，为城市交通、市政管理、城市设计等提供服务。平台生态圈中的各要素并非无规律地聚集在一起，而是以一定的本质联系形成相对稳定的组织秩序。一个完善的平台生态圈，就是一种强关系的产业链，真正实现产业链垂直重构和打破传统产业的边界。

当前全球最著名的平台生态当属谷歌与苹果，开放的安卓系统（Android）和封闭的 iOS 分别构成生态系统核心。苹果主要通过标准化软件接口来定义生态的运行、交易和惩罚规则，凭借双赢机制吸引开发者，从而形成良性循环；谷歌主要是和硬件厂商建立合作联盟形成生态系统。

最初，平台构筑生态可能是一种竞争手段，比如为了增强用户粘性，但现在平台生态已远远超出了作为竞争手段的意义。平台生态化使平台内的法律关系、利益关系错综复杂，对分析平台竞争带来巨大挑战。首先，平台生态及涉及的利益已不仅是平台企业的利益，而是整个平台生态所有参与者的利益，因竞争问题干预平台时，需要综合考虑、平衡各方面利益得失。其次，平台生态化有可能导致平台间的竞争泛化，即看似没有竞争关系的平台间其实存在重要的竞争，对竞争关系的理解不应限定为某特定细分领域内的同业竞争关系，而应着重从是否存在竞争利益角度出发进行考察。再次，平台生态化将进一步使平台企业与平台生态参与者之间的关系复杂化，比如排他性条款、捆绑、搭售等手段的使用可能具有合理性，如此等等。

总之，平台生态化对界定相关市场、判断市场支配地位、并购竞争分析等均会产生重大挑战，是值得深入研究的一个重要问题。

六、平台的差异化竞争问题

差异化竞争是平台竞争中一个不可忽视的现象。差异化竞争有时也是平台企业的一个重要竞争策略。①

平台市场的双边具有相互依赖性，一边的特征会影响另一边。这种情况在线下双边市场也可以观察到。例如，不同定位的百货商场，其入驻的商户会吸引相应档次的顾客，高档百货商场吸引的一般是消费能力较强的顾客，而低档百货商场吸引的顾客消费能力则较弱。利用平台市场双边相互依赖特征，平台企业通过平台规则、平台用户资格审查等方式，挑选平台的一边或双边用户，从而确立其在某一细分市场的定位，以进行更专业化、更精细化的服务，形成差异化竞争。

平台的差异化竞争现象广泛存在于各个领域。电商领域的各种垂直电商平台，就是平台差异化竞争的例子。不同商品类目，如图书、3C 产品（计算机、通信和消费类电子产品）、生鲜产品、女装等，都有专业化的垂直平台。这些垂直平台与综合性平台相比，在某些方面的专业性可能更强。另外，近年来兴起的各种“优选”平台，也是差异化竞争的表现。在网约车领域，也存在这种情况，相较于滴滴提供的不同档次的服务，首汽约车提供较为高档的出行服务。

相较于同质化竞争，差异化竞争更容易打造平台企业的竞争优势，这既可以丰富市场选择，也会增强平台企业间的竞争强度。但是，如何选定差异化的细分市场范围，是平台企业需要认真衡量的关键点。细分市场过窄，会限制平台市场的规模；细分市场过宽，则不容易突出平台市场的独特优势，这都会影响平台企业的竞争力。

七、平台的数据竞争问题

大型平台企业通过拥有的海量用户和提供多元化的产品或服务集聚了海量

---

① 参见陈威如、余卓轩，《平台战略》第五章，“平台生态圈的竞争”，北京：中信出版社，2013 年；杰奥夫雷·帕克等，《平台革命——改变世界的商业模式》第七章，“开放性：界定平台用户和合作伙伴”，北京：机械工业出版社，2017 年。

数据，从而引发了数据寡头和数据垄断的质疑。但上述担心往往构建在对平台和数据的认识误区之上，既夸大了数据本身的价值，也夸大了企业使用数据能够获得的竞争优势。正确理解所谓的数据竞争问题，必须先要正确认识平台和数据之间的一些基本规律。

首先，数据的特点决定了数据垄断难以成立。讨论数据垄断问题应该从数据要素的几个基本特征出发：一是数据具有很强的公共产品特征。数据的使用，不具有排他性特征，不会因为某些人或者某些企业的使用而阻碍别人的使用。二是数据具有高度的时效性。数据具有高度动态变化的过程，现有数据很快会被新的数据覆盖更新，没有被使用和加工的数据很快就失去了使用价值，企业是否垄断其拥有的数据已经没有意义。三是数据的高度替代性。数据是一个非常宽泛的概念，其种类、维度非常多。一家企业拥有的数据类型往往有限，还存在着大量替代数据。四是数据并非稀缺资源，而是随着时间的推移和经济社会行为轨迹的变化，每分每秒都在生产出新数据，其总量在不停且加速地增加。

其次，数据的价值是动态变化的，难以形成垄断。表现在：一些数据可能很快失去价值。现在对广告商有用的信息，在一周后可能就没有用了。一家拥有实时数据的公司可能赚取大量利润，并用其改善现有服务和提供新服务。但是，如果该公司想保持一个可持续的竞争优势，则需要不断地更新数据，并防止任何其他企业以其他方式获得这些数据。然而，在平台经济时代，这家企业很难阻止其他竞争者收集数据。为实现同一个目的，可以有不同数据源，而且新数据源可能更有价值。如为了分析交通拥堵情况，移动电话定位新方法可能就比公路上的传感器更有价值。即使一家公司掌握了别人无法获得的数据，但这些数据的边际价值可能不大。例如，在预测大选结果时，后来的票数可能已经不能为准确预测结果带来什么额外信息量。数据是必要的生产要素，不能说有了生产要素就是优势。如果说有了数据就有竞争优势，那么就像说福特汽车建厂雇用大量技术工人（别的企业不能雇佣），就说福特汽车公司有不公平竞争的优势一样。而且，福特汽车占有别人不能用的生产资料都面临竞争并可能被打败，更何况拥有别人也能用的数据生产资料更可能面临竞争并被打败。

数据即使的确为平台企业提供了一定的壁垒，但这些壁垒并不如其表面显现的那样不可克服。只要拥有令人信服的商业规划、足以获得充足的利润来获得一定的风险调整回报率，创业公司就可以克服大量初始困难，此外，天使投资者、孵化器、对冲基金等生态的存在也可以帮助新企业迅速扩张。虽然资金可能是瓶颈之一，但更主要的瓶颈是缺乏创新和可以落地的想法。

最后，企业之间的竞争不会因为数据的使用而减弱，而是会加剧，难以促成垄断。数字经济发展的历史经验表明，没有任何一家企业凭借数据避免了竞争。在数字经济发展的30年时间里，平台企业之间的竞争历史说明，即使再成功的企业也必须无时无刻地保持谨慎，因为它们面临着无法预期的竞争压力。拥有大量数据的企业有很大的比例被新的独角兽公司蚕食市场份额甚至彻底消失。

八、平台的全球竞争问题

互联网是开放的，平台天然具有全球化基因，全球竞争是平台的一个重要特征。平台的全球竞争特征，涉及宏观反垄断政策问题和微观竞争分析问题。

从宏观政策角度看，平台企业的发展关系到国家的综合竞争力。在工业经济时代，国家的竞争力很大程度上由该国拥有的跨国公司决定；在数字经济时代，国家的竞争力很大程度上将由该国拥有的平台企业决定。目前，中美是数字经济的“双子星”，相比其他国家和地区，中美两国在数字经济的发展上暂时处于领先地位。据玛丽·米克尔（Marry Meeker）发布的《互联网趋势2018》报告，目前全球前20家互联企业中，美国占有11家，中国9家（如表1）。

但是，无论从市值、用户规模，还是技术创新等角度看，相比于美国，中国互联网企业都有很大差距。从市值上看，如表1所示，中国企业仅为14690亿美元，而美国企业为43190亿美元，是中国企业的2.9倍。从用户规模看，美国平台企业APP（应用软件）用户规模超10亿的数量为3家，苹果、谷歌、脸书，其中谷歌的安卓平台和脸书的用户数超过20亿，而中国用户数量最多的APP——微信和QQ，用户数量仅有9亿左右。从技术创新看，美国互联网公司掌握全球最前沿、最基础的技术，在CPU（中央处理器）设计与制造、大数据、人工智能、自动驾驶、操作系统、语言编译、开发工具等前沿性、基础性研究和应用方面，中国企业与美国企业差距很大。

表1　公共/私人互联网企业，按市场价值排名（2018年5月29日）

排名	公　司	国家/地区	市场价值（10亿美元）	
			2013/5/29	2018/5/29
1	苹果（Apple）	美国	418	924
2	亚马逊（Amazon）	美国	121	783
3	微软（Microsoft）	美国	291	753
4	谷歌（Google/Alphabet）	美国	288	739
5	脸书（Facebook）	美国	56	538
6	阿里巴巴（Alibaba）	中国	—	509
7	腾讯（Tencent）	中国	71	483
8	网飞（Netflix）	美国	13	152
9	蚂蚁金服（Ant Financial）	中国	—	150
10	易贝（eBay + PayPal*）	美国	71	133
11	缤客（Booking Holdings）	美国	41	100
12	赛富时（Salesforce. com）	美国	25	94
13	百度（Baidu）	中国	34	84
14	小米（Xiaomi）	中国	—	75
15	优步（Uber）	美国	—	72
16	滴滴出行（Didi Chuxing）	中国	—	56
17	京东（JD. com）	中国	—	52
18	爱彼迎（Airbnb）	美国	—	31
19	美团点评（Meituan – Dianping）	中国	—	30
20	今日头条（Toutiao）	中国	—	30
		合计	1429	5788

随着智能互联网时代的逐渐到来，中美两国平台企业的竞争将更加激烈，这对竞争政策的制定和实施具有重要意义。在制定和实施竞争政策时，必须具有历史眼光、全球视野，要站在提高国家综合国力竞争的高度，全面综合考量。在现阶段，应鼓励平台企业做大做强，更好地参与国际竞争。

从微观竞争分析角度看，互联网突破了地域限制，为全球市场铺平了道路。尽管可能受制于交易的各种线下限制，如运输条件，法律制度（如海关、质检、标准等），文化习惯等，但全球化市场是基本趋势，商业的力量将会逐步克服这些限制。从平台企业自身来说，全球化有其内在驱动力，因为任何不积极实施全球化的平台企业，都将面临来自其他积极实施全球化策略的平台企业的巨大竞争压力。在进行微观竞争分析时，应密切关注平台企业的全球化趋势。

主要参考文献

埃文斯．平台经济学：多边平台产业论文集［M］．北京：经济科学出版社，2016.

梯若尔．创新、竞争与平台经济［M］．北京：法律出版社，2017.

陈威如，余卓轩．平台战略——正在席卷全球的商业模式革命［M］．北京：中信出版社，2013.

莫塞德，约翰逊．平台垄断——主导21世纪经济的力量［M］．北京：机械工业出版社，2018.

帕克，埃尔斯泰恩，邱达利．平台革命——改变世界的商业模式［M］．北京：机械工业出版社，2017.

经济合作与发展组织．数据驱动创新：经济增长和社会福利中的大数据［M］．北京：电子工业出版社，2017.

中国国际经济交流中心课题组．互联网革命与中国业态变革［M］．北京：中国经济出版社，2016.

盖尔霍恩，科瓦契奇，卡尔金斯．反垄断法与经济学［M］．北京：法律出版社，2009.

维斯库斯，弗农，哈林顿．反垄断与管制经济学［M］．北京：机械工业出版社，2004.

对外经济贸易大学竞争法中心课题组．高频度创新与颠覆性竞争——互联网领域创新与产业竞争报告［R］，2017 年 12 月；课题组顾问：张穹，组长：黄勇，成员：黄勇、姜奇平等。

平台模式中的跳单问题

以“陆勇案”与“数字音乐案”为例

于 立 王 玥 杨 童

一、平台模式的兴起与跳单现象

与互联网经济（Internet Economy）并行有几种称谓，如数字经济（Digital Economy）、信息经济（Information Economy）等，[①] 有时也统称为新经济。它们之间共性较多，但也存在一定的区别，比如互联网经济强调基于平台作用的网络和网络效应，数字经济和信息经济强调产品（服务）的生产技术和行业特征。互联网经济学（Internet Economics）的核心是平台模式（Platform Model）及相关问题。平台模式分实体平台模式和网络平台模式，但由于网络平台模式日益兴旺，即使原先属实体平台模式（如购物中心、房屋中介等），也越来越与互联网相融合。大量实体平台（如实体书店、百货商店）的倒闭或萎缩是有其必然性的。相应的互联网经济学正在逐步完善。但互联网经济学到底是现有经济学对互联网经济或新经济的新解释，还是彻底改写经济学？我们认为，第一，把互

* 于立，经济学教授，国务院反垄断委员会专家咨询组成员，天津财经大学原副校长；王玥、杨童，天津财经大学法律经济分析与政策评价中心博士研究生。本文是国家自然科学基金项目（71272190）的后续成果。

① 信息经济与信息经济学差别较大，后者侧重研究经济主体在信息是否对称或完备条件下的博弈问题。

联网经济学视为一般经济学在互联网行业的延续和扩展比较好；第二，互联网领域确实需要新的经济学理论和相应的政策及其组合。①

就经济学理论而言，双边市场理论和零边际成本理论构成互联网经济学的两个基础理论。但到目前为止，关于双边市场理论的研究成果较多，而对零边际成本理论的研究还比较有限。除此之外，人们容易忽略的一点是，平台模式往往多与跳单（Deal-switching）现象并存。② 所谓跳单，是指在三方主体中，出于经济理性（如追求低价），其中两方“合谋”利用并跳过第三方交易的行为。跳单一般具有二重性，一方面由于存在渠道价差（比如实体店与电商之间），客户总是倾向于选择价格较低的渠道交易，从而促进不同渠道间的价格竞争，并使价格向低水平趋近，而且渠道价差越大，跳单动机越强，促进价格竞争的作用也就越显著；但另一方面，跳单伴随着搭便车问题（如“店选网购”），将被跳单者当作“试衣间”，跳单现象越严重，搭便车就越明显，不合理程度也就越高。

互联网经济下的网络平台模式多“经营”信息品（或数字品），如网络刊物、网络影视、网络约车、网络知识、网络游戏、网络支付、网络购物等，而这些信息品又多与知识产权有关（即 IPR 品，包括专利品、版权品、商标品）。本文结合“陆勇案”和“数字音乐案”两个知识产权领域中的平台模式案例，分析零边际成本及相关理论、跳单理论如何补充构成互联网经济学新的基础理论，并可为相关的监管政策提供法律经济学依据和方向指引。对新理论的解释和政策评价可以方便地用于研究近年来互联网行业出现的诸多法律纠纷和政策问题，如中国知网（CNKI）涉嫌垄断案、方正字体系列案、百度排名问题、网络购书限折、网络跨境购药及与“左版权”（Copyleft③）有关的维基

---

① 我们与互联网领域的国内外学者和实务界人士共同努力，正在编撰的《互联网经济学与竞争政策》手册对此有全面的介绍、解读和研究。

② 参见于立，《跳单问题的法律经济学研究》，法律出版社，2018 年。

③ Copyleft 是与 Copyright（“右版权”）相对的概念，是一种反常规的著作权授权方式。比如，在自由软件授权方式中增加左版权条款后，该自由软件除了允许使用者自由使用、传播、修改之外，还要求使用者修改后的衍生作品必须要以同样的授权方式对待后续使用者。作为一种特殊的授权方式，“左版权”对应的作品或著作包括电脑软件、艺术品、科学发现等。一般情况下，“右版权”禁止未经授权对作品进行复制、改编和传播，而左版权则不然，它允许任何人复制、改编和传播其作品，条件是允许别人继续如此处理版权。这种版权方式在互联网经济中具有特殊意义。维基百科和知识共享（CC）采用的都是“左版权”方式。

百科（Wikipedia）、百度百科、知识共享（CC[①]）模式等。

二、知识产权相关的两类悲剧——“陆勇案”的跳单性质

（一）零边际成本与知识产权

伴随着互联网经济的崛起，“零边际成本”现象与相关的经济学问题日益引起广泛关注。《第三次工业革命》一书的作者杰里米·里夫金在2014年出版了英文版《零边际成本社会》一书。[②] 该书虽然不是系统的经济学著作，但的确提出了许多需要经济学者关注的社会现象。从经济学上说，“零边际成本”是指在一定条件下，生产者（或使用者）再提供（或再消费）一个单位商品的成本接近为零。例如，音乐爱好者在网上多欣赏一首数字音乐作品，对于网络平台而言，不会增加新的成本（或成本极低）。下面的两条规律越来越明显：

第一，“零边际成本”现象在互联网经济下的平台模式中越来越普遍，但不是真正的“零成本”。“零边际成本”现象在BAT（百度、阿里巴巴、腾讯）等平台巨头的商业模式中极其明显，但必须注意，“零边际成本”不是“零成本”。经济学者不应被一些所谓的“免费模式”迷惑，而需要看到背后的“成本分摊”和“交叉补贴”，更要清醒地认识到某些平台企业“烧钱”行为的不可持续性。

第二，“零边际成本”多与知识产权有关，性质上属于“共享品”。基于知识产权（专利、版权、商标等）的数字品或信息品，前期研发成本高，但授权生产/使用时的边际成本低，甚至为零（见表1）。[③]

---

① “知识共享”（简称CC，是Creative Commons的缩写），是2001年创建的一个非营利组织，采用“左版权”授权方式，其宗旨是增加创意作品的普及性。CC版权模式介于“保留所有权利”（All Rights Reserved）与“不保留任何权利”（No Rights Reserved）之间，属于“保留部分权利”（Some Rights Reserved）。该组织已经发布多个版本的CC协议，并被许多国家和地区接受。创作者使用CC协议，不是放弃版权，而是有条件地将部分权利免费授予公域使用者。知识共享中国大陆版（CC China Mainland）官方网站为http：//creativecommons. net. cn。

② 该书中文版于2014年由中信出版社出版。

③ 本文对“零边际成本”特征的分析是基于“供”的角度，多指提供的边际成本为零。共享品属性是基于“用”的角度，是指使用的“非争用+可限用”。

表 1　一般用品的性质与分类

		限用性	
		是	**否**
争用性	**是**	私用品 (Private Goods)	公用品 (Common Goods)
	否	共享品 (Club Goods)	共用品 (Public Goods)

表 1 中，按"争用性"（Rivalrous）和"限用性"（Excludable）两个特征，[①] 可将一般用品（商品或服务）分为四类（或四个象限）。第一类是"公用品"（争用 + 非限用），位于第一象限，如公用草原，容易出现一般性的"公地悲剧"；第二类是"私用品"（争用 + 限用），位于第二象限，大多数商品和服务属于此类，市场并不失灵；第三类是"共享品"（非争用 + 可限用），位于第三象限，知识产权品主要属此类，零边际成本是其典型特征；[②] 第四类是"共用品"（非争用 + 非限用），容易出现市场失灵。

本文讨论的两个案例都属于第三象限的"共享品"。

（二）"反公地悲剧"与"准公地悲剧"

不同于第一象限的"公地悲剧"，第三象限容易出现"反公地悲剧"和"准公地悲剧"。这里以"陆勇案"，结合图 1 对这两种悲剧的原因和后果加以分析。

2018 年上映并引起热议的《我不是药神》这部电影就是"陆勇案"的真

① "争用"不宜翻译成"竞争"（Competition），后者是指生产者"争供"，属完全不同的经济学概念。"争用"是指消费者争着使用，极端情况下，某人使用该用品，他人则完全不能用。类似地，"限用"（Excludable）也不宜翻译成"排他"。这两个概念的共同特点是都重视"用"，而不在"供"。

② 有形的非数字品或非信息品，如高速公路和私家园林等，道理相同，但不属于互联网经济。

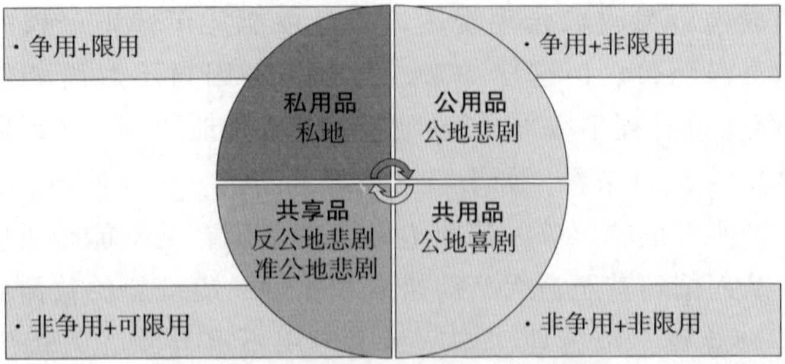

图 1　共享品与两类“新公地悲剧”

实体现，“陆勇案”实质是一件平台跳单案，[①] 通过此案可以很方便地说明“共享品”的本质特征。在“药价高”“看病贵”的社会现实之下（现在虽有所缓解，但仍不容忽视），中国医药领域的跳单现象十分普遍。总体而言，该领域的跳单行为可概括为两种：一是“院诊店购”，即患者（特别是慢性病患者）在医院检查、诊断，获得医生开具的药品处方后“跳”过医院，而去药店（包括网络和实体）进行购买；二是“海外代购”，即患者在国内医院检查、诊断，“跳”过国内医院，利用委托购买等方式通过国外药品中介等渠道购药。“陆勇案”即为“海外代购”跳单行为的典型案例。[②] 近期，此案因电影《我不是药神》的上映再次引发“法”与“理”的争论，但多数言论属于“泄愤”，并不符合法律经济学的要义。

此案的关键在于如何对待专利药背后具有“非争用 + 可限用”特征的知识产权，也就是具有共享品属性的专利。[③] 专利药初期的研发费用极高，但一旦研发成功，后期生产的边际成本极低，具有“前期高投入成本 + 后期零边际成本”的特征。由于付出了极高的研发成本，专利权人理应基于

① 基本案情是：2002 年，患者陆勇在国内医院被确诊为白血病，医生推荐他服用瑞士诺华公司生产的专利药“格列卫”抗癌药来稳定病情，维持生命。但该药价格很高，国内医院每盒售价为 23500 元，按每月用药量一盒计算，每年药费就高达 282000 元。2004 年，陆勇了解到印度 NATCO 公司生产的格列卫仿制药，其药效与原专利药几乎一样（药性相似度 99.9%），而且每盒价格仅为 4000 元。随着格列卫药专利的到期，印度公司仿制药每盒药价更是降至 200 元。这样，国内专利药与国外仿制药的渠道价差就高达百倍以上。陆勇试服仿制药后发现药效良好，遂将其推荐给国内其他患者，并为他们从印度代购仿制药。然而，陆勇却因“销售假药”和“妨碍信用卡管理”等罪名被逮捕拘留。

② 参见于立，《跳单问题的法律经济学研究》，第 153—156 页。

③ 一般的药品属于私用品（争用 + 限用），这里是指专利药品背后的知识产权。

技术创新和成本分摊收取合理费用，并且可能凭借知识产权的“法定垄断”而收取高昂药价。但这样一来，会有患者因付不起高药价而被“限用”，从而存在“见死不救”之嫌，导致“反公地悲剧”（因限用过度导致使用不足）。[①] 反过来看，如果一味地降低药价，任凭使用，无视专利权人付出的巨额研发成本，单纯按照边际成本定价，又不能给予应有的知识产权保护，从而削弱甚至消灭新药研发积极性，出现新的致命病症时难免“无药可治”，导致“准公地悲剧”（因限用不够导致无人提供）。显然，“见死不救”和“无药可治”都是悲剧，如何对待药品专利问题就陷入了两难困境。

（三）跳单二重性与“陆勇案”的尴尬结局

2013 年，陆勇被刑拘。当时，我们曾在法律经济学课程的讨论中断定，此案难以收场。因为这类“海外代购”行为具备跳单的二重性。一方面，仿制药无疑有搭（专利药）便车的因素；另一方面也有促进竞争（降价）的作用。检察机关和法院必然面临两难困境。从小的角度说，拘捕陆勇后如不继续用药，检察机关就有“害命”之虞；如果继续用药，就要面临以哪种价格购药的难题。果然，2015 年，最终以“替病友代购的行为全部是无偿帮助，未收取任何额外费用”为由，检方撤诉，陆勇被无罪释放。该案例反映出的是一个深层次的法律经济学问题，简单僵化的法律思维不可能给出完满的解决方案。

以“陆勇案”为典型的这类“海外代购”行为，性质上属于一种平台间的跳单（实体平台间，或实体与网络平台间，或网络平台间），它一方面可以促进竞争，迫使专利药和仿制药的价格趋向统一的合理水平，逐步消除知识产权滥用的成分，减少“反公地悲剧”的可能性；另一方面由于进口仿制药搭医院进口专利药的便车，不利于技术创新和产品创新，又可能导致“准公地悲剧”。关键在于跳单的程度，若能处于合理范围内，则既可以减轻反公地悲剧，又不会产生明显的准公地悲剧。因此，一定程度的跳单能够缓解甚至解决“反公地悲剧”和“准公地悲剧”的两难困境，虽然不能做到“两利相权取其

---

① “反公地悲剧”研究的本意是指由于产权过于零碎或交叉重叠，限制了“公地”的使用效率，本文所指的滥用知识产权也会产生这一问题，本质都是由于限用过度导致使用不足，因此也属反公地悲剧。

重”，但也许能做到“两害相权取其轻”。[①] 当然，中国现实中，由于药品管理体制的原因，一些国产仿制药药商既不承担巨额研发成本（搭专利便车），又涉嫌滥用市场支配地位，结果造成一方面药品价格过高（垄断高价），另一方面又缺少研发新药的创新激励。

三、保反兼顾理论与政策组合——“数字音乐案”的无跳单思路

“陆勇案”有助于说明具有“零边际成本”特征的知识产权，可能产生的两类“新公地悲剧”问题，但其并不属于严格的网络平台模式。下面以互联网领域正在发生的网易云音乐与腾讯音乐之间关于版权纷争的“数字音乐案”为例，[②] 具体分析如何解决网络平台模式中的这一难题，即基于数字音乐版权也具有的零边际成本特征，数字音乐行业面临的这两类悲剧。本部分先探讨根据知识产权保反兼顾理论及相应的政策组合对这一难题进行处理的思路，暂不考虑跳单因素的影响。

（一）保反兼顾的一般理论与政策组合

为避免上述两类“新公地悲剧”的发生，对于知识产权就应“保反兼顾”。就知识产权及其相关市场而言，具体表现为阴阳两股力量或两种政策，见图2所示的“两线三区”示意图。

图2中按照创新程度（或研发投入）由低到高（横轴从左到右），将二维平面分成模仿创新、集成创新和原始创新三个区域。这“三区”可以理解成连续的，并不是截然分开的。图中纵轴表示知识产权政策或反垄断政策的力度，从下到上代表力度从弱到强，同时又分为作用方向相反的“两线”。一是保护知识产权曲线，即以知识产权保护的有关法律为依据构成的保护曲线。这些法律主要包括《中华人民共和国著作权法》（2010年，以下简称《著作权法》）、《中华人民共和国专利法》（2008年，以下简称《专利法》）和《中华人民共和国商标法》（2013年，以下简称《商标法》）及相应的法规、条例、指南、细则等。二是知识产权反垄断曲线，即以《中华人民共和国反垄断法》

---

① 虽然跳单行为发生在药品销售环节，但对该问题的分析，必须从纵向关系着手，关注上游的专利研发环节及其与下游销售环节的相互作用，这也是对跳单问题分析的基本思路。

② “腾讯音乐”实际指腾讯音乐娱乐集团，旗下业务包括酷狗音乐、QQ音乐和酷我音乐，本文将其简称为“腾讯音乐”。

（2008 年，以下简称《反垄断法》）及相应的法规、条例、指南、细则等为主要依据的反对滥用知识产权的反垄断曲线。《反垄断法》第五十五条规定："经营者依照有关知识产权的法律、行政法规规定行使知识产权的行为，不适用本法；但是，经营者滥用知识产权，排除、限制竞争的行为，适用本法。"

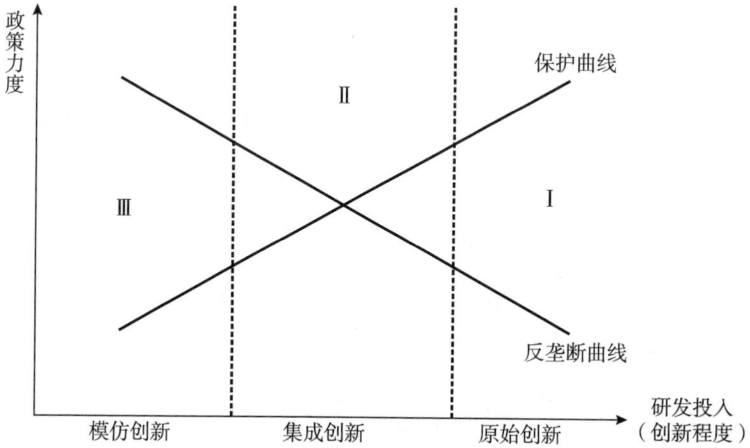

图 2　保反兼顾与政策组合

知识产权政策是基本国策，也是竞争政策的重要组成部分。但保护知识产权与防止滥用知识产权，不能单独推行，必须"保反兼顾"。通过图 2 两线三区法的分析，不难看出，保反兼顾与政策组合理论有如下要点：第一，保护曲线与研发投入（创新程度）成正比；[①] 第二，反垄断曲线与研发投入（创新程度）成反比；第三，保护曲线与反垄断曲线一般不能同高同低。[②] 这个理论框架可用于分析知识产权的一般性问题。对于创新程度高的原始创新Ⅰ区（知识产权思想市场），如重大科学发现、技术发明、学术思想的专利、著作等，创新难度大、成本高，需要大力鼓励和保护，而且这种情况容忍垄断有利于实现创新的动态效率，因此需要较强的知识产权保护和较弱的反垄断政策组合，即"重保轻反"（保护曲线处于高位，反垄断曲线处于低位），否则极易出现"准公地悲剧"。对于创新程度中度的Ⅱ区（知识产权技术市场），情况比较复

① 对于具体项目，研发投入与创新程度不一定对称，但总起来（长期）看二者应该是一致的。

② 保反兼顾的思想与传统中医思想高度一致，实质就是泄补兼顾，实现阴阳平衡。

杂，需要适度保反（保护曲线和反垄断曲线交叉）。对于创新程度低的III区（知识产权产品市场），如通过完全模仿或模仿后再创新的产品甚至某些“山寨”产品，研发成本极低，且易滥用知识产权，应以反垄断为主，即“重反轻保”（保护曲线处于低位，反垄断曲线处于高位），否则极易出现“反公地悲剧”。

（二）保反兼顾与政策组合理论在数字音乐行业的具体应用

中国“音乐行业”每年约有3500亿元的市场规模，由于不属于同一相关市场，所以不能直接计算出整体产业的市场集中度，需要进行细分。比如，音乐产业包括“核心层”——数字音乐、音乐演出、音乐图书与音像、音乐版权经纪；关联层——音乐教育培训、乐器、专业音响；拓展层——广电音乐、卡拉OK、影视动漫游戏音乐。其中“数字音乐行业”约有600亿元市场规模。

从产品界定角度看，数字音乐行业纵向上可分为三级商品，即数字音乐作品（词+曲作者作品）、数字音乐录音制品（演唱+录制制品）、数字音乐网络传播服务品（线上下载+线上收听服务品）。从市场界定角度看，与三级商品对应的是三级市场，即数字作品市场、数字制品市场、数字网传市场。网易云音乐与腾讯音乐的版权争端表现在数字网传市场，根源却在于上游的数字作品市场和数字制品市场，焦点都是纵向的版权授权关系。这才是符合反垄断执法的相关市场界定思路，它与简单的产业分析大不相同。[①]

前述“反公地悲剧”和“准公地悲剧”的理论完全适用于数字音乐市场。前提是数字音乐具有“零边际成本”的特征，同时将专利变为版权。因此，如果整个社会缺少版权保护意识，就会出现盗版盛行。近年来盗版问题虽然有所改观，但质量好、水平高的音乐作品极为缺少，而且下游（艺人、网络平台等）暴利，版权作者少利的局面还没有根本改变。这种对原始版权保护的不足（限用不够）就属于“准公地悲剧”。如果版权保护（限用）过度，比如版权收费过高，或者企业利用独家授权滥用市场支配地位等，则属于“反公

---

① 《反垄断法》第九条第二款规定，国务院反垄断委员会“组织调查、评估市场总体竞争状况，发布评估报告”。《反垄断法》公布十年，这项工作却无一例，主要原因就在于相关市场要随具体案例而定，空泛的产业分析意义不大。曾有人提出要利用统计数据研究全国房地产行业的市场集中度，殊不知房地产行业一定是区域性市场，不同城市或地区的数据放在一起计算毫无意义。另外，这里的数字音乐市场界定中的区域因素可以忽略，主要是界定商品市场。

地悲剧”。① 这种进退两难的困境及其出路可用图3进行分析。

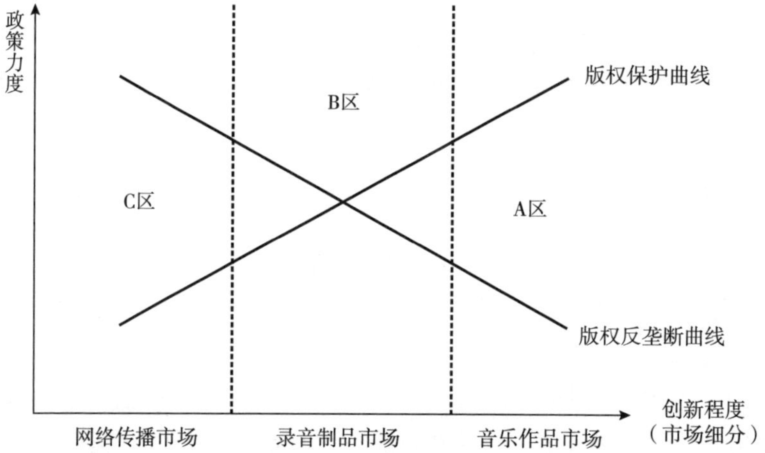

图3　数字音乐市场保反兼顾政策组合

图中横轴也是按创新程度对数字音乐行业进行的市场细分，创新程度由强到弱（横轴从右向左）分别是数字音乐作品市场、数字录音制品市场和网络传播市场。纵轴同样是分为方向相反的版权保护曲线和版权反垄断曲线，纵轴从下到上，力度由弱到强。整体上，版权保护曲线与创新程度成正比，版权反垄断曲线与创新程度成反比。保反兼顾的政策组合分区及其要点如表2所示。

这种保反兼顾的政策组合思想可体现在版权保护期限上，具体来说，三区（纵向分级）政策组合要点如下：A区，音乐作品版权保护期限为作者终生及其死亡后50年（《著作权法》第二十一条规定），② 因属原始性创新，政策组合上应“重保轻反”，以保护知识产权、防止盗版为重点，避免“准公地悲剧”，高于普通专利的保护期限是合适的；B区，录音制品版权保护期限是发行后50年（《著作权法》第四十二条规定），但其制作、传播成本较低，发行量又大，回收期短，数字音乐的录音制品版权保护期在法律上可适当缩短；C

① 专门维护词曲作者等著作权人合法权益的“中国音乐著作权协会”（简称“音著协”），是由国家版权局和中国音乐家协会共同发起成立的中国大陆唯一的音乐著作权“集体管理”组织。虽然名义上属非营利机构，但因独此一家，也容易产生“独家垄断”问题。

② 根据《著作权法》第二十条规定，作者的署名权、修改权、保护作品完整权的保护期不受限制。另外，根据《专利法》规定，普通专利保护期一般为10年或20年。

表 2　数字音乐版权与政策组合分区

	市场细分	版权	政策组合	重点
A 区	音乐作品市场 （词曲作者）	词曲版权（17 项）①	重保轻反	防止盗版
B 区	录音制品市场 （表演者和唱片公司）	录制权利（4 项）② 表演权利（6 项）③	适度保反	合理推定
C 区	网络传播市场 （网络传播平台）	信息网络传播权	重反轻保	反对滥用 市场支配地位

区，数字音乐产品的合同网络传播权只有 2~3 年，这是由于创新程度低，政策组合上应“重反轻保”，以反对滥用网络传播权为重点，避免“反公地悲剧”。

由以上分析，归纳出总的原则是：创新程度与保护期限（力度）成正比。从 A 区到 C 区，创新程度逐渐降低，在保护期限上逐渐缩短。比如可以是，词曲原创者保护 50 年（A 区），表演者、唱片公司保护 20~30 年（B 区），网络授权保护 2~3 年（C 区）。美国《录音制品数字表演权法案》规定，“数字唱片公司版权数量 N 与授权期限 T 成反比”，正应此理。例如，“如果 $N \geqslant 1000$ 个，则 $T \leqslant 12$ 个月；如果 $N < 1000$ 个，则 $T < 24$ 个月”。相应地，中国数字音乐网络传播市场也可适用类似原则，即独家授权市场份额 S 与授权期限 T 成反比。[4] 例如，如果 $S \geqslant 50\%$，则 $T \leqslant 2$ 年；如果 $S < 50\%$，则 $T < 3$ 年。结合中国的实际情况，计算授权市场份额时可以单个版权的市场价值为权重，以加权份额为准。这主要是因为国内几大数字音乐网传平台之间的相互转授已

① 根据《著作权法》第十条规定，17 项词曲著作权包括：发表权、署名权、修改权、保护作品完整权、复制权、发行权、出租权、展览权、表演权、放映权、广播权、信息网络传播权、摄制权、改编权、翻译权、汇编权、应当由著作权享有的其他权利。

② 根据《著作权法》第四十二条，录音制作者的 4 项权利包括：复制权、发行权、出租权、信息网络传播权。

③ 根据《著作权法》第三十八条规定，表演者的 6 项权利包括：表明表演者身份；保护表演形象不受歪曲；许可他人从现场直播和公开传送其现场表演，并获得报酬；许可他人录音录像，并获得报酬；许可他人复制、发行录有其表演的录音录像制品，并获得报酬；许可他人通过信息网络向公众传播其表演，并获得报酬。

④ 数字音乐独家授权是网络传播市场的常用版权形式。

经是行业惯例，如网易和腾讯之间相互开放99%以上独家内容的转授权，但保留的不到1%的独家授权却有极高的市场价值。由此，在监管模式上，可以综合考虑采取如下形式，即“独家授权＋版权数量（份额）＋授权期限”相结合。另外，还可鼓励采取“固定＋提成”相结合的转授费收取模式，可收“激励相容”之效。

四、跳单与纵向限制互克理论——“数字音乐案”的有跳单思路

根据我们对跳单问题研究提炼出来的“跳单与纵向限制互克理论”来看，[①] 对这类因具有零边际成本特征（或共享品属性）而易陷入“反公地悲剧”与“准公地悲剧”两难困境的问题，还可考虑另一种处理思路。如果说遵循保反兼顾的思想，对数字音乐行业进行市场细分并分类监管的措施主要体现政府的作用，那么基于互克理论的处理思路则是对市场竞争作用的充分发挥。[②]

从构成主体来看（纵向上），数字音乐行业主要由三类主体组成。一是版权人（B），可分为词曲作品版权人（版权代理方和词曲人）和录音制品版权人（唱片公司和艺人）；二是中介平台（T），可分为实体平台（如音像商店等）和网络平台（如腾讯音乐、网易云音乐等）；[③] 三是用户，可按付费/免费、线上/线下、普质/高质再进行细分。“数字音乐案”关注的重点在中介平台，特别是网络平台之间的竞争。为充分体现跳单与纵向限制互克理论在处理两类新公地悲剧中的作用，以下根据实际情况，将数字音乐版权的发展分为两大阶段，并分别予以阐述。

鉴于版权人的权益得不到应有的保护，国家版权局于2015年颁布《关于责令网络音乐服务商停止未经授权传播音乐作品的通知》，而中国数字音乐行业的市场竞争状况大体上就以此为分界线，之前的情况如图4所示，主要体现

① 参见于立，《跳单问题的法律经济学研究》，第6章。

② 如果说按市场分类对数字音乐行业进行监管的思路是“术”的话，那么利用互克理论的从容应对则接近于“道”。

③ 除这类能够使用户直接在网络上下载、收听数字音乐的平台之外，还有一类是在网络上售卖以磁带、CD、DVD等为介质的数字音乐的平台，如京东、亚马逊等。这类网络平台实际是实体平台的互联网形式，虽然也与实体平台有价格差异，但价差来自网络低成本优势，与版权无关。而腾讯音乐、网易云音乐这类网络平台的低价格一方面源于网络低成本，另一方面源于无需支付或以较低水平支付版权费（2015年之前），本文仅探讨这类网络平台。

的是实体平台和网络平台之间的竞争；之后的情况如图 5 所示，主要体现的是网络平台之间的竞争。

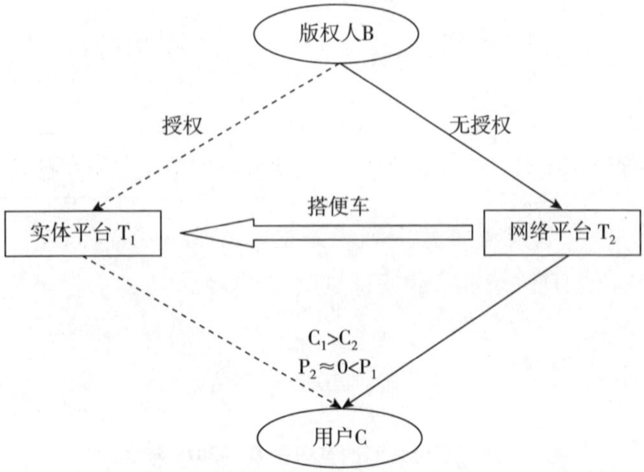

图 4　实体平台与网络平台之间的竞争关系（2015 年以前）

2015 年之前，未经授权的数字音乐传播网络平台 T_2 利用网络低成本的优势，又多无音乐版权授权（$C_2 < C_1$），以极低价格或是基本免费（$P_2 \approx 0 < P_1$）提供数字音乐，同时通过广告费等其他途径盈利。用户 C 免费使用质量并不差的盗版，自然很少再在实体平台 T_1 付费购买正版。这实际是网络平台 T_2 与用户 C 联合，对实体平台 T_1 跳单的行为。在与网络平台 T_2 的竞争中，实体平台 T_1 大量倒闭。当然，网络平台 T_2 的这种低价既有少支付版权费的因素，也有搭实体平台便车的因素，确有不合理的一面。但另一方面，数字音乐显然具有零边际成本的特征（共享品），网络平台的这种跳单行为促进实体平台降低价格，体现典型的二重性。所以，跳单冲击只是实体平台倒闭的原因之一，其实在某种程度上也是大势所趋。

2015 年之后，为响应必须经授权才能传播的严令，从事数字音乐行业的网络传播平台巨头斥巨资与音乐版权人签订“独家授权”协议。在这过程中，数字音乐传播市场出现了强大平台（获得较多独家授权）与弱小平台（获得较少独家授权）之间竞争的不平衡，数字音乐版权市场出现了抢夺独家版权、哄抬授权价格的现象。为此，2017 年 9 月，国家版权局就数字音乐版权有关问题，约谈二十余家境内外音乐公司以及国际唱片业协会等相关协会的主要负责人，要求数字音乐全面授权，避免授予网络音乐服务商独家版权。随后，几

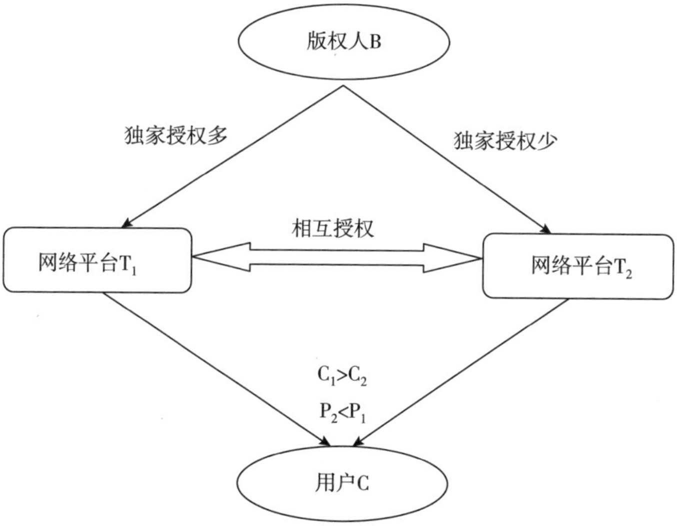

图5　网络平台之间的竞争关系（2015年之后）

大网络音乐服务商开始相互授权，甚至号称相互转授率高达99.6%。然而事情并未完善解决，腾讯音乐与网易云音乐之间诉讼不断，似乎越理越乱。

在我们看来，利用跳单与纵向限制互克理论来分析，其中的法理思路比较清晰，并不复杂。如图5所示，大平台T_1有实施纵向限制，削弱市场竞争之嫌，[①] 表现为在决定停销或自留比例，主导转授条件，控制价格等方面处于有利支配地位，可能产生“反公地悲剧”；小平台T_2则有跳单之嫌，表现为可以利用与大平台T_1相互转授的便车，少承担购买独家授权的成本，进而可以较低的价格与用户交易（$P_2<P_1$），又可能引发“准公地悲剧”。但从另一角度看，大平台纵向限制行为客观上多承担独家授权的成本（$C_1>C_2$），从而有动力对音乐作品进行宣传推广，有利于减少盗版现象和搭便车行为，可以减轻“准公地悲剧”；小平台跳单行为的正面作用在于有利于降低价格，促进竞争，有助于减轻“反公地悲剧”。因此总起来说，是非难以简单判断，必须考虑跳单与纵向限制的互克作用之后，分类组合，尽量发挥二者的积极作用，抑制各自的消极作用，才有可能做出合理裁决。

① 纵向限制（Vertical Restraint）是一系列纵向行为的总称，有利有弊，不是当然违法行为。纵向限制对应但不等同于《反垄断法》第十四条所指的纵向垄断协议。典型的纵向限制是维持转售价格（RPM，即Resale Price Maintenance）。

表 3　跳单行为与纵向限制的互克作用

	积极作用	消极作用	政策重点
纵向限制	可减轻“准公地悲剧” 减少搭便车行为	易产生“反公地悲剧” 减弱竞争，缺乏效率	跳单行为 > 纵向限制：以保为主 跳单行为 ≈ 纵向限制：静观其变 跳单行为 < 纵向限制：以反为主
跳单行为	可减轻“反公地悲剧” 增进竞争，提高效率	易产生“准公地悲剧” 搭便车，不够公平	

监管机构可以根据表 3 展示的互克理论内涵及其政策重点，对不同平台或企业的行为给予区别对待，有保有反。具体来说，可分为三种情况：一是，当跳单程度较高且纵向限制较弱时，纵向限制对跳单的克制作用小，无法发挥纵向限制的积极作用（且消极作用也弱），存在明显的搭便车问题（跳单促进竞争的积极作用被削弱），此时应以知识产权保护为主，消除准公地悲剧的可能性。2015 年之前的中国数字音乐市场状况大体属于这种情况，盗版普遍，跳单程度高，搭便车严重，这种限用不足导致了明显的准公地悲剧。为抑制由此产生的消极作用，出现了以独家授权为主要形式的纵向限制，客观上起到了保护知识产权的作用。二是，当纵向限制较强且跳单程度较低时，跳单对纵向限制的克制作用小，无法发挥跳单的积极作用（且消极作用也弱），纵向限制产生明显的抑制竞争效果（减少搭便车的积极作用被削弱），此时应以反垄断执法为主，消除反公地悲剧的可能性。三是，当纵向限制和跳单程度相当时，二者互相克制，此时监管机构应尽量顺其自然，静观其变，充分发挥它们的相互克制作用。就当前的数字音乐市场状况而言，整体应向第三种情况发展，政府不轻易干预，充分发挥市场竞争的作用，但要密切关注独家授权等纵向限制行为可能产生的排除、限制竞争的效果，一旦从第三种情况转向第二种情况，则应进行反垄断执法。①

五、基本结论与政策建议

互联网经济中的核心商业模式——网络平台模式“经营”的多是信息品（或数字品），这类信息品又多与知识产权有关，具有“高研发成本 + 零边际成本”的特征。如果只考虑初期成本的投入（经常很高）而进行成本分摊，

① 上文对解决反公地悲剧和准公地悲剧的两种处理思路：保反兼顾及其政策组合、跳单与纵向限制互克的分析，同样适用于“陆勇案”。

则可能引发知识产权滥用的垄断问题，导致“反公地悲剧”；如果只考虑零边际成本，则无法弥补初期的成本投入，影响创新积极性，导致“准公地悲剧”。所以，这类信息品（共享品）容易陷入“反公地悲剧”和“准公地悲剧”的两难困境。

对此难题，有两种解决思路：一是协同运用知识产权保护政策和反垄断政策，根据创新程度，分别采用“重保轻反”“保反适度”和“重反轻保”的政策组合。对保反兼顾理论及其政策组合的运用是有效发挥政府作用的体现。二是准确辨识跳单与纵向限制的互克程度，灵活应用互克理论，充分发挥市场的“自我调节”作用，政府尽量做到无为而治。只有当存在明显的纵向限制或明显的跳单行为时，政府才需要对应地采用反垄断政策（以反为主）和知识产权保护政策（以保为主）。按照上述两个基本思路，有四条具体结论和政策建议：

第一，零边际成本理论及相应的新公地悲剧（“反公地悲剧”和“准公地悲剧”）理论、跳单理论，应与双边市场理论一起，共同构成互联网经济学或平台经济学的基础理论。

第二，基于知识产权的数字品或信息品必须实施保反兼顾的政策组合，执法和落实政策时需要避免简单地非黑即白、顾此失彼的法律和政策思维方式。

第三，监管机构应该借鉴跳单行为与纵向限制互克理论，尽量多地发挥市场配置资源和激励主体的作用，谨慎执法。

第四，版权局等知识产权保护机构与反垄断机构分设不利于统一执法，也难以完整落实保反兼顾的知识产权政策组合。中国现有的版权监管机构及其主要职能应该并入国家市场监督管理总局。

参考文献

Hardin, G. (1968), The Tragedy of the Commons. *Science*, 162 (3859), 1243 - 1248.

Heller, Michael A. (January 1998), The Tragedy of the Anti-Commons: Property in the Transition from Marx to Markets. *Harvard Law Review*, 111 (3), 621 - 688.

Levin, J. D. (2011), The Economics of Internet Markets. *NBER Working Paper*, No. 16852.

Rose, Carol M. (1986), The Comedy of the Commons: Custom, Commerce and Inherently Public Property. *The University of Chicago Law Review*, 53 (3), 711 - 781.

谢伊．网络产业经济学［M］．上海：上海财经大学出版社，2002.

姜奇平．网络经济：内生结构的复杂性经济学分析［M］．中国财富出版社，2018.

里夫金．零边际成本社会［M］．中信出版社，2014.

于立，吴绪亮．保反兼顾、内外协调的知识产权政策［J］．中国工业经济，2010（5）．

于立．互联网领域落实竞争政策的几点建议［J］．中国价格监管与反垄断．2017（3）．

于立．跳单问题的法律经济学研究［M］．北京：法律出版社，2018。

中商产业研究院．2018年中国数字音乐产业市场前景研究报告［R］．2018年5月7日．

平台竞争与治理
二重性的视角

陈永伟

1. 引言

近年来，随着互联网经济的迅猛发展，一批平台企业在我国迅速崛起。仅用了很短的时间，这些平台的影响就渗入了生活的方方面面。在带给人们巨大便利的同时，平台企业也经历了迅速的成长。在短短的时间内，后起的新贵就拥有了传统巨头们需要用几十年、上百年才能积累起来的巨额财富，也对传统商业逻辑产生了颠覆式的影响。

在表 1 中，我们给出了 2007 年和 2017 年全球市值最高企业的前十强。可以看到，在 2007 年时，雄踞榜单的十家企业中除了微软外全是传统企业。而到了 2017 年，十强之中平台企业已经占据了七席。

随着平台企业的迅速发展，对它的恐惧和疑虑也开始蔓延。虽然大多数人其实还对这种新的企业组织形式所知甚少，但长期以来对寡头企业的担忧告诉他们，这种能在短时间内迅速膨胀的“怪物”很可能带来新的垄断，进而利用垄断力量压榨消费者和小生产者。于是，欧洲人先行动了起来。一连串的反垄断诉讼让谷歌、Facebook（脸书）、微软等平台巨头屡屡受挫。与此同时，《经济学人》等著名刊物也用大量篇幅探讨平台问题。欧洲人对平台问题的关

---

* 作者为《比较》研究部主管。

表 1　2007 年与 2017 年全球市值最高的十家企业比较

2007 年		2017 年	
企业名	市值（10 亿美元）	企业名	市值（10 亿美元）
埃克森美孚	467	苹果	815
通用电器	394	Alphabet	637
微软	265	微软	558
中国工商银行	259	脸书	485
花旗集团	243	亚马逊	461
AT&T	238	伯克希尔·哈撒韦	438
皇家荷兰壳牌	232	阿里巴巴	415
美国银行	230	腾讯	394
中国石油	225	强生	357
中国移动	207	埃克森美孚	323

注：本数据分别来自 2007 年和 2017 年第二季度数据，根据各企业财报整理。标阴影的企业为平台型企业。

切很快传递到了国内，不少国内的意见领袖纷纷对迅速膨胀的平台表示担忧。在一些意见领袖看来，少数“超级平台”已经在各自的领域内构成了垄断，借助垄断力量，这些平台可以肆意操控其上的商家、盘剥消费者。更为重要的是，这些平台还掌握了消费者的重要数据，凭借这种数据垄断，平台不仅可以排除潜在竞争对手的威胁，更会对消费者的利益构成潜在的损害。

在意见领袖和公众对平台表现出了强烈忧虑的同时，学者们对平台的评价则显得比较正面。不少学者认为，平台企业在作为企业的同时，也应该是市场的治理者或规制者，理所应当要为在其上经营的商户制定规则。诺贝尔经济学奖得主梯若尔在其新书《公共利益的经济学》① 中把平台企业冠以“数字经济的守望者”（Guardians）称号。

那么，平台是善还是恶？对于迅速发展的平台经济，我们应该如何看待，

① 在书中，Tirole 将 common good 定义为“人们对社会的集体期许”（our collective aspiration for society），据此这里将其译为“公共利益”。见 Tirole，J.，2017，*Economics for the Common Good*，Princeton University Press。

又应该用怎样的政策加以回应？要回答这些问题，就要先从理解平台的本质开始。

2. 平台的本质："企业—市场二重性"

从最一般的意义上讲，平台可以被定义为用户（如买方和卖方）之间交换商品、服务和信息等的交易场所（Martens，2016）。① 由定义可知，平台并不是现在才有的。农贸市场、夜总会、婚姻介绍所，都可以被视为平台。不过，由于交易成本、时空限制等原因，传统的平台无论在规模还是影响上都是有限的。近年来，随着互联网技术的发展和普及，撮合交易、进行匹配的成本大大降低，时间、空间等限制平台用户增长的障碍也纷纷被克服，因此平台的做大做强就成为可能。

在一篇著名的论文中，罗纳德·科斯曾把企业和市场作为配置资源的两种形式加以讨论，这种传统一直被后来的学者延续下来（Coase，1937）。但如果我们对平台做一番考察，就会发现它并不符合科斯的这种两分法，而是同时具有企业和市场的双重性质。一方面，所有平台都有员工，有资产，在其内部有层级结构，在市场上也要参与竞争，这些都和传统企业是类似的。但另一方面，平台并不像传统企业一样直接生产或销售商品，如阿里是电商平台，但它并不直接卖商品；滴滴提供约车服务，但其平台上的自有车辆却只占很少一部分，平台要做的，更多的是把供给和需求有效匹配起来，让销售者和消费者找到最适合的彼此。从这点上看，平台企业更像一个市场，或者更确切地说，一个市场的管理者。由于平台同时具有企业和市场两种属性，因此它在实践中有时会表现出企业的特征，有时却会表现出市场的特征。

需要说明的是，尽管平台同时具有企业和市场两种性质，但它在扮演这两种不同角色的同时，还有一些特征：

作为在市场上竞争的企业，平台的最大特征是具有"跨边网络外部性"（cross-side network externality）。所谓"跨边网络外部性"，指的是平台一侧的用户会关注平台另一侧（或数侧）的用户数量（Rochet and Tirole，2003，2006）。以婚介所为例，这是一个典型的平台，它的两侧分别沟通着男、女两

---

① Martens，B.，2016，An Economic Policy Perspective on Online Platforms，EC Working Paper.（中文版见《比较》第89辑和第90辑）。关于平台定义的更多讨论，可以参考陈永伟（2017）。

类用户。对于男用户而言，如果平台上有更多的女用户，那么这个平台对他的吸引力将更大；类似地，对于女用户而言，如果平台上有更多的男用户，那么这个平台对她的吸引力将更大。由于有了这种跨边网络外部性，平台就有机会通过首先撬动一侧的市场来启动“鸡生蛋、蛋生鸡”式的回振作用（见图1）。例如，网约车平台可以通过补贴消费者来吸引更多用户，而这种效应将吸引更多的司机加入平台，让消费者更容易打车，而这又会反过来吸引更多消费者……利用这种回振效应，企业就可以获得迅速的成长。

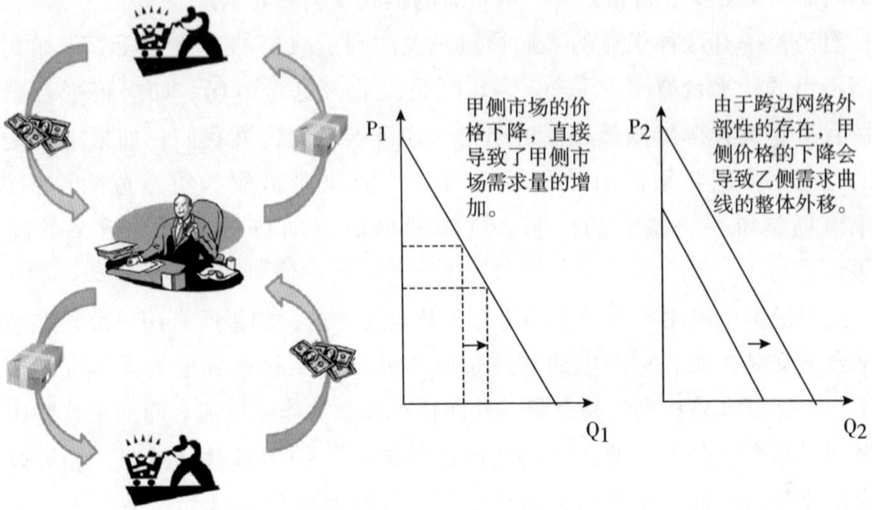

图1　平台运行的逻辑

注：平台同时与其两侧的市场进行交易。平台可以通过价格结构来撬动市场。当它在一侧市场降价时，一方面，该侧市场的需求量将会上升；另一方面，另一侧市场的整条需求曲线也会向右移动。

作为撮合用户进行交易的市场，平台的最大特征是能够掌握用户的接入权。这让平台企业先天拥有了决定让谁接入市场、与谁进行交易以及怎样进行交易的权利，还让它们得以掌握在这个过程中产生的各种数据和信息。应该说，对于一个单纯的市场管理者而言，拥有以上这些权利是无可争议的。但是由于平台本身也是一个企业，因此这些权利有时候就会受到质疑。

在认识了平台的上述本质和特征后，就可以对平台的很多“反常”行为有新的认识。

3. 怎样看待平台的“一家独大”

从“二重性”角度看平台的“一家独大”

人们对平台的最大忧虑，来自它的“大”。如前所述，这种新的企业形式可以在极短时间内占据巨大的市场份额，甚至形成“一家独大”的局面。根据传统的反垄断知识，类似企业的存在会导致市场运作的无效率，它会让市场上的商品供给更少、价格更高，消费者的福利也会因此下降。

但是，持有这种观点的人们显然只关注到了故事的一个方面。正如我们前面指出的，平台有“二重性”，它既是企业，也是市场。如果将平台当成市场看待，就会得出截然相反的结论。经济学原理告诉我们，如果市场是分割的，它将限制要素的有效配置，而这种资源“错配”将造成效率损失。如果市场是统一、整合的，那么资源的自由流动将带来更有效率的配置结果。

这个逻辑可以用更为学术的语言重新表述一遍：如果所有用户都只在同一个平台上交易，那么它产生的“跨边网络外部性”将达到最大，所有人在这个平台上都更容易找到交易对象，从而让更多交易能够达成。而如果这些用户分散到了多个平台上，那么“跨边网络外部性”的力量就会减弱，经济效率也会由此受到损害。正是由于这个原因，一些经济学家认为，平台的“一家独大”事实上根本不是问题，相反，真正的问题在于市场被太多的平台分割，最优秀的平台不能完全胜出（Weyl and White，2014）。[①]

尽管这种极端观点可能很难让人接受，但它至少给我们提供了另一个认识“大平台”的角度。

制约平台“一家独大”的力量

即使我们完全不采信以上论述，还有很多理由可以帮助我们打消对“大平台”的疑虑：

第一，多归属的存在让占据了高份额的平台企业不敢轻易为所欲为。在与

① Weyl，G.，and White，A.，Let the Right One' Win：Policy Lessons from the New Economics of Platforms，SSRN Working Paper（中文版见《比较》第76辑）。

传统企业交易时，我们通常只会选择其中之一作为交易对象，例如买了苹果的电脑，一般不会同时买联想的。但在与平台企业交易时就不同，消费者可能是多归属的，他们可能同时在多个平台进行交易。例如一个消费者可能既是淘宝用户，也是京东用户，淘宝和京东两家可能同时拥有很多消费者、占据很高的市场份额。这种多归属性质的存在，导致平台在选择竞争行为时会有很多顾虑，不敢胡作非为，因为一旦它这样做了，消费者就会去转而选择其他平台，在这个过程中它们并不用付出太多的转移成本。

第二，跨边网络外部性在推动平台企业野蛮生长的同时，也给它们带来了更为严酷的竞争威胁。如前所述，在平台企业成长时，跨边网络外部性会在平台两边产生“回振效应”。这种滚雪球式的成长能让平台企业在短时期内迅速膨胀。但反过来，如果平台企业由于经营不善而流失客户，那么类似的“回振效应”也会产生，如果平台在A侧流失了一个客户，它立即会也在B侧流失客户，而这种效应又会反过来影响A侧……如此循环，其后果将是雪崩式的（Amstrong，2006；Weyl and White，2014）。这种性质的存在，导致平台即使在某一时刻占据了很高的市场份额，它仍然难以和传统经济中的寡头那样高枕无忧，因为一不小心，它就难逃“其兴也勃焉，其亡也忽焉”的命运。

一个例子是eBay（易贝）在中国的败退。在21世纪初，eBay是中国最大的C2C平台。根据艾瑞（iResearch）的统计数据，2004年时，eBay的市场份额为72.4%，占据绝对的优势地位。相比之下，淘宝当时的市场份额只有7.8%，显得十分弱势。但是就在这样的绝对优势下，eBay却连续犯了一系列错误。先是试行收费，后是拒绝把电子支付系统移植到中国。在这种背景下，商家和消费者开始转而投向淘宝。尽管eBay后来也发现了问题，转而寻求补救，但无奈大势已去，回天无力。到2005年底，eBay的市场份额已经降至了36.4%，而阿里的市场份额则上升到了58.6%。不久之后，eBay退出中国，阿里的商业版图也随之奠定。

第三，跨界竞争的普遍存在，导致了平台之间空前激烈的竞争。有关平台的一个担忧是，网络外部性会让企业获得足够大的市场份额，从而构筑起很高的进入门槛，这会阻止新的企业进入，让竞争无法发生。但情况真是如此吗？答案是否定的。诚然，网络外部性会带来很高的进入门槛，只有实力强大的竞争者才有可能逾越这种门槛。但事实上在平台时代，这种实力强大的竞争者其实并不缺乏，它们很可能是来自另一个领域的平台企业。

战略管理中有一个名词，叫“平台包抄”，指的是平台企业利用它在一个市场上的优势参与另一个市场的竞争（Eisenmann et al.，2011）。在近些年中，“平台包抄”的案例在商界不停地上演。一个典型案例就是“美滴大战”。滴滴在并购了Uber（优步）之后，一度在网约车市场上占据了九成以上的市场份额。尽管后来遭到了神州等企业的反击，但它在网约车市场的绝对霸主地位依然难以动摇。不过，就在这样的局势下，美团这家做网上订餐起家的企业却高调宣布进军网约车市场，并迅速在多个城市与滴滴展开了对峙。作为回应，滴滴也开始组建团队，准备试水外卖业务。不同领域之间的平台巨头彼此实施包抄，进行“关公战秦琼”式的跨界较量，事实上让平台企业面临的竞争比以往更为激烈。值得一提的是，面对越来越频繁的跨界竞争，不合理的过度行政管制反而可能限制竞争。例如，现在某些地区对网约车的管制过于苛刻，反而限制了新的网约车企业的进入，导致竞争不充分、损害交通效率。

第四，技术的迅速迭代令“熊彼特式创新”频繁发生，这令平台企业即使占有了高市场份额也难以长期保持市场势力。熟悉竞争和反垄断的读者应该知道，在评估企业的市场势力时，除了需要参考其市场份额，还需要分析产业发展的趋势。如果企业所处的产业迅速变化，它就很难凭借高市场份额操控市场。原因很简单，当技术变革发生后，它所处的整个产业都会像熊彼特所说的那样被“破坏性创造”所颠覆。在这种情况下，份额就失去了原本的意义。平台企业是互联网发展的产物，它们的成败都是和互联网技术发展紧密交织的。众所周知，互联网技术的更新迭代十分迅速，这就决定了平台的兴衰也会频繁发生。

一个典型的例子是雅虎的失败。雅虎可能是互联网时代初期最成功的平台企业。凭借其首创的门户模式，“雅虎帝国”曾所向披靡，连续多年蝉联全球互联网企业市值首位。但是，在搜索引擎的技术取得突破后，它迅速取代门户网站成为人们检索互联网信息的最主要工具。在这种背景下，曾被雅虎“爱搭不理”的谷歌迅速崛起，一跃成为让雅虎“高攀不起”的新巨头。与此同时，曾经风光无限的雅虎却急速衰落，最终在2016年以48亿美元贱卖给了通信巨头威瑞森（Verizon）。回顾雅虎的失败，我们可以看到，其实它在其原本的业务范围——门户网站上并没有犯任何重大的错误，相反，其经营非常成功。它所犯的唯一错误，是忽视了搜索引擎这种新技术，拒绝了谷歌的主动示好，而这个错误为后来的失败埋下了伏笔。

由于以上几方面原因的存在，平台企业即使占有了高市场份额，也不能消灭竞争。相反，它们面临的竞争变得更加频繁、更加激烈、更加事关生死存亡。经济学家戴维·埃文斯对世界顶级平台的经营状况进行过研究（Evans，2017），结果发现在最近几年中，这些平台在行业内的排名变化非常之大。曾经叱咤风云的 MySpace、Nokia/Symbian 等平台，已经风光不再。而 Google AdWords 等老牌广告平台也正在受到新生的 Facebook 广告业务的挑战。由此可见，那些占据了高份额的大平台确实也不能高枕无忧，因此我们当然也不需要对它们过度害怕。

4. 如何看待平台的“反常”行为

人们对平台的另一个忧虑来自它们的“反常”行为。例如，它们会向某些消费者索取极低甚至免费的价格，同时又向另一些消费者索取很高的价格，这很容易让人们怀疑这些平台是不是从事“掠夺性定价”或者“垄断高价”的行为。又如，一些大的电商平台经常要求在其上经营的商户不能在其他平台上经营，而相比之下传统商家很少有这样的霸气，这又很容易让人怀疑这些平台是在利用其垄断地位压榨商户。

尽管对于传统企业而言，以上“反常”行为很难让人理解，但其实它们很大程度上是平台的“二重性”本质及其相应特征的体现，是正常的商业模式，而不一定是对其市场势力的滥用。下面，我们将以平台对企业的三种“反常”行为——定价、排他性交易和“数据垄断”为例，对此予以说明。

对平台“反常”定价行为的分析①

由于平台具有“跨边网络外部性”，因此除了绝对价格水平外，价格结构也会对交易量和利润产生影响。例如，如果平台对撮合的每一笔交易收取 100 元，那么让 A 侧的消费者付 90 元，B 侧消费者付 10 元，与让 A、B 两侧的消费者各付 50 元将会产生完全不同的结果。这种“价格结构非中性”让企业可以通过调整价格结构获得更高的利润，但是这种价格结构就可能带来很多误解。

考虑这样一种情况：假设企业每撮合一次交易，需要在 A、B 两侧各投入 45 元成本，总成本为 90 元。它决定对每笔交易收取 100 元，那么从总体上看，它

---

① 关于这个话题的进一步讨论，可以参见 Wright，J.，2004，One-sided Logic in Two-sided Markets，*Review of Network Economics*，3（1），44－64.

的利润率为11.1%，既不高，也不低，合理合法。但如果它决定让A、B两侧的消费者分别分担90元和10元，那么问题就来了。在A侧，它的利润率将高达100%，在传统的商业逻辑下是严重暴利，很可能遭到“垄断高价”的指控；而在B侧，它则亏损了35元，属于赔本赚吆喝，有“掠夺性定价”之嫌。

在这个例子中，无论是指责A侧市场的“垄断高价”，还是指责B侧市场的“掠夺性定价”，都是基于单边市场的逻辑得出的结论（Wright，2004）。如果我们考虑了平台市场的多边属性，那么这种指责在事实层面就是不成立的。更为重要的是，平台的价格策略其实是启动市场的一个重要策略。由于市场各侧的价格弹性是不同的，因此企业通过调整各侧的价格结构，就可以充分利用“跨边网络外部性”来做大市场（Parker and Alstyne，2014）。一旦市场发育做大了，更多原本无法进行的交易就可以实现，同时规模效应也会体现出来，相关的成本将会出现大幅下降，整个社会福利的“蛋糕”将会变得更大。如果基于单边逻辑下的静态效率否认平台价格结构的合理性，其实也就取消了上述可能性。

对平台排他性交易行为的分析

2017年，某电商平台的“二选一”行为引发了媒体热议。一些意见领袖认为，该平台要求在其上经营的商户只能在单独的电商平台上经营是滥用市场支配地位的行为，是对商家选择权的粗暴干预。一时之间，该电商平台遭受了很大的舆论压力。

但是，如果我们从更理性的角度重新思考这个问题，就会发现以上观点其实有值得商榷之处。用经济学术语讲，“二选一”被称为排他性交易行为。在传统的产业组织文献中，就有不少文献对这种行为进行讨论。根据这些文献，排他性交易产生的竞争效应其实并不明确：一方面，它可能限制竞争，从而损害消费者的福利；但与此同时，它也有助于降低交易成本、激发创新、减少搭便车问题，从而让竞争变得更有效，让消费者福利变得更高（Bernheim and Whinston，1998）。事实上，在某些学者看来，排他性交易行为本身就不应该被认为是对竞争的限制，相反它本身就是竞争，因为它意味着不同企业都必须用尽全力，让交易对象选择自己作为唯一的伙伴（Sinkinson，2012）。①

---

① 具体来说，排他性交易是属于“争夺市场”（Competition for Markets），它和“在市场中竞争”（Competition in Markets）不同，但也是竞争的一种形式。

相比于传统企业，平台企业的排他性交易行为可能更具正当理由。[①] 平台本身也具有市场管理者的属性，它应该有义务维护市场秩序。而挑选市场中的商户，要求它们只能在一个市场经营，很大程度上也可以被视为是维护市场秩序、加强市场管理的一项措施。从这个角度看，这种行为应当有其合理成分。

当然，这并不意味着平台的所有排他性交易行为都是正当的。不可否认，一些平台企业也有可能利用其市场支配地位拒绝交易，并且也可能造成损害市场效率的后果，这样的行为当然是应该规制的。但是，在决定哪些行为应该规制、哪些行为不应该规制之前，应该更多地对行为的竞争后果进行分析，而不应该仅从行为就得出结论。

对数据垄断行为的分析

“数据垄断”是人们对平台企业的又一个担忧。由于平台掌控着用户的“接入权”，因此它们可以很容易获得用户的个人信息，以及在交易过程中产生的所有数据。一些观点认为，这种“数据垄断”会带来很多危害：首先，它可能会帮助某些大平台获得更多的竞争优势，构筑起阻碍竞争对手进入的壁垒；其次，它可能会帮助企业对消费者更好地进行价格歧视，从而侵害消费者的福利；再次，它也可能让消费者的隐私时刻遭受被侵犯的危险。

笔者认为，对于以上的这些忧虑，我们应该用更为理性、客观的观点加以分析。

平台利用数据垄断限制、排除竞争事实上远没有想象的那么容易。和所有其他商品一样，一个企业能否垄断数据资源，主要取决于这些数据的可替代性(Stucke and Grunes，2016，2017)。如果这些数据是难以被替代的，那么它就可能被垄断；而如果这些数据容易被替代，那么它就难以被垄断。在现实中，数据资源的可替代程度究竟如何呢？研究表明（Lambrecht and Tucker，2015；Tucker and Wellford，2015)，数据的可替代程度其实是比较强的。在大数据环境下，很多数据其实可以通过其他维度的数据推断出来。例如，我可以不知道一个人住在哪儿，但是可以通过观察他每天的行动轨迹判断他的住处。从这个意义上讲，即使某个企业独家拥有了关于住处的信息，也无法形成垄断。

这个例子告诉我们，平台试图通过垄断数据排除和限制竞争，其实具有很

---

① 关于平台环境下排他性交易的讨论，可以参见 Evans，E.，2013. Economics of Vertical Restraints for Multi-Sided Platforms，Coase-Sandor Institute for Law & Economics Working Paper No. 626。

大的难度。面对大平台的“数据垄断”，新的企业也并非没有机会。

对于平台利用数据进行价格歧视，也应该具体情况具体分析。需要首先说明的是，从纯经济学的角度看，“价格歧视”其实是一个中性词。相比于垄断定价，它对社会总福利是更有利的，只不过它将部分消费者剩余转移到了企业身上。

基于数据条件下的价格歧视有什么特点呢？从理论上讲，它有助于实现以往只存在于教科书上的“一类价格歧视”，即对所有消费者都收取不同价格，让企业攫取所有消费者剩余。究竟应该如何看待这个后果，很大程度上取决于我们采取什么样的立场：如果我们采用的是纯功利主义的立场，那么这个结果其实是相当好的，因为它实现的社会总福利事实上达到了最优值，因而也是最有效率的。但如果我们站在消费者的立场上看问题，这个结果就似乎不太可爱了，因为他们将得不到任何消费者剩余，或者说在每笔交易中都没有赚头。

这里需要指出的是，尽管基于数据的价格歧视确实可能消除所有消费者剩余，但它也让更多“长尾消费者”的需求得到满足，让很多原本不存在的交易得以实现。如果综合权衡利弊，那么这种价格歧视对消费者整个群体来讲，也未必是不合意的。此外，基于数据的价格歧视产生的分配效果也未必如人们想象的那样不公正。事实上，产业组织理论告诉我们，如果企业不能完全识别所有消费者的个人特征，那“二类价格歧视”将是一个常用的选择。而“二类价格歧视”的后果，将是以牺牲低需求者的利益满足高需求者的利益，这是十分不公平的。相比之下，在数据帮助下实现的“一类价格歧视”则让高需求者付出更多代价，让低需求者付出更少代价，从这个意义看，它是更公平的。

对侵犯隐私的威胁，应当更审慎地加以看待。如果平台拥有了关于个人的大量数据，就很容易对人们的隐私构成威胁，导致很大的侵权风险。这种风险的存在当然不可否认，但值得说明的是：隐私权这个概念本身就是一个历史的概念（Holvast，2009），它的形成和发展，受划定隐私权的成本和收益状况影响。在古时候，人与人之间的关系很密切，距离感很小，并不存在隐私权的概念。这是因为当时个人应对自然和社会各种风险的力量相对较小，需要相互抱团。在这种情况下，大家放弃隐私权换取更大的合作从经济上看更为合意。随着生产力的进步，个人应对各类风险的能力上升了，抱团变得相对不那么重要，隐私对人带来的收益压过了成本，隐私权这个概念才被提了出来。从这个角度看，如果在某一阶段，放弃一些隐私权换来的收益又能大过由此带来的损失，那么个人让渡一些隐私权将会是合意的。事实上，在大数据时代，人们通过放弃一些隐私，就能换来更多、更便利、更为个性化的服务，这些都会产生很大的社会福利（Payton and Claypoole，2015）。[①] 如果考虑到这一点，那么因平台带来的侵权风险造成的净成本也并没有这么大。

5. 如何治理平台？

规制与治理的界限

很多有关平台的争议，事实上源于对平台治理界限的理解差异。这里讲的平台治理，是以平台作为主体，对以自身为中心的生态进行治理。其中，平台生态指的是由平台及其参与者构成的生态（Boudreau and Hagiu，2011），而治理是一套规则，它规范着谁参与生态系统、怎样分配价值、怎样解决纠纷（Parker and Alstyne，2014）。

要对某一事物进行管理，无非有两种思路：一是以政府主导的规制，二是以相关主体自发组织、自发参与的治理。这两种管理模式有很多不同：其一，从目标上看，政府规制是以社会总福利最大化为目标，平台治理的目标则未必如此。它可能有其他目标（例如平台利润最大化）。其二，从管理手段看，平台治理要多于政府管制。政府规制只能以禁令、价格限制等有限的方式实施，而平台治理的工具则更多，除了可以利用价格等常规手段，还可以通过设定规则、声誉机制等方式。其三，从信息获取看，平台比政府更有优势获得本地知识（Boudreau and Hagiu，2011）。

如前所述，平台有其“二重性”，除了是企业，还具有市场管理者的属性。作为一个市场管理者，它需要承担起部分管理责任。但是，究竟哪些事情应该由平台管、哪些事情应该由政府管，其中需要一个界限。

那么，平台治理与政府规制之间的界限究竟应该如何划分呢？这需要权衡两个选项的成本和收益。政府规制的优势在于其目标（至少从理论上看）更符

---

① 事实上，隐私是分等级的，有些所谓的“隐私”对于个人而言其实并不重要，用它们来换取服务其实对人们是更有利的。美国隐私保护专家、前白宫首席信息官佩顿在《大数据时代的隐私》一书中指出，隐私是以个体为中心的同心圆，越接近圆心越不愿意让渡隐私。在同心圆的外围，个体产生交集，也产生了隐私的交换，并以此获得友谊、亲情、理解，甚至经济利益。见 Payton and Claypoole（2015）。

合公众利益，但其劣势在于其掌握的信息和工具更少。此外，政府作为一个外部规制者，可能被利益相关者“俘获”，从而放弃中立态度。而平台的劣势在于它的目标并不是公众利益最大化，平台本身的利益和公众利益之间就存在冲突；其优势在于掌握更多的信息和可选择的工具更多。双方成本收益的权衡决定了政府规制和平台治理之间的界限。一般来说，那些具有巨大外部性的事项，应当落入政府规制的范围，而外部性比较小的，则更多应该属于平台治理的范围。

如果我们认可以上这个标准，那么平台和政府之间的很多灰色区域就可以被明确。在现行法律未明确禁止的前提下，平台应该有权利制定属于自己的规则，有权利自行选择在其上经营的商户，有权利给商户制定相关的行为标准，并且有权利合理使用平台上产生的数据和信息。只要这种权利安排得当，那么平台就能比政府更好地维持秩序，让市场更好地运作。

需要指出的是，尽管相比于政府，平台更贴近市场，更了解现实，但是，一旦它作为市场的管理者，就会面临和政府同样的问题。为了更好地利用本地知识，平台应该鼓励更多的利益相关者（包括商户、顾客等）参与治理过程，共同制定平台规则、维护平台秩序。事实上，现在不少平台已经开始了这种尝试。例如，淘宝平台在处理交易纠纷时引入了“大众陪审团”制度，让商户和消费者代表帮助裁决纠纷。相比于淘宝官方，具体的商户和消费者对交易情况更加了解，因此他们做出的判断也往往更准确、更能被当事人认同（Liu and Weingast，2017）。

平台治理的一些思路

平台是一个新事物，对于如何对其进行治理，并没有成熟的经验可以借鉴。在此，我们仅借鉴对其他“治理者”进行治理的经验，提出几点思路：

首先，应当借鉴奥斯特罗姆的公共治理思想，设计治理规则。

在某种意义上说，平台的生态环境是一种公共物品，平台的用户则构成了一个社区，其治理也涉及“囚徒困境”和集体行动问题。这就启发我们，可以借鉴奥斯特罗姆等对公共事务治理的思路，思考平台治理问题。

奥斯特罗姆指出，治理规则主要回答三个问题：“谁制定规则”、“如何分配权利义务”以及“怎样解决纠纷”（Ostrom，1990）。在她看来，在回答这三个问题时，最重要的是充分调动社会资本、增强社区的整体信任程度，调动社区中利他主义者的积极性。为了做到这一点，她提出了八项原则，例如清晰界定边界、保证本地人参与规则制定、由本地人解决纠纷等。这些对于平台治理都是很有启发意义的。

事实上，我们前面提到的淘宝“大众评审团”机制就是利用了本地人参与纠纷解决。这一尝试的成功已经在一定程度上证明了奥斯特罗姆的思想在平台治理过程中的有效性。

其次，应当用好机制设计思想，构造激励相容的治理规则。

在实践中，平台往往会涉及与大量用户的交互，如果采用一一应对的方式治理，会耗费很大的成本。与此相比，采用机制设计的思路，依靠激励相容的治理规则引导平台用户的行为将是更为有利的。

举例来说，对于很多电商平台而言，恶意投诉令人十分困扰。由于存在信息不对称，平台很难将真正的投诉者和恶意投诉者区分开，而对每一个投诉都认真加以处理又会耗费很多精力。针对这一问题，可以参考法律经济学中应对恶意诉讼的方法，适当提高投诉成本，制造“门槛”，把真正的投诉者和恶意投诉者区分开，从而减少恶意投诉、将更多精力分配到真正的投诉上。

再次，应当用好各种治理手段之间的针对性和互补性，发挥好各项治理手段的协同作用。

治理模式是多样的，每个平台选择用何种模式治理，要具体情况具体分析。在治理模式的选择过程中，信息的特征具有至关重要的作用（Dixit, 2003）。以第三方媒体治理为例：如果涉及的信息是私人性的，难以被识别和证实，那么采用媒体治理的效果就会很差。如果涉及的信息是公共性的，就比较容易被识别和证实，那么采用媒体治理的效果就会比较好。

同时，还应当注意各种治理工具之间的互补性。治理体系是多种要素的组合，各种治理工具之间可能存在替代或互补，要让治理体系运作更为顺利，就应当尽可能使用彼此之间具有互补性的治理工具（Milgrom and Roberts, 1992）。以用评级打分系统对平台商户进行治理为例。从设计的初衷看，这一系统是为了帮助声誉的积累，但在实践中这一系统很可能存在偏差，从而导致所传递的信息并不客观。考虑到这一情况，引入一个在线纠纷解决机制可能是有利的——当打分出现偏差，影响声誉的客观性时，用户可以通过这个机制纠正评价。这样，声誉机制的运行就会更好。

6. 结语

随着互联网经济技术的迅速发展，平台正日益成为现代经济中重要的组织形式。与传统的企业相比，平台企业不仅成长更为迅速、占据的市场份额更高，而且表现出的行为也异于寻常。面对这些，熟悉传统经济运行的人们很容易认为平台将会成为新的剥削者。

在笔者看来，这种对平台的莫名恐惧其实并无必要，它很大程度上源自对平台本质的不了解。事实上，除了一般的企业属性外，平台还需要担负市场"守望者"的任务。如果从这种"二重性"出发，那么很多看似"反竞争"的行为就能得到解释。

目前，关于如何规范平台行为、让平台更好地发挥作用，还存在很多争议。在思考这些问题时，我们应该首先认清平台的本质，而不能简单地套用传统思维考虑平台问题。此外，应该从成本和收益分析的角度出发，在平台治理和政府规制之间画出一条边界，明确究竟哪些事应该让平台干，哪些事应该让政府干。在确定了这条边界后，很多不必要的麻烦就可以避免。

需要指出的是，尽管笔者主张用更包容、更审慎的观点看待平台，但笔者并不否认某些平台确实会利用自己的市场势力为自己谋利，这时候它就会从守望者沦为剥削者。对于这样的平台，理当谴责和处罚。但是，所有这些谴责和处罚都应该基于其行为以及行为造成的后果。如果仅仅因为某个企业是平台，因为它占有了很高的市场份额，就给予特别"关照"，反而会适得其反。

参考文献

Armstrong, M., 2006, Competition in Two-sided Markets, *Rand Journal of Economics*, 37 (3), 668 - 691.

Bernheim, D., and Whinston, M., 1998. Exclusive Dealing, *Journal of Political Economy*, 106 (1), 64 - 103.

Boudreau, K., and Hagiu, A., 2011, Platforms Rules: Multi-sided Platforms as Regulators, in Gawer, A., eds. *Platforms*, *Markets and Innovation*, Cheltenham: Edward Elgar.

Coase, R., 1937, The Nature of the Firm, *Economica*, 4 (16), 386 - 405.

Dixit, A., On Modes of Economic Governance, *Econometrica*, 2003, 71 (2): 449 - 481.

Eisenmann, T., Parker, G., and van Alstyne, M., 2011, Platform Envelopment, *Strategic Management Journal*, 32 (12), 1270 - 1285.

Evans, E., 2013. Economics of Vertical Restraints for Multi-sided Platforms, Coase-Sandor Institute for Law & Economics Working Paper No. 626.

Evans, D., 2017, Why the Dynamics of Competition for Online Platforms Leads to Sleepless Nights But Not Sleepy Monopolies, SSRN Working Paper.

Holvast, J., 2009, History of Privacy. *in The Future of Identity in the Information Society*. Springer Berlin Heidelberg.

Lambrecht A, and Tucker, C., 2015, Can Big Data Protect a Firm from Competition?, SSRN Working Paper.

Liu, L., and Weingast, B., 2017, Taobao, Federalism, and the Emergence of Law, Chinese Style, Working Paper.

Martens, B., 2016, An Economic Policy Perspective on Online Platforms, EC Working Paper.

Milgrom, P., and Roberts, J., 1992, *Economics, Organization and Management*, Prentice Hall.

Ostrom, E., 1990, *Governing the Commons: The Evolution of Institutions for Collective Action*, Cambridge: Cambridge University Press.

Parker, G., and Alstyne, M., 2014, Platform Strategy, SSRN Working Paper.

Payton, T., and Claypoole, T., 2015, *Privacy in the Age of Big Data*, Rowman & Littlefield Publishers.

Rochet, J.-C., and Tirole, J., 2003, Platform Competition in Two-sided Markets. *Journal of the European Economic Association*, 1 (4), 990-1029.

Rochet, J.-C., and Tirole, J., 2006, Two-sided Markets: A Progress Report. *Rand Journal of Economics*, 37 (3), 645-667.

Sinkinson, M., 2012, Essays on Industrial Organization, Dissertation.

Stucke, M., and Grunes, A., 2016, *Big Data and Competition Policy*, Oxford University Press.

Stucke, M., and Grunes, A., 2017, Data-Opolies, SSRN Working Paper.

Tirole, J., 2017, *Economics for the Common Good*, Princeton University Press.

Tucker, D., and Wellford, H., 2015, Big Mistakes Regarding Big Data, SSRN Working Paper.

Weyl, G., and White, A., 2014, Let the Right'One'Win: Policy Lessons from the New Economics of Platforms, SSRN Working Paper.

Wright, J., 2004, One-sided Logic in Two-sided Markets, *Review of Network Economics*, 3 (1), 44-64.

陈永伟．平台经济的竞争与治理问题：挑战与思考［J］．产业组织评论，2017（3）137-154.

图书在版编目（CIP）数据

比较．第97辑／吴敬琏主编．—北京：中信出版
社，2018.8
ISBN 978-7-5086-9328-6

I. ①比… II. ①吴… III. ①比较经济学 IV.
① F064.2

中国版本图书馆CIP数据核字（2018）第174427号

比较·第九十七辑

主　　编：吴敬琏
出版发行：中信出版集团股份有限公司＋财新传媒有限公司
（北京市朝阳区惠新东街甲4号富盛大厦2座　邮编　100029）
承 印 者：北京华联印刷有限公司

开　　本：787mm×1092mm　1/16　　印　　张：16　　字　　数：200千字
版　　次：2018年8月第1版　　印　　次：2018年8月第1次印刷
广告经营许可证：京朝工商广字第8087号
书　　号：ISBN 978–7–5086–9328–6
定　　价：38.00元